李志聪　何晓文 ——— 主编

中学德育管理
一体化课程群研究

华东师范大学出版社

·上海·

图书在版编目(CIP)数据

中学德育管理一体化课程群研究/李志聪,何晓文主编. —上海:华东师范大学出版社,2021
ISBN 978 - 7 - 5760 - 2064 - 9

Ⅰ.①中… Ⅱ.①李…②何… Ⅲ.①德育-教学研究-中学 Ⅳ.①G631

中国版本图书馆 CIP 数据核字(2021)第 159536 号

中学德育管理一体化课程群研究

主　　编　李志聪　何晓文
责任编辑　王　焰(策划组稿)
　　　　　王国红(项目统筹)
审读编辑　章　悬
责任校对　廖钰娴
装帧设计　卢晓红

出版发行　华东师范大学出版社
社　　址　上海市中山北路 3663 号　邮编 200062
网　　址　www.ecnupress.com.cn
电　　话　021 - 60821666　行政传真 021 - 62572105
客服电话　021 - 62865537　门市(邮购)电话 021 - 62869887
地　　址　上海市中山北路 3663 号华东师范大学校内先锋路口
网　　店　http://hdsdcbs.tmall.com

印 刷 者　常熟市大宏印刷有限公司
开　　本　787×1092　16 开
印　　张　16.5
字　　数　269 千字
版　　次　2021 年 8 月第 1 版
印　　次　2022 年 2 月第 2 次
书　　号　ISBN 978 - 7 - 5760 - 2064 - 9
定　　价　48.00 元

出 版 人　王　焰

目　录

序：
新时代学校德育课程一体化建设的探索实践

《中学德育管理一体化课程群研究》是"上海市中学德育管理一体化研究实训基地"的最新研究实践成果。

当前我国教育改革发展已进入一个新的阶段。国家明确要求深化教育体制机制改革，要全面贯彻党的教育方针，坚持社会主义办学方向，全面落实"立德树人"根本任务，构建以社会主义核心价值观为引领的大中小幼一体化德育体系。中共中央办公厅、国务院办公厅印发的《关于深化教育体制机制改革的意见》提出，要针对不同年龄段学生，科学定位德育目标，合理设计德育内容、途径、方法，使德育层层深入、有机衔接，推进社会主义核心价值观内化于心、外化于行。教育部印发的《中小学德育工作指南》提出，要着力构建方向正确、内容完善、学段衔接、载体丰富、常态开展的德育工作体系，大力促进德育工作专业化、规范化、实效化，努力形成全员育人、全程育人、全方位育人的德育工作格局。这些要求促进了大中小幼一体化德育体系建设研究，推动了学校德育工作实践。

大中小幼一体化德育体系建设的实践证明，内容系统构架、课程系统融入、教师系统培养、资源系统利用、政策系统支撑，是解决既往学校德育系统性问题的关键，是提升学校德育有效性的基础。为此，"上海市中学德育管理一体化研究实训基地"指导学员立足学校德育课程群建设，从德育课程一体化建设的一个侧面，开展学校德育课程纵向衔接、横向贯通的探索实践，以期在新课程新教材改革中为相关学校提供可资借鉴的范例，促进学校德育课程的科学化、规模化、特色化发展。

本研究涉及的学校德育课程群，包括基础教育阶段以书院式改革为特色的德育课程群、以学校德育目标为核心的课程群、基础性学科跨学段德育课程群、聚焦主题素养的课程群和专题教育课程群。

以书院式改革为特色的德育课程群,以推进普通高中育人方式改革为宗旨,探索由若干门性质相关或相近的课程组成一个结构合理、层次清晰、彼此连结、相互配合、深度呼应的连环式课程集群。

以学校德育目标为核心的课程群,依据学校德育目标中的某一具体内容,开展某一德育领域的课程建设。如"行"文化课程群、家长学校课程群、武术文化课程群等,有效落实学校育人理念,实现学校育人目标。

基础性学科跨学段德育课程群,围绕基础性学科课程建构独特又适切的特色育德框架,着力探索跨学段的学科德育功能和学科德育属性,促进德育在不同学段之间的有序衔接和贯通。

聚焦主题素养的课程群,旨在对课程的德育内容进行精准定位的基础上,按照学生的心理特点、思维品质与道德素养逻辑,围绕同一主题设计德育内容,从而开发出融合校本特色课程和实践活动的序列化、系统化的主题德育课程群。

专题教育课程群,旨在探索由教育工作者、家长、专家、学校、社会力量携手建设生涯规划课程群。初中阶段侧重于生涯探索,高中阶段侧重于生涯规划,着眼于学生终身发展,为其幸福生活奠基。

"上海市中学德育管理一体化研究实训基地"的研训目标,是通过初高中德育管理一体化研究实训活动,培养一批具有现代教育理念、理论扎实、实践能力强、具有打造学校德育特色能力的市级德育管理骨干人才。因此,本书力求既能够扎实深入学校德育主渠道课程、学科课程、专题教育课程和活动课程,又能够从德育课程管理、课程建设角度提升学员的德育课程规划和设计能力,实现课程设计规划和课程建设实践的统一。

构建以社会主义核心价值观为引领的大中小幼一体化德育体系,落实立德树人根本任务,需要广大教育工作者乃至全社会的共同努力。由于时间关系,本书内容可能还有不尽完善的地方,我们真诚希望同行不吝指正,并通过通力协作,进一步促进学校德育的科学发展。

编者

第一部分

中学德育管理一体化
课程群研究

课程群是以特定的素养结构为目标,由若干门性质相关或相近的课程组成的结构合理、层次清晰、彼此连结、相互配合、深度呼应的连环式课程集群。课程群聚焦目标,立足"大课程"布局,整合相关课程,使课程之间相互贯通、相互补充,能更好地提升课程品质,并达成相应的课程目标。

德育课程群是由承担着不同德育任务,在内容上有着不同特点,但为了共同的德育目标而形成的多个子课程有机组合而成的系统。德育课程群概念的提出,是学校德育工作的必然要求。单个德育活动或德育课程表面上看效果不错,但由于缺乏顶层设计而显得过于随意,各学期、各年级之间没有递进,最终导致课程碎片化、平面化,教育效果大打折扣。

学校德育实践表明,德育目标不可能仅依靠一门德育课程来实现,也不可能通过几次德育活动就达到,必须通过系列化、序列化的德育课程群来不断强化德育工作。在构建德育课程群的过程中,学校一定要以学生成长需求为基础,结合学校办学特色,聚焦学校富有特色的德育课程,打破课程之间的壁垒,实现课程结构和功能的优化,完成主题整合,最终形成助力学生发展的德育课程群。

基于核心价值观培养的"学会做人"德育课程群实践研究

徐永光[*]

一、背景及意义

  中共中央办公厅印发的《关于培育和践行社会主义核心价值观的意见》强调要"把培育和践行社会主义核心价值观融入国民教育全过程",强调"培育和践行社会主义核心价值观要从小抓起、从学校抓起"。学校是培育和践行社会主义核心价值观(以下简称"核心价值观")的主要场所,尤其初中阶段是培养学生正确价值观的关键时期,更应该深入贯彻落实核心价值观的培育。在理论与实践的结合上,厘清"立德树人"与培育和践行核心价值观之间的内在关联性,加强初中生核心价值观教育,尤其是爱国、敬业、诚信、友善这四个公民个人层面的核心价值观建设,对于全面贯彻党的教育方针,培养德智体美劳全面发展的社会主义建设者和接班人,具有重要的理论和实践意义。

  爱国、敬业、诚信、友善是核心价值观中公民个人层面的道德规范和价值准则,更是学生今后进入社会、适应社会、服务社会、贡献社会的基本素养。学校教育要为国家培养合格的建设者和接班人,就必须持之以恒地将核心价值观融入学校德育课程中,因此,开展相关研究具有非常重要的实践意义和价值。

  如何将核心价值观真正融入学校教育中,真正实现学校"学会做人"的育人目标? 前期,研究小组进行了大量的观察研究,发现学校德育课程还存在不够系统化、对学生的教育比较零散、各专题之间缺乏内在的有机联系等问题,构建系列

---

  * 作者单位:曹杨二中附属江桥实验中学。

化、序列化、有机推进的德育课程群迫在眉睫。因此,在"重在奠基,和谐发展"办学理念的指导下,学校坚持"立德树人",以学生发展为本,积极开发校内外教育资源,以"立言——立行——立志"为路径,以"核心价值观培养"为重点,从学生不同的年龄特征和个性差异出发,统整设计学校德育课程群图谱,初步形成以"学会做人"为核心培养目标的学生德育课程群体系。开发和实施校本课程,让学生通过参与德育课程,坚持崇高理想追求,弘扬伟大民族精神,塑造文明道德风尚,成长为社会主义建设的有用之人。

二、 目标

(一) 总目标

通过开发和实施"学会做人"德育课程群,培育和践行爱国、敬业、诚信、友善等四个公民层面的核心价值观。

(二) 具体目标

其一,通过研究分析,了解学校学生有关核心价值观的认知水平、行为表现和情感认同现状。

其二,基于现状,构建知行统一、符合本校学生实际、凸显本地区特点的"学会做人"德育课程群,系统化、序列化推进核心价值观培育工作,并形成一系列典型课例,让每一名学生在课程的浸润中,切实树立爱国、敬业、诚信、友善等道德规范和价值准则。

其三,有针对性、有重点地分年级推进实施学校"学会做人"德育课程群,通过四年的培养,实现学校"学会做人"的育人目标:培养学生成为自豪正气的中国人、敬业乐学的现代人、诚实守信的厚道人、友爱善良的好心人,即爱国、敬业、诚信、友善之人。以便学生今后能够顺利地进入社会、适应社会、服务社会、贡献社会。

三、 准备——初中学生"核心价值观"现状分年级调研

了解现状才能更好地基于校情开展研究工作。为了更好地了解学校学生有

关核心价值观的认知水平、行为表现和情感认同现状,在研究准备阶段,研究小组用了将近两个月的时间,主要采用问卷调研法,聚焦爱国、敬业、诚信、友善等四个公民个人层面的核心价值观品质,精心设计调查问卷,分年级实施了调研活动。

(一) 做友爱善良的好心人——六年级学生"核心价值观之友善"现状调研

1. 调研背景及目的

"与人为善"是中华民族的传统美德,"做友善的人"更是教育的目的之一。现阶段对学生的培养,更加注重其身心健康、全面发展,因此,设计、组织这方面的活动就显得特别有意义。

问卷从有关友善的认知、行为、情感等三个方面设计题目,在六年级学生中展开调查,旨在了解当前环境下,六年级学生有关友善的认知、行为以及情感认同情况。对问卷数据进行统计分析,提出相关的建议及对策。

2. 调研内容和方法

从认知、行为、情感等三个方面设计调查问卷,了解学生对友善内涵的理解以及友善的言行状况等,具体问卷见附件1。

本次问卷调查,对象为本校六年级全体学生,一共发放问卷 264 份,回收问卷264 份,其中有效问卷 259 份。

3. 调研结果及分析

六年级学生普遍拥有"友善"意识。调研数据显示,超过 75% 的学生感受到身边人的友善,说明绝大部分学生能意识到友善,且身处友善的环境之中。能感受到来自他人的友善,这样的环境利于学生的健康发展。但仍有超过 10% 的学生认为友善的人是少数,探究其原因时,要综合考察学生的性格特点及其所处环境的情况。

学生的性格塑造受到学校、家庭、社会的共同影响。家庭教育是学生最初获得的启蒙教育,友善、和睦的家庭关系,温馨和善的亲情,能让学生感受到来自家庭的温暖,对其友善性格的形成起着至关重要的作用。学校对学生的教育,内容丰富、形式多样,符合时代特征,也能满足学生成长的需求,让学生在校园学习和生活中获得了很多利于成长的正面能量。在这次调查中,超过 50% 的学生认为社会因素很重要。的确,良好的社会风气能够引导学生树立正确的价值观、人生观。

在社会生活中,学生会更加明确自身的友善言行是构建和谐社会不可或缺的一份力量。

学生的友善行为有时会受自身性格特点及外界评价的干扰。通过调查发现,75％以上的学生在他人需要帮助时能及时伸出援助之手,但也有一部分学生会因为害羞或担心他人的评价而有所顾忌,这说明学生的心智还不够成熟,同时也反映了学生的心理素质和外界评价在一定程度上左右着学生的思想和行为。换句话说,外界的友善评价对于学生而言是积极的促进能量,而质疑或偏颇的评价会让学生无所适从,甚至对自己产生怀疑。因此,对于学生而言,宽松的、鼓励的、友善的评价,会让其更具有自信,更加坚定自己的友善信念并付诸行动。

对于学校组织的相关活动,基本所有参加调研的学生都认为其有意义。可见,这个年龄段的学生乐于参与主题性的教育活动,这为下阶段工作的开展打下了良好的基础。

(二) 做诚实守信的厚道人——七年级学生"核心价值观之诚信"现状调研

1. 调研背景及目的

随着经济社会的发展,人们似乎渐渐淡忘了诚信这一中华民族传统美德。为了了解中学生的诚信度以及中学生对诚信所持态度,研究小组在七年级学生中开展了一项关于诚信度现状的调研。希望通过此次调研活动达成如下调研目标:

其一,了解本校七年级学生诚信度现状,并期望这一调查能让学生关注诚信度,从而引导他们更好地做到诚实守信。

其二,分析本校七年级学生诚信度的基本特点及相应问题。

其三,针对存在的问题和隐患,提出对策或建议。

2. 调研内容和方法

(1) 调研内容

从认知、行为、情感三方面调查学生诚信度。

(2) 调研方法

一是个别面访,针对本校七年级各班级学生,由调研老师与之面对面进行交流。二是问卷调查(具体问卷见附件 2),调查对象为本校七年级全体学生,一共发放问卷 262 份,回收问卷 260 份,其中有效问卷 258 份。

3. 调研结果及分析

学生对于诚信行为能作出正确判断,并且认可当前的社会诚信氛围。对于诚信行为,90.48%的学生能作出正确判断,有基本的诚信价值观。对于社会诚信氛围,71.43%的学生表示认同,说明诚信氛围尚可,但是还有一定的提升空间。

行为表现方面,无论是对家长、对老师,还是对同学,学生均认为诚信很重要。问卷调查结果显示,当代中学生总体诚信状况良好,然而确实存在个别不诚信行为。78.1%的学生表示当好朋友犯了错误时,会如实回答老师和同学的询问。这说明大部分学生面对涉及好友的问题时依然能坚持诚信原则。83.3%的学生认为极有必要"把地铁逃票列入个人信用记录",说明大部分学生立场明确,将诚信当作社会公德看待。

学生期待做诚信的人,渴望维护社会诚信氛围。74.76%的学生表示,没有实现自己的诺言时经常会感到惭愧,有7.14%的学生从不感到惭愧,说明大部分学生情感上否定不诚信的行为,并希望自己做个信守诺言的人。93.33%的学生认为"感动中国"的信义兄弟是自己的诚信榜样,说明大部分学生肯定社会需要诚信,这些榜样人物的事例需要多宣传。91.43%的学生认为应大力打击市场上的假冒伪劣产品,说明大部分学生立场坚定,渴望维护社会诚信氛围。

(三) 做自豪正气的中国人——八年级学生"核心价值观之爱国"现状调研

1. 调研背景及目的

爱国是中华民族的光荣传统,是推动中国社会前进的巨大力量,是各族人民共同的精神支柱,是社会主义精神文明建设主旋律的重要组成部分,同时也是核心价值观公民个人层面要求的政治基础和基本要求。初中生的爱国主义教育是中国特色社会主义意识形态建设的重要组成部分,也是使初中生成长为国家合格公民的重要工程。

在初中生中进行"核心价值观之爱国"现状调查,有助于学校立足学生实际,推进社会实践活动课程建设,有效落实核心价值观教育,推进学校转型发展,提升教育品质。

基于以上背景,研究小组在八年级学生中开展了一次现状调研活动,目的是:了解八年级学生的"爱国"现状,包括对爱国的理解、情感认同以及个人爱国行为;

分析本校八年级学生在爱国情感和行为上的基本特点及相应问题;针对存在的问题和隐患,提出对策或建议。

2. 调研内容和方法

(1) 调研内容

从认知、行为、情感等三方面调查学生的"爱国"现状。

(2) 调研方法

一是个别面访,针对本校八年级各班级学生,由调研老师与之面对面进行交流。二是问卷调查(具体问卷见附件3),调查对象为本校八年级全体学生,一共发放问卷256份,回收问卷254份,其中有效问卷251份。

3. 调研结果及分析

学生总体对爱国有清晰的认知,对社会爱国现状认同度高。问卷数据显示,绝大部分学生对爱国的认知是准确的。另外,有51.85%的学生认为学校对自己爱国品质的形成影响最大,33.33%的学生认为家庭对此影响最大,只有14.81%的学生认为大众媒体信息最为重要。这与学生的年龄特点有很大的关系,作为八年级学生,接触大众媒体的机会较少,大部分时间都在学校和家庭中度过,因此,学校和家庭的爱国主义教育对初中生而言尤为重要。

学生对爱国行为能够正确分辨,且持积极的情感态度。数据显示,90%以上的学生对于他人的爱国行为持赞同的情感态度,且具有强烈的民族自豪感和尊严感。对于维护国家尊严、提升国家形象、增强国家地位的行为都表现出了很强的认同感。低于10%的学生在权衡国家利益和个人、经济利益时出现了偏差,这种将个人利益、经济利益优先于国家荣誉进行考虑的思路可能源自现在社会上一些宣扬"个人主义"、"金钱至上"的错误价值观。

学生对时政基础知识了解较少,对实践活动的参与也不够多。虽然全市爱国主义教育基地的数量逐年增加,但这些基地的知晓度不高,参观率较低,只有56.48%的学生"去过很多",甚至有5.09%的学生表示"从未去过",说明他们即使参加过学校组织的爱国主义教育基地探访,自己也不知道,参观效果不佳。

4. 调研结论

学生对爱国认知正确,情感态度积极,能够积极践行爱国行为。在本次调查中,学生对于爱国行为的认知、爱国情感的表达以及爱国氛围的认同都比较积极,这与社会、学校、家庭的关注和引导是分不开的。对于学生的爱国情感和行为,我们应当及时给予肯定和鼓励,对于一些认知有偏差的学生也应当在生活中、细微处加以引导,切忌讲大道理。

学校、家庭是爱国教育主阵地,大众媒体宣传对初中生的作用有待增强。大部分学生的爱国主义教育都是在学校和家庭中获得的,而社会媒体的力量也不可小觑。我们应当继续发挥学校、家庭的教育作用,同时整合社会资源,利用新媒体,对学生全方位地进行爱国主义教育,使爱国渗透进学生生活中。

学生时政基础知识掌握度和实践活动参与度有待加强。由于学习压力较大,大多数学生对于时事政治知识知之甚少,而且由于学校的教学方法比较单一,以知识讲授为主,学生对这些知识也不是很感兴趣。我们应当转变方法,使用一些学生喜爱的媒介,特别是要引入社会实践活动,让学生在活动中掌握知识,在活动中得到感悟。

(四) 做敬业乐学的现代人——九年级学生"核心价值观之敬业"现状调研

1. 调研背景及目的

敬业属于道德的范畴,是一个人对自己从事的工作所持的负责的态度。它是公民个人层面的道德规范和价值准则,是学生今后进入社会、适应社会、服务社会、贡献社会的基本素养。

立足学校实际,激活主体的积极性和改革的自觉性、系统性,是推进学校转型发展、提升教育品质的必然趋势。根据学校实际情况,在九年级学生中开展此次调研活动,主要目的是:了解学校九年级学生对敬业的认识,调查本校九年级学生如何做敬业乐学的现代人(对待学习的态度,是否形成了适合自己的学习方式、方法等);分析本校九年级学生在学习上的基本特点及相应问题;针对存在的问题和隐患,提出对策或建议。

2. 调研内容和方法

(1) 调查内容

从认知、行为、情感等三方面调查学生的学习现状。

(2) 调查方法

一是个别面访,针对本校九年级各班级学生,由调研老师与之面对面进行交流。二是问卷调查(具体问卷见附件4),调查对象为本校九年级全体学生,一共发放问卷251份,回收问卷246份,其中有效问卷246份。

3. 调研分析及结论

从群体角度分析发现,学生对敬业乐学的认同度比较高。问卷数据显示,大部分学生对敬业乐学的认知是正面的,90.36%的同学认为平时学习中"不懂装懂,敷衍作业"不属于敬业乐学的表现。根据生生之间的互评,85.28%的同学认为自己周围的同学大多是敬业乐学的,反映出我校九年级学生的整体学习风貌积极向上。需要注意的是,接近15%的学生在同学眼中是比较厌学的,与班级中的这类同学进行访谈发现,学习基础差、不能参加上海中考是最大的两个影响因素。

九年级学生目标明确、学习态度积极。调查数据显示,近八成的同学有明确的学习目标,无一人认为自己没有学习目标。65.48%同学认为自己对待学习的态度是积极的,超过85%的同学落实学习五环节比较到位。但是也要注意到,约5%的同学学习比较被动,15%的学生反映"不想学习,也不会学习"。因此,如何关注和引导占一定比例的特殊学生值得思考。从对学生"学习动力"来源的调查情况来看,外界的压力(家长、老师的期望)似乎是学生学习的主要动力。这和关于"自己学习最重要的目的"的调查情况存在矛盾。认为学习最重要的目的是"达到父母的期许,报答父母"的学生占24.87%,认为是"享受学习的快乐,实现个人理想"的占29.95%。因此,如何让学生的学习行为从由外界推动转变为由自身的发展需要推动,是值得思考的。

九年级学生面对紧张的学习任务,情绪调节能力较强,心理承受度较好。从调查数据结果分析可知,九年级学生面对重要的一模考试成败,能够以平常心对待,不能保持良好学习状态的学生只有1.02%,大部分学生能以坚强、理智的心态面对考试结果。最重要的是,学生能参与良性学习竞争,84.26%的同学"看到身边的同学通过励志勤学取得进步,达成目标",会由衷钦佩并向对方学习。当然,也要看到近84%的学生面对学习中的困难,采取的措施是向外求助,自我解决问题的能力较差。这可能和九年级学习时间紧迫有关,但是学校也要注意培养学生自主分析、解决问题的能力,可以探索设计与之相匹配的课程。

四、内容

(一)"学会做人"德育课程群目标体系

1. 优化总目标

按照核心价值观关于爱国、敬业、诚信、友善的要求,把"学会做人"作为学校德育的根基,使之成为学生基本的道德要求,落实学校的课程理念,继续发掘、利用校内、社区、地域课程资源,形成六至九年级基于核心价值观培育的"学会做人"德育课程群,编制学生和教师指导手册,打造多元的、体现时代特征和江桥特色的学生综合实践活动课程体系,更好地为学生发展奠定良好的思想道德基础。

2. 细化分年级目标

结合各年级学生特点和教育、教学实际,细化年级课程目标。

（1）六年级——做友爱善良的好心人

课程目标:友爱(与他人和谐交往、相互理解信任)、善良(待人处事,强调心存善良;与人交往,讲究与人为善)是学生在初中度过四年快乐时光的重要保障,也是为人处事的基本法则。通过寻访榜样,学习有关友爱善良的故事、名言,参与社会实践等活动,懂得与他人和谐相处的基本准则,争做友爱善良的好心人。

（2）七年级——做诚实守信的厚道人

课程目标:诚实(真实表达自己,行为忠于友善的心)、守信(遵守信约)是做人之本。通过阅读诚信小故事、诵读经典、案例辨析、实践体验等活动,引导学生领悟诚实、守信的内涵,争做诚实守信的厚道人。

（3）八年级——做自豪正气的中国人

课程目标:彰显自豪正气(民族认同感和自豪感),做真正中国人(上下五千年,铸成正气凛然、宽厚博大的民族魂),采用诵读、故事分享、影片欣赏等形式,带领学生走进历史,了解节日背后的动人故事,引导学生全面了解祖国,激起学生强烈的民族自豪感和爱国心,做自豪正气的中国人。

（4）九年级——做敬业乐学的现代人

课程目标:敬业乐学——巧学(重在学习方法)加苦学(重在学习态度)。核心价值观积极倡导公民"敬业",落实到学生身上,就是要"爱学习",努力做敬业乐学的现代人。通过聆听优秀学长成长体悟、学习中外励志类名人名言、寻访身边榜样、参与社会实践等活动,懂得只有掌握科学文化知识,长大才能成为对社会有用的人。

(二)"学会做人"德育课程群内容体系

培育和践行核心价值观,让初中学生"学会做人",是一项凝魂聚气、强基固本的基础工程。通过教育引导、舆论宣传、文化熏陶、躬行实践等多方融合,根据不同年级学生的生理、心理特点,形成以知识教育为主的"学会做人"专题聚焦课程(友爱善良、诚实守信、自豪正气、敬业乐学)和以实践体验为主的"学会做人"实践活动课程(仪式教育、节庆教育、主题教育以及特色必修活动课程),形成知行统一、适应本校学生的、有江桥特色的德育课程群体系,使德育工作更具针对性,也更具实效性,逐步形成六年级到九年级"学会做人"德育课程群。

研究小组在前期调研的基础上,通过以下三个步骤开展研究。

一是问题反思:面向全体教师开展"学会做人"德育研究创意成果征集评选,通过引导全体教师围绕相关主题撰写德育研究创意案例,既为课题研究积累鲜活素材,同时也激活学科的德育内涵,提升教师的育人意识和育人能力,将全员育人落到实处。

二是进行主题探索:组织校德育骨干开展"学会做人"德育课程开发(包括专题聚焦课程和实践活动课程),通过"认领开发主题——学习相关课标——分年级开展现状调查——细化分年级目标——整合资源"的路径完成开发。

三是开展课题研究:由研究小组长牵头,四位年级部主任领衔,开展开发和实施"学会做人"德育课程群的课题研究。

各年级在研究过程中分享了很多精彩的课例,可参见附件5。

(三)"学会做人"德育课程群评价体系

评价体系是研究小组的重要研究内容之一。在此项研究中,对活动效果的评价主要从两方面进行。

1. 过程性评价

初中生的道德水平正处于发展过程中,教育活动组织者有责任、有必要对学生

表1 江桥实验中学"学会做人"德育课程图谱

年级	基于核心价值观培养的"学会做人"德育课程群				
	专题聚焦课程	实践活动课程	仪式活动课程	节庆活动课程	主题活动课程
六年级——做友善良的好心人	讲座"知友爱 明善——友爱善良小故事"；"善良是美好道德的基石"；诵读《弟子规》。	◆走进学校，了解自我 磨练意志，展现军姿；爱校、守纪，明礼；知校史、访校友、扬校风；认识我自己；我是校园讲解员。 ◆走进春天，认识自我 学会对自己生命负责；学会对自己学习负责；学会对自己行为负责。	开学典礼；休业式；"我的舞台我做主"升旗仪式；新中队成立仪式暨换大领巾仪式。	"读书节"书香校园活动；"艺术节"艺术鉴赏活动；"科技节"科技创新活动；"体育节"活动；"英语节"活动、"妇女节"活动。	"开学第一课""安全教育周主题活动；"新春第一扫"社会实践活动；"温馨手拉手，温暖你我他"关爱互助活动；"学习雷锋好榜样"志愿公益活动；"党、团、队"组织意识教育活动；"点亮科技之光"科技节才能创新活动；"珍爱生命，远离毒品"禁毒主题活动；
七年级——做诚实守信的厚道人	学习"诚实守信美德"故事选编，《诚实守信习诵读本》《江中学生明礼诚信道德规范》；讲座"我与诚信同行"。	◆走进家庭，对家庭负责 了解家人；共建成长档案；完成爱心作业；"一日当家"活动。 ◆走进沈江河(家乡)，对家乡负责 感受社会主义新农村；探究文化艺术和市场经济；体验原生态野餐。	开学典礼；休业式；"我的舞台我做主"升旗仪式；"成长与责任"重温铭信仪式。	"教师节"活动；感恩行动；"中秋节"等传统节日民族精神体验活动；"国庆节""建军节"爱国、拥军践行活动；"元旦"迎新活动；"植树节"环保行动；"儿童节"快乐游园活动。	我的青春我的团""五四"青年节主题活动；"欢庆我们的节日""六一"主题集会；"多彩活动，快乐假期"夏令营；"过有意义的假期"暑期社会实践；"我为核心价值观代言"主题活动；"向国旗敬礼"主题活动。

基于核心价值观培养的"学会做人"德育课程群

年级	专题聚焦课程	实践活动课程	仪式活动课程	节庆活动课程	主题活动课程
八年级——做自豪正气的中国人	写中国字·做中国人；爱国主义教育基地巡访；我们的节日——中华传统节日文化；爱国主义教育影片鉴赏；中华国学入门。	"清洁家园，共创文明"社区志愿服务；共享一片蓝天——与"阳光之家"融合活动；"青春辉映夕阳红"关爱孤寡老人行动；文明交通志愿服务；绿色环保志愿服务；我与红色有约——国防教育；我与绿色有约——环保教育展，环保时装秀；我与成长有约——十四岁生日纪念仪式。	开学典礼；休业式；"我为舞台我做主"升旗仪式；入团仪式；"十四岁生日"主题仪式。		11.9消防安全逃生演练；寻访身边的"最美少年"；"交流，自护我能行"心理健康教育月主题活动。
九年级——做敬业乐学的现代人	学习励志勤学故事——学习目标成就未来；生涯规划辅导；为梦想而学习。	放松心情，放飞理想——做会学习的毕业生；励志成长，放飞理想——观看《高考1977》；"走近鲁迅，青春励志"绍兴研学实践活动；"畅游绿舟，放飞理想"主题教育系列活动	开学典礼；休业式；"我为舞台我做主"升旗仪式；入团仪式；"放飞理想"离队仪式；毕业典礼。		

的表现给予及时、正确的回应,引导他们逐步树立良好的品德。因此,研究小组把学生参加实践活动课程的情况纳入学生每月或每学期综合素质评价。评价学生参加实践活动课程情况的依据如下:相关"社会实践活动学习单"或"学习任务单"、活动"指导手册"的填写情况,指导教师和家长等多方面的反馈意见,实践活动成果,作品或论文,活动反思和体会,等等。为了激励指导教师更好地履行指导职责,研究小组同时将实践活动课程指导教师的履职情况纳入教师考核。

2. 结果性评价

学校开展活动方案、活动设计、活动参与情况和活动成果、优秀集体和个人等各级各类评比活动,以表扬优秀、鼓励竞争和创新。采用学生自主评价和他人(指导教师、同学、班主任、家长、社区工作人员等相关人员)评价相结合的方式,同时将安全因素作为评价课程成功与否的重要定性因素,构建学校"学会做人"德育课程群综合素质评价体系。在对评价体系的研究方面,研究小组力求做到以下四点。

(1)评价内容的综合化

评价内容能全面反映学生"学会做人"的现状。关注学生基本行为规范的养成,更关注学生理想信念的树立与精神层面的追求。

明确德育课程的价值取向问题。必须从学生的终身发展出发,从学校的实际出发,课程内容要聚焦"三会一有"(学会做人,学会学习,学会生活,学有特长),课程表现形式要富有磁性(贴近学生,适合学生,成就学生)。

(2)评价主体的多元化

学生评价采用学生自主评价和他人(教师、学生、班主任、家长、社区工作人员等)评价相结合的方式,更有效地发挥学生的主体性,促进德育由他律向自律的转化。

(3)评价方式的多样化

学生参与课程的情况被纳入学生每月或每学期综合素质评价,作为评优、评先的重要依据;用"档案袋"记录学生在"学会做人"过程中的成长,考察学生在现实环境中的道德表现,更加客观真实地评价学生。在此基础上,学校对接高中学生综合素质评价,开发和实施"学会做人"学生综合素质评价信息化平台,利用信息化平台研究学生在校、在家、在社区每日生活的过程性评价方法。通过记录学生日常生活,形成大数据,再通过数据分析,及时发现存在的问题和需要改进的地方。

（4）评价功能的延伸化

评价的目的不仅在于检测学生的德育表现,更在于引导、激励学生更好地践行核心价值观,因此,研究小组建立了通畅的评价结果沟通、反馈机制,既有学校教师、家长的反馈意见,又在社区中开展学校德育工作巡礼,展示学生"学会做人"的风采与成效,加强学校与社区的互动沟通,更好地形成道德教育合力。

比如,学校重点推进的学生实践活动课程,就是围绕"责任与担当",以"立言——立行——立志"为路径,以"创新精神和实践能力培养"为重点,精心设计从六年级到九年级"对自己负责"、"对家庭负责"、"对他人负责"、"对社会负责"的递进式综合实践活动课程体系,构建学校与社会资源协同育人新模式。

五、成效

(一)"学会做人"德育课程让核心价值观培育落地生根

培育和践行核心价值观是学校育人的价值取向,这一育人目标的落实离不开学校课程的支持。事实上,所有学校都在采用不同的方法有意识或无意识地对学生进行着核心价值观教育,只是这些教育是不连贯、不系统的。研究小组通过开发和实施"学会做人"德育课程群,把这些零星的教育活动整合起来,有目的、有计划地对学生进行系统的核心价值观教育,让学生在知行统一的"学会做人"德育课程群浸润中,感知和践行核心价值观。

(二)整合多方资源,绽放本土资源魅力,提升学校办学声誉

综合社会实践活动是学校、家庭、社会教育三位一体的教育。学校地处城郊接合部的江桥地区,拥有被誉为"江桥地区璀璨明珠"的原生态园林——黄家花园,还拥有高潮中心村、新泽源花木园林市场、上海申窑等人文资源。目前,这些都已成为基于核心价值观培育的"学会做人"学生实践活动课程的宝贵教育资源。不以考试成绩为评价标准、以实践体验为本的实践活动课程是学生开展核心价值观实践体验活动的重要载体,创新的学习方式让学生在主动参与和体验的过程中

健全自我、适应社会,助力实现学校"三会一有"的育人目标,提升学校办学声誉。2015 年,学校先后获评上海市新优质学校、嘉定区教育综合改革示范创建校等。

(三)体验实践乐趣,形成和谐进取的教师和学生团队

在"学会做人"德育课程群的开发和实施过程中,实力相对均衡的班级、雏鹰假日小队、志愿服务队、探究小组等各种学生团队以及各有所长的指导教师团队,在各种学习、展示和竞赛活动中,公平竞争,实现各尽所能、各获所需的社会实践体验的目标,形成一个个积极进取、合作共进的团队。教师的角色定位得到优化,广大学生"社会的、生活的、自我的"主体地位得到尊重,"独立、主动、创造、和谐"的主体意识得到复归,"求知、求尊、求乐、求群"的主体需求得到满足。这是本课程群实践取得的最可喜的成果。

实践证明,选择"'学会做人'德育课程群构建"作为切入口开展研究,是适时、适需之举。当然,在研究过程中,研究小组也发现了一些不足,比如:学校德育课程体系的架构和内容的设计有待进一步优化,德育课程群形态的分类可以更合理、更科学。今后,研究小组将进一步关注学生的需求,在提升教师的课程开发和实施能力等方面作进一步的研究,让核心价值观的培育根植于学校三类课程的土壤。作为新一轮上海市新优质学校、嘉定区教育综合改革示范创建校、嘉定区新优质联盟主席单位,学校的探索应该能向兄弟学校提供借鉴。

参考文献

[1]曹东燕. 构建生活化德育课程[J]. 现代中小学教育,2004(10).

[2]戈红. 开发德育课程 培养健全人格[N]. 天津教育报,2008 - 11 - 14(005).

[3]娄圆圆,赵子龙,谢琴. 社会主义核心价值体系在思政教育工作中的作用[J]. 法制与经济(中旬刊),2011(06).

[4]游洁. 社会主义核心价值体系与价值观教育研究述评[J]. 教育探索,2010 (12).

[5]王征. 初中思想品德教育与生活教育的共融共生[J]. 新课程(中),2018(04).

[6]金红. 中学德育课程自主开发问题研究[D]. 上海:上海师范大学,2004.

〔7〕熊孝梅.中学生思想道德素质的实证研究[D].武汉：华中师范大学,2013.

〔8〕万聪.网络问卷调查系统分析与设计[D].北京：北京交通大学,2014.

附件1："基于核心价值观培养的'学会做人'德育课程群研究"调查问卷（六年级）

做友爱善良的好心人

亲爱的同学：

你好！下面是一份"基于核心价值观培养的'学会做人'德育课程群研究"调查问卷,共十题。每道题目只能选择一个答案,做完后请仔细核对,保证无遗漏、不错序。

请你如实地表达自己的意见,如实地呈现自己的习惯,无需有所顾虑。本次问卷调查的数据仅供研究使用,我们将保护你的隐私,请放心作答。

感谢你的积极参与！谢谢！

年级：_____　　性别：_____　　年龄：_____

1. 下列选项不属于"友善"行为的是（　　　）。

　A. 帮助行动不便的人过马路　　B. 参与"尊老爱幼"的社区宣传

　C. 看到长辈搬重物,上前帮忙　　D. 帮助家长照顾年幼的弟弟妹妹

　E. 关心班级里成绩落后的同学

　F. 对掉落在自家阳台的楼上邻居的衣物视而不见

　G. 积极参加学校组织的爱心义卖活动

2. 用你的友善标准衡量周围的人,选择你同意的观点。（　　　）

　A. 友善的人是多数

　B. 友善的人是少数

　C. 友善的人和不友善的人差不多

3. "做一个友善的人",下列哪一项对你的影响最大？（　　　）

　A. 家庭

　B. 学校

C. 社会

4. 若遭遇别人的不友善,你会怎么做?（　　）

    A. 不会因他人的不友善而改变自己

    B. 遭受到了不友善,再也不会待人友善了

    C. 用自己的友善打动他人

5. 在其他班级的同学遇到困难需要帮助时,你会因为害羞或是胆怯而对此"视而不见"吗?（　　）

    A. 大部分时候会

    B. 偶尔会

    C. 从没有过这种情况

6. 有的同学认为,在公交车上让座是做给别人看的,会引来同学的嘲讽,你对这种看法的态度是（　　）。

    A. 待人友善是美德,该做必须做

    B. 虽然有心让座,但有顾虑

    C. 我也有这样的想法

7. 一位与你能力相当的同学,获得多次展示自己的机会并得到了表扬,此时你会（　　）。

    A. 为他高兴并衷心地祝贺他

    B. 无所谓

    C. 嫉妒他

8. 74岁的张纪清在27年的时间里,默默地为当地小学、敬老院和地震灾区捐款。他和妻子收入不高,平时省吃俭用,却用27年的善举成就了人间大爱,他也因此荣获"2015感动中国十大人物"称号。对于这样无私的善举,你的看法是（　　）。

    A. 佩服并且以他为榜样

    B. 这毕竟是少数,身处当今社会,有时还是现实点好

    C. 心中敬佩他,但不会像他那样做

9. 班级集体活动的时候,你总是会关注那些需要帮助的人吗?（　　）

    A. 是的

B. 偶尔

C. 从不

10. 学校开展以"友善"为主题的班（队）活动，你的看法是（　　）。

    A. 这很有意义

    B. 这没什么意义

    C. 不知道

附件2："基于核心价值观培养的'学会做人'德育课程群研究"调查问卷（七年级）

做诚实守信的厚道人

亲爱的同学：

你好！下面是一份"基于核心价值观培养的'学会做人'德育课程群研究"调查问卷，共十题。每道题目只能选择一个答案，做完后请仔细核对，保证无遗漏、不错序。

请你如实地表达自己的意见，如实地呈现自己的习惯，无需有所顾虑。本次问卷调查的数据仅供研究使用，我们将保护你的隐私，请放心作答。

感谢你的积极参与！谢谢！

年级：＿＿＿＿＿＿＿　　性别：＿＿＿＿＿＿＿　　年龄：＿＿＿＿＿＿＿

1. 以下不属于诚信行为的是（　　）。

    A. 信守诺言

    B. 不说谎话

    C. 抄作业

2. 用你的诚信标准衡量周围的人，选择你同意的观点。（　　）

    A. 讲诚信的人是多数

    B. 讲诚信的人是少数

    C. 讲诚信的人与不讲诚信的人差不多

3. 你有没有把父母给你买文具或书的钱用于玩乐吃喝？（　　）

A. 经常

B. 偶尔

C. 从不

4. 你借了同学的东西是否按时归还?(　　)

A. 有时会忘记

B. 经常拖延或不还

C. 总能按时归还

5. 把学校或者别人的东西弄坏了,你会怎么做?(　　)

A. 不让我赔偿,我就不赔偿

B. 主动道歉并赔偿

C. 内心感到不安,但不想说出实情

6. 你知道你的好朋友犯了错误,当老师或同学向你询问时,你会怎么做?(　　)

A. 如实回答

B. 推托不知道

C. 有所隐瞒

7. 你如何看待"把地铁逃票列入个人信用记录"这项提议?(　　)

A. 极有必要

B. 没有必要

C. 不清楚

8. 如果没有实现自己的诺言,你会觉得惭愧吗?(　　)

A. 从不

B. 偶尔会

C. 经常会

9. 武汉市建筑商孙水林,为抢在大雪封路前给已回武汉的民工发工钱,于2月10日凌晨遭遇车祸,不幸遇难。其在天津的弟弟孙东林为了完成哥哥的遗愿,来不及处理哥哥的身后事,赶在腊月二十九返乡,将33.6万元工钱一分不少地送到60余位农民工的手中。你认为(　　)。

A. 没有这个必要

B. 社会需要诚信,他们是我们的诚信榜样

C. 社会上人心险恶,还是不要太讲诚信为好

10. 现在社会上不时有假冒伪劣产品出现,你认为(   )。

    A. 这很可恨,要大力打击

    B. 无所谓

    C. 商家也是为了赚钱,可以理解

附件3:"基于核心价值观培养的'学会做人'德育课程群研究"调查问卷(八年级)

做自豪正气的中国人

亲爱的同学:

    你好!下面是一份"基于核心价值观培养的'学会做人'德育课程群研究"调查问卷,共十题。每道题目只能选择一个答案,做完后请仔细核对,保证无遗漏、不错序。

    请你如实地表达自己的意见,如实地呈现自己的习惯,无需有所顾虑。本次问卷调查的数据仅供研究使用,我们将保护你的隐私,请放心作答。

    感谢你的积极参与!谢谢!

年级:_____   性别:_____   年龄:_____

1. 下列哪一项不属于爱国行为?(   )

    A. 升旗仪式上高唱国歌、行队礼

    B. 爱护学校公物

    C. 在人民币上乱涂乱画

2. 你认为以下哪一项对自己爱国品质的形成影响最大?(   )

    A. 学校教育

    B. 家庭教育

    C. 大众媒体信息

3. 用你的爱国标准衡量周围的人,选择你同意的观点。(   )

    A. 爱国的人是多数

B. 爱国的人是少数

C. 爱国的人和不爱国的人差不多

4. 你知道国旗、国徽、国歌是如何诞生的吗？（　　）

　　A. 全部知道

　　B. 知道一些

　　C. 都不知道

5. 有的同学上课不注意听讲，下课不遵守校规校纪，别人批评他还不服气，说："这和爱国主义不沾边。你等着，如果外国入侵我国，我第一个报名参军。"这种说法对吗？（　　）

　　A. 对

　　B. 不对

　　C. 不知道

6. 小张同学应邀参加国际航模比赛，他发现会场内唯独没有中国国旗。小张同学申诉无果，毅然退出比赛。你认为他的行为（　　）。

　　A. 不值得

　　B. 维护了国家尊严

　　C. 说不清

7. 你对近两年来莫言获得诺贝尔文学奖、屠呦呦获得诺贝尔生理学或医学奖有何看法？（　　）

　　A. 这是为祖国争光的爱国行为

　　B. 这是发展事业的个人行为

　　C. 说不清楚

8. 对于我国近年来在航母研发上的重视和投入，从购买旧舰到模仿制造，再到自主研发，你有何看法？（　　）

　　A. 为身为中国人而自豪

　　B. 有点浪费时间，不如直接购买现成的

　　C. 说不清楚

9. 你对 2015 年 8 月 14 日至 17 日在南京举办"纪念中国人民抗日战争和世界反法西斯战争胜利 70 周年系列活动"有何感想？（　　）

A. 中学生要认真学习,将来建设国家,不再受辱

B. 战争离自己很远,不值得关注

C. 说不清楚

10. 你去过类似南京大屠杀纪念馆之类的爱国主义教育基地吗?(　　)

　　A. 去过很多

　　B. 去过但不多

　　C. 从未去过

附件4:"基于核心价值观培养的'学会做人'德育课程群研究"调查问卷(九年级)

做敬业乐学的现代人

亲爱的同学:

你好! 下面是一份"基于核心价值观培养的'学会做人'德育课程群研究"调查问卷,共十题。每道题目只能选择一个答案,做完后请仔细核对,保证无遗漏、不错序。

请你如实地表达自己的意见,如实地呈现自己的习惯,无需有所顾虑。本次问卷调查的数据仅供研究使用,我们将保护你的隐私,请放心作答。

感谢你的积极参与! 谢谢!

年级:_____　性别:_____　年龄:_____

1. 作为九年级的学生,你认为以下哪一项不属于敬业乐学?(　　)

A. 课前预习,上课专心听讲

B. 认真完成每天的作业,不懂就问

C. 不懂装懂,敷衍作业

2. 用你的敬业乐学标准衡量周围的同学,选择你同意的观点。(　　)

A. 敬业乐学的人是多数

B. 敬业乐学的人是少数

C. 敬业乐学的人和不敬业乐学的人差不多

3. 你觉得你有明确的学习目标吗?( )

    A. 一直都有

    B. 有时有

    C. 没有

    D. 不太清楚

4. 你对九年级学科的学习态度是( )。

    A. 积极主动

    B. 较为主动

    C. 比较被动

    D. 完全被动

5. 你最大的学习动力来自( )。

    A. 家长、老师的期望

    B. 升学压力

    C. 同学间的竞争

    D. 获得更多知识

    E. 其他_____

6. 如果一模考砸了,你在之后的学习中是否能保持良好的学习状态?( )

    A. 能

    B. 基本能

    C. 不能

7. 课前预习、认真听讲、勤做笔记、及时复习、总结反思这五个环节,你平时做到了几项?( )

    A. 五项

    B. 三四项

    C. 一二项

    D. 一项也没有

8. 学习中遇到困难,你主要会采取什么措施?( )

    A. 请教同学

    B. 主动请教老师

C. 自己查有关资料

D. 置之不理

9. 当你看到身边的同学通过励志勤学取得进步,达成目标,你的态度是( )。

A. 由衷钦佩并向他学习

B. 表示欣赏但自己没有改变

C. 无动于衷

D. 嗤之以鼻

10. 你认为自己学习最重要的目的是什么?( )

A. 成为知识分子,提高社会地位

B. 找个好工作,赚大钱

C. 达到父母的期许,报答父母

D. 享受学习的快乐,实现个人理想

E. 促进祖国发展,改变家乡面貌

附件5: 各年级精彩课例摘录

友爱于心,善良于行——做友爱善良的好心人(六年级)

※活动背景

友善,是中华民族的优良传统,是公民基本道德规范之一。2012年11月,党的十八大报告首次概括了社会主义核心价值观:"倡导富强、民主、文明、和谐,倡导自由、平等、公正、法治,倡导爱国、敬业、诚信、友善,积极培育社会主义核心价值观。"对学生实行友善教育是当前德育工作的重点。希望此次主题班会能使学生明白友善的含义,懂得怎样做友善的人。

※活动目的

1. 使学生懂得友善是中华民族的传统美德,明白现代社会更需要友善。

2. 知道友善的含义,学会做友善的人。

3. 通过此次班会,增强学生自信,纠正错误行为。

※活动过程

1. 认识友善。

（1）MV《你鼓舞了我》——感受友善的力量。

（2）小游戏《穿越火线》——体验友善的重要。

2. 践行友善。

（1）友善与同伴。

A. 反转剧情我来演——校园中的不友善现象怎样避免（宽容、尊重）。

B. 交流同伴友善交往的注意事项。

（2）友善与父母。

A. 场内小调查：你为父母打多少分？

B. 场外小采访：你为孩子打多少分？

C. 现场对对碰——友善的家庭关系如何维系（尊重、理解）。

（3）友善与社会。

A. 不友善现象大家谈。

B. 视频《为成都点赞》。

3. 感悟友善。

（1）友善度自测——自省友善。

（2）友善也有底线。

（3）向过去的不友善告别。

4. 收获友善（课后延伸）。

※课例点评

这堂课分为三个环节：认识友善，践行友善，感悟友善。教师善于挖掘多样化的课程资源，结合学生案例，从学生感兴趣的生活小事入手，挖深度，拓宽度，使学生在课堂上有话要说、有话可说、有话能说。在层层递进中，教师和学生一起归纳出"如何做到友善"的关键词——宽容、尊重、理解，从而引导学生懂得生活中处处需要友善，要在学校、家庭、社会中培养友善品质。整堂课真实感强，课堂氛围活泼、热情、温暖，令人回味无穷。

我的"诚"长——做诚实守信的厚道人(七年级)

※**活动背景**

诚信是中华民族的传统美德。学生在成长过程中,面对自我、面对他人、面对家庭、面对社会,或许会经历一些不诚实守信的事,有的人甚至会因自己"不诚实、会欺骗"而沾沾自喜。那么我们应该如何培养诚信品质,将诚信落实到成长的方方面面呢? 希望此次主题班会活动,能让学生增进对诚信的理解,让"诚信"二字永远伴随自己的成长。

※**活动目的**

1. 了解诚信处事的重要性及意义。

2. 探究做到对自我诚信、对他人诚信、对家庭诚信、对社会诚信的方法。

3. 树立诚信意识,做诚实守信的厚道人。

※**活动过程**

1. 课前观看微课"聚焦诚信",分小组探究学习任务。

2. 小组有话说:课内分组交流探究成果。

(1) 诚信与自我。

A. 交流自我成长中的不诚信现象。

B. 倾听"学姐有话说"。

C. 学习委员及语、数、英课代表提出诚信倡议。

(2) 诚信与他人。

A. 交流与他人相处中的不诚信现象。

B. 诚信体验游戏"诚信摸人"。

C. 分享与他人诚信相处的准则。

(3) 诚信与家庭。

A. 课前调查反馈——在家中,产生对父母不诚信现象的原因。

B. 倾听"家长有话说"。

C. 制订与父母诚信相处的守则。

(4) 诚信与社会。

A. 指出社会中不诚信的现象。

B. 指出社会中诚信的重要性。

3. "绿芽"有话说：写写自己的诚信小问题及应对办法。

4. 我们一起说：班主任、班干部代表、学习小能手代表、课代表代表共同总结归纳班会课的收获。

※课例点评

本次主题班会以教师亲手制作的微课进行课前导学,展示各种诚信现象,诱导学生从诚信与自我、诚信与他人、诚信与家庭、诚信与社会四个方面进行探究,寻找践行诚信的方法和准则。无论是环境布置还是拓展环节,教师都时刻关注班级"绿芽"文化的渗透,以丰富的形式、感人的真言引导学生向上、向善"诚"长,还独具匠心地设计了"三说"——"学姐有话说"、"家长有话说"、"我们有话说",从个人、家庭、社会等方面以不同形式阐述了诚信的重要性,充分地利用各种资源,让学生热情参与其中,激发其强烈的集体荣誉感,对于学生的诚信成长有着积极的意义。

争当"江中名片",学做"外交达人"——做自豪正气的中国人(八年级)

※活动背景

学校为培养少先队员素质、拓宽少先队员眼界,近几年一直积极开展中外交流活动。八年级学生了解中德交流活动是学校一大特色,但真正参与其中的仅是少数人。

※活动目的

1. 学会与外国人交往的基本礼仪。

2. 探究祖国和家乡令人自豪的文化和历史。

3. 思索中德交流活动真正的意义。

※活动过程

1. 观看视频《江中名片》,了解中德交流活动的背景。

2. 学习与德国朋友交往的基本礼仪。

3. 分别从四个方面开展探究活动：定制菜单、设计课程、策划旅游、送别留念。

4. 总结归纳队会课的收获。

※**课例点评**

这堂课立足于校本特色,以中德文化交流活动为背景,让学生学习与外国人交往的基本礼仪。课堂上,学生分别从为德国朋友"定制菜单、设计课程、策划旅游、送别留念"四个方面探究祖国和家乡令人自豪的文化和历史,在探究中油然而生民族自豪感,理解学校开展中德文化交流活动的真正意义。整堂课的前期准备与课堂呈现形式丰富,充分发挥了学生的主动性,展示了学生自身的潜能和自信乐观的品质,达到了预设目标。

巧学、苦学对对碰——做敬业乐学的现代人(九年级)

※**活动目的**

1. 使学生发现自己在学习态度、学习方法、学习习惯等方面的问题,以及在学科学习中存在的主要困难。

2. 使学生找到并坚持适合自己的学习方法,重塑适合初三学生的良好学习习惯,优化思维品质、意志品质和学习品质,做敬业乐学的现代人。

※**活动准备**

1. 九年级学生学习现状调查。

2. 课件制作,分享交流准备。

※**活动过程**

1. 导入主题(巧学、苦学对对碰)。

引入:观看漫画《如此初三》(厌学派、苦学派、巧学派)。

教师:进入初三,备战中考成了我们生活的主旋律。面对各科学习的"压力山大",有的同学出现畏难情绪,学习动力不足(厌学派),有的同学埋头苦学,却收效不一(苦学派),而有的同学则方法得当、游刃有余(巧学派)。厌学派肯定不可取,要赶快"弃暗投明"。那么,是选择头悬梁锥刺股的苦学,还是选择运用现代方法的巧学? 在上周五的九年级班长会上,我们征集了九年级的"巧学"好方法和"苦学"励志故事。今天,我将邀请几位同学进行分享,来一场"巧学、苦学大比拼"。

2. 深入主题(巧学、苦学大比拼)。

(1) 巧学篇。

A. 巧妙预习(翻转课堂式)。

引入：现场调查哪些同学有预习习惯。

学生困惑：预习方式不当,导致预习效果不佳。

寻找对策：学生分享自主预习"读、写、练"三步走方法。推荐中国教育资源库和校本作业包等进行翻转课堂式的预习。

现场互动：谈听后体会;分享其他预习方式。

教师小结：良好的预习习惯是培养自学能力、提高听课效率的重要保障。预习时要关注重点,发现疑点,掌握听课的主动权,提升听课的针对性和实效性。

B. 巧化难点(善用资源式)。

学生困惑：学习中有一些难点,在课堂上并不能完全掌握,而课后有了疑问却不能随时向老师请教,网上去搜答案也无法知其所以然。

寻找对策：学生代表分享物理学科微信公众号"格物致知"、数学学科网站"几何画板"和英语学科 App"扇贝英语"的使用心得。

现场互动：谈听后体会;分享其他学习难点及巧化方式。

教师小结：善用资源能巧化难点、辅助学习,但课堂上的认真思考更重要。大家不能过度依赖软件,尤其是要慎用有搜题功能的软件,只有自己思考得出的结果印象才深刻。

C. 巧于总结(思维激活式)。

学生困惑：随着学科知识点增多,由于没养成及时总结梳理的学习习惯,知识的理解和运用水平低,发散性思维不够,举一反三水平低。

寻找对策：学生代表分享运用思维导图进行各门学科知识点总结梳理的心得。

现场互动：现场实践体验(运用思维导图总结"巧学篇"学习内容)。

教师小结：总结反思的习惯能加深理解和记忆,实现举一反三。思维导图能把分散在各章中的知识点连成线、铺成面、结成网,使学到的知识系统化、规律化、结构化,这样运用起来才能联想畅通,思维活跃。

(2) 苦学篇。

名人榜样：讲述苏步清的苦学励志故事。

身边榜样：现场即兴分享。

教师小结：无论时代如何发展，技术如何先进，刻苦学习的精神都是不能丢的，好的方法加上勤学苦练才能收获成功！

3. 总结提升(巧学、苦学串串烧)。

教师总结：同学们，通过这节聚焦"巧学方法"和"苦学精神"的校会课，我希望能在大家心里播下"会学习"的种子，重塑良好学习习惯，端正学习态度，选择适合自己的巧学方法，激发学习动力。当然，更重要的是不懈地坚持。因为：巧学＋苦学＝成功。

※课例点评

1. 亮点：课程目标明确、形式多样、内容丰富，实施思路清晰，教育效果好。

本课采用了视频观看、故事分享、交流互动等不同的活动形式，让学生在轻松自然、贴近生活的气氛中认识自己的学习规范问题和学习困难点。使用的励志素材和巧学方法都来源于学生亲身实践的经验心得，容易让学生产生共鸣。能从问题出发，针对初三学生的三种学习状态，进行学习动力激发、学习方式指导和学习习惯重塑。以"发现问题——寻求对策"为实施路径，基本达成教育目标。

2. 存在问题：课堂教育内容的深度和广度有待提升。

本课的教育素材以资优生的经验分享为主，对一些后进生来说，作用可能不是很大，因此，可适当地增加一些后进生的励志素材，提升教育的广度。此外，本课的深度还不够，需要课后在班级层面进一步加以拓展和延伸，让更多的学生认识到自己的问题，找到适合自己的学习方法，优化思维品质、意志品质和学习品质，做敬业乐学的现代人。

书院式德育活动课程群研究

薛菁菁[*]

一、背景

学校德育，是指对学生进行德行人格教育，使其在步入社会时具有较高的德行人格水平，健康地适应未来社会生活。目前全社会对于学校德育的总体印象是"高高在上，重中之重，却在实际工作中始终难以落地"，究其原因，主要是其无差别、概念化、政治化。那么，学校的德育能否像智育、体育等那样转为易于为学生所接受的、有层次而多样化的课程形式？如何在实际工作中真正形成改变学生一生的影响与效能？如何解决目前德育工作"悬在高处，无法落地"的困境？这些问题都是值得所有德育工作者深思的。

现有的以班级教学授课为主要教育形式的学校教育中，学校德育需要汲取宝贵的历史经验教训，进一步探索一条属于自己的道路。学习、研究书院在培养人才上的模式特色，发挥、发扬书院传统中的文化优势，可为今日学校德育工作者指出一条合理有效的新路径。为进一步做好新时期高中生的人才培养工作，德育工作者需要进行富有意义与价值的探索与尝试。华东师范大学第二附属中学（以下简称"华东师大二附中"）以晨晖学院为载体，借助晨晖式的德育培养模式，建立德育活动课程群，在拔尖人才培养上进行了自己的努力探索。

---

* 作者单位：华东师范大学第二附属中学。

二、意义

2020 年 10 月,中共中央、国务院印发了《深化新时代教育评价改革总体方案》,提出"改革学生评价,促进德智体美劳全面发展"。拔尖人才的培养,同样应该以全面发展为目标。

"五育"并举,德育为先。德育中包含做人底线的自律、品质气节的修养、理想信念的培育等,这些是不能像"芯片"一样植入人体大脑的。财产可以继承,情感可以传承,价值观是无法拷贝的。生活阅历相对平淡的青年学生,只有融入现实生活的磨炼,产生发自内心的强烈情感,才能寻找到自我行为的原动力。这种极其强烈的发自内心的感觉,往往是直观的、朴实的,甚至是粗糙的。与当下流行的诸多应试型教育模式不同,这种震撼人心的内驱动力一旦根植于灵魂,就会爆发出巨大的思想力量和行动力量,推动个体前进甚至影响社会整体的文明进步。如何创造机会,创设情境,触及学生的灵魂深处,触发其强烈的内驱力,使学生成为全面发展的拔尖人才,是新时期德育工作必须思考的要点。

各类拔尖人才和各行业领袖型人才,在一定程度上决定了国家发展和民族复兴的走向。如何"立德树人",培育理想信念,培养中国特色社会主义合格的建设者和接班人,已成为中国社会公认的具有时代紧迫性的大课题。青年兴则国家兴,人才培养必须从基础教育抓起,而高中阶段是青年学生世界观、人生观、价值观形成的关键时期,引领高中生自觉树立理想信念,应成为每个德育工作者的责任和使命。

华东师大二附中作为中国基础教育的排头兵,承载着对中国基础教育进行改革和创新实验的使命。追求卓越,为培养拔尖创新人才奠基,是学校的办学追求。我们的国家、我们的民族、我们的未来需要什么样的人?学校一直在这些方面进行深层次的思考,并付诸研究与实践。学校于 2018 年成立晨晖学院,把"育才先育人"作为核心理念,引领学生思考"一辈子怎样做人"的问题,实行导师制与"3 + 3 + 3 + 1"的培育模式,培养有理想、有本领、有担当的有志一代。

三、 中国传统书院概述

(一) 中国传统书院的起源

"书院"一词最早出现于唐玄宗开元年间,当时的丽正书院是我国最早的官办书院,它是官方编校、典藏图书的地方,也就是官方的图书馆。这时的书院与后世具有学校性质的机构有着明显的区别。袁枚曰:"书院之名起唐玄宗时。丽正书院、集贤书院,皆建于朝省,为修书之地,非士子肄业之所也。"书院中虽聚集了一批学者作为顾问,偶尔也为帝王讲学,然而当时朝廷另有一套专门机构培育人才。

(二) 中国传统书院的发展

随着雕版印书业的发展,官方藏书外的私人藏书逐渐增多,陆续出现了不少民间书院。

中唐以后,由于军阀混战,宦官当政,民间的书院逐渐发展成为学者讲学说书、士子读书求学的教育机构。公元八世纪末到九世纪初,出现了民间的、私人的书院,比如江州浔阳的东佳书院。

到了唐末,民间的书院发展成为一种兼具藏书与教学两种功能的教育机构,它既不同于隋唐官学,也不同于两汉时期私人传经的精舍。

(三) 中国传统书院的兴盛

书院作为一种学校模式,其兴盛是在宋代。北宋初期,朝廷亟需士人,科举取额剧增,但地方官学因五代混战而遭破坏,种种因素促进了私人书院的发展。

就北宋书院发展的历史看,大体可分作两个阶段:第一阶段是自建隆元年至庆历三年,书院可谓集一时俊秀相与讲学。第二阶段自庆历四年至靖康元年,由于范仲淹、王安石等人的几次兴学,形成了书院与官学并存的局面。

北宋书院的发展,与当时的政局有着密切的关系。到了南宋,这种情况更为明显。南宋时期,中央集权统治稳定的 1163 到 1207 年间,朱熹兴复白鹿洞书院,在他制定的《白鹿洞书院揭示》中提到了当时白鹿洞书院采取的种种教学措施、办学和教学经验,以及他的弟子们长期坚持的讲会组织等,这标志着中国传统书院模式的成熟。这一时期形成的书院模式,成为其后数百年间各派学者创设书院的榜样,影响深广。

(四) 中国传统书院的特点和价值

中国传统书院的开创是建立在私家聚书、藏书基础上的,历经数百年发展,最终演变成为学者讲学说书之所、士子求学读书之地,即成为具有教学授徒职能的学校。在长期发展的过程中,书院在办学和教学方面积累了丰富的经验,与官学相比,其在以下几个方面尤有价值。

1. 宽容性

对于不同学术流派、学术观点"兼容并包",有的书院会同时或更替地聘请持有不同观点的学者前来讲学。如朱熹主持白鹿洞书院时,就特意邀请他的政敌陆九渊登台讲学。陆九渊著有《白鹿洞书堂讲义》,朱熹亲自为其题跋。

清代江宁钟山书院相继聘清桐城派的姚鼐和乾嘉学派的钱大昕主讲席,有的大师还带着自己的学生参加学术讨论,在讨论中与论敌商榷争辩,使弟子们在学术讨论中有所得益,既推动了书院学术活动的发展,又促进了学术研究的发展。

2. 丰富性

(1) 教学形式的多样性

在书院的学院斋舍里,学生认真读书的"自行理会"、教师适时进行的"升堂讲说"、师生共同进行的"质疑问难"、学友之间的"互相切磋"等,都是书院的教学形式。

此外,祭祀、展礼、游历、考察、访学、会讲等,都可看作书院教学活动的扩展与延伸。

(2) 教学地点的丰富性

书院教学不局限于斋、舍、讲堂之内,学生可游历名山大川、考察历史名物、外出访学、参加会讲,从而完成儒学意义上的"入世",他们走出了封闭的教学环境,走入了天地、自然、社会。

3. 自主性

与官学不同,书院由民间集资兴建,或由个人出资,或由家族筹资,亦有由地方官吏带头倡捐。书院一般会推举若干经理人员轮流值年负责,掌管办学经费,修缮院舍,购置器具,聘任山长,并与山长共商办学大事。

书院还吸收年长学生参加书院管理,担任堂长、斋长、管干、典谒、经长、引赞等职事,管理风纪、事务、迎宾、祭祀、图书、作息等事务,他们与山长共同管理书院,体现了书院相较于官学在管理上的自主性。

公众代表负责管理书院,既能反映地方公众的要求,又可发挥公众办学积极性;学生参与管理,既是对学院管理层面人力、物力、财力的节省,又使学生本身得到教育和锻炼。

4. 灵活性

书院虽然实行以学生自学为主的教学模式,但会聘请学有专攻、德高望重的名师主持院务。院长往往就是主要的讲师,或称山长、主讲、主席等。院长往往是书院声望高低、教学成败和能否吸引四方学子的关键。

在此前提下,书院可以选择学生,可以自行确定招收对象的资质、志趣,甚至籍贯、行业和宗族。书院盛行的时候,学子亦可自行选择学院,选择"传道授业解惑"的导师。这种双向选择的灵活性,促进了学院与学子对于学术的高追求,对彼此的发展都具有积极的意义。

由此可见,中国古代教育也重视启发思考,书院作为有别于官学的一种教育模式,虽然长期存在官学化的问题,但其对于后世教育者无疑仍是一个积极的教育探索样本,具有宝贵的参考价值,无论是其经典式的教学言论,还是在人才培养上的贡献,皆不容忽视。书院的人才培养对中国传统文化产生了持续、深刻的影响。

四、 晨晖学院的书院式德育培养模式

(一) 当下我国德育环境概述

1. 高定位

德育是学校教育内容之一,学校教育由德、智、体、美、劳等"五育"组成,德育在"五育"中起引领作用。

2. 高要求

德育,是指对学生进行德行人格教育,使其在步入社会时具有较高的德行人

格水平,健康地适应未来社会生活。德行人格具体包括眼界、胸襟、气度、品位、学养等,也综合表现为情怀,如家国情怀、国际情怀等。

3. 多挑战

基于德育教育的高定位、高要求,将被学生认为是无个性、概念化的学校德育转化为易于为学生接受的、层次多样的课程形式,是德育工作者的一大挑战。

学校的德育工作要在缺少智育工作的具体课时、稳定师资、成熟课程等条件的情况下得到落实,又是德育工作者的一大挑战。

如何在实际工作中真正形成改变学生一生的影响与效能?德育工作无法简单沿用智育工作的量化考量标准,那该如何衡量德育工作的效能呢?目前德育工作"悬在高处,无法落地"的困境,如何进行有效突破?

(二) 书院式德育工作模式探索

中国传统书院的教学活动重视师生共同研究、学友互相切磋,对不同思想、不同学派可以互相讨论、互相争辩,这也与当今时代对于"学校教育应重视学生的互动体验、个性发展"的呼吁不谋而合。当今的学校德育工作者,能否学习与借鉴中国传统书院教育模式的经验,探索出适应当今时代要求、符合本校实际的德育工作模式呢?华东师大二附中晨晖学院率先将传统的书院教学活动模式引入现代学校的德育活动,再结合现代学校德育工作的需要,将学院的德育活动分为"三式"。

1. 导师引领式

学院延请德高望重、专业有长的专家导师,以传统书院的"升堂讲说"形式,进行核心价值观的引领。

2. 自我进修式

学院突破单一化的教学环境、教学形式以及固定教学时间的课程架构,让学员根据个人特长、自我发展意愿选择学院的"3 + 3 + 3 + 1"活动课程,在此进修过程中慎独修身,完善自我人格,促进认知发展。

3. 师生共修式

学院的"3 + 3 + 3 + 1"活动课程,倡导青年导师与学员共同参加,培养师生的理想信念和价值观。学校遴选优秀的新进教师,尤其是青年党员,吸纳他们成为学院青年导师,促进他们融入学院工作,时时、处处做学员的好榜样,及时了解学员的思想动态,培养准确分析、正确引导学员的能力,成为学员的垂范。同时通过共修,逐步培养他们成为优秀的华东师大二附中教师典范。

(三) 书院式德育活动课程群的培养目标

学校德育工作要增强实效性,需把社会期望学生具有的态度、价值观念融入精心设计的德育环境,引导学生自主发展。

《深化新时代教育评价改革总体方案》明确指出：教育应"努力培养担当民族复兴大任的时代新人,培养德智体美劳全面发展的社会主义建设者和接班人"。晨晖学院是华东师大二附中在多年德育工作创新实践基础上形成并成建制实施的高中生领袖型人才培养模式。高中生领袖型人才今天是学校的重点培养对象,是学生中的佼佼者,明天将是掌握先进科学技术,影响国家经济、文化发展,关系到实现民族伟大复兴的国家栋梁。华东师大二附中探索通过书院式的德育活动课程群,落实这一群体的培养目标。

1. 坚定理想信念

引导学员积极践行社会主义核心价值观,推动他们在理论学习中坚定信仰,成长为中国特色社会主义事业的合格建设者和可靠接班人,成为一批坚守信仰、面向未来、追求卓越的青年马克思主义者和各行各业领军人才。

2. 完善学力结构

学力,即学习能力,分为基础性学力、发展性学力和创造性学力。基础性学力就是由基础知识、基本技能构成的学习能力。发展性学力是学生自己发展自己的学习能力,包括自学能力、观察能力、发现问题和解决问题的能力。创造性学力是有所发现、有所发明的能力。学院在基础性学力的基础上,侧重发展、完善学生的发展性学力和创造性学力。

3. 可持续发展的竞争力

培养学员富有激情而又持续稳定的心理品质。富有激情可使学生有学习的动力,持续稳定则能保持这股动力持续不衰,是高强度学习压力之下可持续发展的基础。晨晖学院以思辨力、适应力、健康力三方面作为主要考量角度。

晨晖学院以理想信念教育和领袖能力培养为抓手,坚持把"立德树人"融入思想道德教育、文化知识教育、社会实践教育各环节,关注学员的终身发展,引导他们积极践行社会主义核心价值观,推动他们在理论学习中坚定信仰、在实践实训中提升能力、在砥砺奋进中完善自我,着力为党、为国家培养面向未来并具有较强国际竞争力的领袖型人才。

(四) 书院式德育活动课程群的特征

1. 自主发展性

华东师大二附中在多年的实践探索中形成了"自主发展"的德育模式,这一模式建立在学生情感发展基础之上。学生观念的提升是一个知、情、意、行协调发展的过程,学生在情感领域自主发展的过程就是一种知、情、意、行相互促进的过程,在此过程中,学生由知而行,由行而成情,最终形成自己的意志品质。因此,只有学生自主发展,才有学校德育工作的实效,这是由学生态度、情感的发生发展规律本身所决定的。书院开发的"活动课程超市"向学员提供了自行选择、自主发展的机会。

2. 师生成长共同体

当代教育结构由刚性、封闭式转向弹性、开放式,师生关系由教师权威型转向以独立性、相互负责和交换意见为特征的平等和谐型、民主型,教育方式由灌输式转向启发式,因此,师生民主对话、教学相长式的教育符合当前社会发展规律,是当代教育改革的必然趋势。晨晖学院提出的"师生成长共同体"概念,正是由传统书院的师生互研发展而来,晨晖学院的青年导师通过学院的活动平台,陪伴学员,导引学员,与学员一起获得教育与人生的发展。

3. 融合大课堂

继承传统书院教学形式,将学院的"3＋3＋3＋1"课程与活动相融,同时整合学校现有的教育教学资源,在不增加学员课业负担的前提下,在有限的学院课程与活动中获得更显著的德育效果。学院组织学员游历祖国河山、考察历史名胜、进行课题调查,学员走出了封闭的教学环境,走入了天地、自然、社会,在读好"圣贤书"的同时,参与"天下事",深化课堂所学所思,提升自身的责任感与使命感,主动形成促进社会和谐发展和实现自身价值的原动力。

(五) 书院式德育活动课程群的内容设置

晨晖学院继承了传统书院的灵活性、丰富性、自主性,结合现代德育工作的实际,开发了以高中生理想信念培养为主要目标的活动课程群,打破了传统的课程之间的屏障,依据德育目标,将不同内容的课程与学生的实践活动融为一体,创新了学校德育工作模式。"3 + 3 + 3 + 1"的书院式德育活动课程群主要包括以下内容。

1. 三大课程群

涵盖红色专题、领导力、方法论等内容,采用线上与线下、校内与校外、学习与活动相融合的灵活方式。学员通过融合式课程学习,增强理想信念,鉴过往历史,察社会民生,探解决之道。

2. 三大社团活动

以晨晖社、赛智社、辩论社等三大明星社团作为核心社团,鼓励学员在社团活动中锻炼能力,促进多元化发展。

3. 三类实践锻炼

将走读活动、支教活动、志愿者服务等作为特色实践活动,强调社会参与性,鼓励学员以多种方式深入社会,了解民生,支持学员发挥所长,献力社会发展。

4. 一个课题研究

要求晨晖社中的每个学员都以国情、民生为主题完成一项完整的课题研究,倡导学员发挥所长,独立研究,深入学习,在研究中创新,在实践中提升。

"3 + 3 + 3 + 1"的书院式德育活动课程群与传统的课程、活动相比,其创新之处在于突破了传统课堂教学所依循的稳定模式,即包括相对固定的教学时间、教学地点、教学内容、授课教师、授课院系组别等要素在内的传统教学模式,而是提出了新时期德育工作应追求"无处不德育、无时不德育",努力将三大课程群、三大社团活动、三类实践锻炼与一个课题研究进行整合,以适应新时期的德育工作需求。

依据学校工作实际情况以及德育工作实际需要,根据每一期学员的总体学情,结合学员的思想认识、社会适应力、学业水平、人际交往等各方面的实际情况,进行顶层设计,以"3 + 3 + 3 + 1"作为德育课程与活动的基本框架,灵活安排每学期晨晖学院德育活动的具体实施。

例如:晨晖学院的"领导力课程群"是以学校各级学生干部为主要培养对象,并面向所有有意愿提升自己领导力、社会责任感的学员开放的活动课程群。该课程群以"思"、"辨"、"力"作为德育活动的主要目标,其中"思"指培养与提升学员的思想认识、理想信念,"辨"指发展学员客观全面的辨析能力、卓越完善的表达能力,"力"指培养学员脚踏实地的社会工作能力与卓越的身心素养。

(六) 书院式德育活动课程群的评价体系

《深化新时代教育评价改革总体方案》提出:"完善德育评价。根据学生不同阶段身心特点,科学设计各级各类教育德育目标要求,引导学生养成良好思想道德、心理素质和行为习惯,传承红色基因,增强'四个自信',立志听党话、跟党走,立志扎根人民、奉献国家。通过信息化等手段,探索学生、家长、教师以及社区等参与评价的有效方式,客观记录学生品行日常表现和突出表现,特别是践行社会主义核心价值观情况,将其作为学生综合素质评价的重要内容。"

结合华东师大二附中学生实际与晨晖学院活动课程实际,围绕晨晖学院立德树人的德育目标,注重多维度、全方位观察,以学生可持续的全面发展为目标,形成晨晖学院全面性、多元化、发展性的德育评价原则,构建德育活动课程群评价体系。

1. 评价原则

（1）全面性原则

晨晖学院着眼于努力培养担当民族复兴大任的时代新人,培养德智体美劳全面发展的社会主义建设者和接班人,体现在德育目标的达成上,就是不仅要关注学员参与课程活动的感受、体验,而且要关注在此课程活动过程中,学员逐渐习得的学习方法、掌握的思维方式、获得的情感体验、培养的价值观等。

（2）多元化原则

《国务院办公厅关于新时代推进普通高中育人方式改革的指导意见》提出,要"强化对学生爱国情怀、遵纪守法、创新思维、体质达标、审美能力、劳动实践等方面的评价"。晨晖学院的评价多元化原则与文件精神不谋而合:结合学院的活动课程群,对学员进行多元化评价,既向学员提供自我认知的机会,也为学校、社会、家长全面认识学员提供可靠的参考标准。

（3）发展性原则

基于华东师大二附中多年形成的"自我发展"的德育模式,充分认识到学员的情感发展规律和学员的未来发展空间,不局限于统一的、固定不变化的标准,提升德育评价的效能,帮助学员认识自我潜能,关注自我发展。

2. 评价方法

（1）过程性评价

过程性评价注重对学员学习过程的动态评价,关注学员在此过程中采取的学习方式,关注学员的个体差异,将评价对象的过去与现在进行比较,从而帮助学员认识自己,激励其积极投入学习、实践之中,有效提升其自我认知力。较多用于包括体能营在内的学员日常活动与课程学习情况的评价,由晨晖学院档案部老师与学员本人共同完成《晨晖学员手册》的填写。

（2）生成性评价

生成性评价注重对学员在活动中生成的感受、感悟、体验的记载与呈现,帮助学员在活动体验中澄清、觉察自我,以学员的自我记录为基础,在活动导师的导引下,助推德育情境对于所育对象的知、情、意产生影响。

这类评价较多用于晨晖学院的拓展活动中,比如:由学院的具体负责人每年引领学校心理组、体育组的青年骨干教师,借助学校各方教学力量,每年设计丰富的"领袖营"拓展活动,每个参加活动的学员都要形成自己的生成性评价,以助其记录自我、认识自我、完善自我。

（3）多角度评价

多角度评价是对于学员个体的多维度评价,包括以评价者角度区分的自我评价、生生互评、班主任评价、导师评价等,以评价时间区分的活动现场评价、阶段活动评价、学年课程评价等,力求以足够的时间、空间跨度来呈现学员思想认识的发展变化过程。这部分评价是在前两种评价基础之上的综合素质评价,对于多角度评价合格学员,学校在其毕业时会发放晨晖学院结业证书以示嘉奖,示范同辈。

五、 书院式德育活动课程群的保障体系

1. 组织保障

学校党委书记担任晨晖学院院长,学校德育分管领导担任副院长。

晨晖学院由学院领导统一管理,由学校德育分管领导、学生处、晨晖学院导师

团、晨晖学院胡立敏工作室等德育相关部门合力组织开展学院各项工作，做好学习宣讲前期策划和指导、过程管理和服务、成果评估和提升、资源互通与互补。学生处为晨晖学院的日常管理机构。

2. 资源保障

设立晨晖学院专项经费，切实保障晨晖学院理论学习与实践活动项目运行的经费投入。借助信息化手段，实现"德育无痕"、"评价有序"，开发并使用晨晖学院App，推动学院相关工作的信息化运行。整合校内外资源，依托学校现有的学科、竞赛、科创三大教学资源体系，组织与建立合作学习与实践活动相结合的培养体系。

3. 制度保障

建立完善的、切实可行的激励、评价制度。晨晖学院 App 设置成长档案管理功能，实时地全过程跟踪管理学员在校及后续学习与发展，充分调动晨晖学院学员的积极性和创造性。在学院表现突出的在校学生，可优先进入学校叔蘋、唐氏奖学金获得者的候选名单，经审核获颁"晨晖学院优秀学员"证书。表现最优异者，可推荐进入学校荣誉毕业生候选名单。

六、 课程案例： 师生共成长的晨晖学院体能营

(一) 设计缘起

晨晖学院体能营是 2020 年新开设的活动课程。因突如其来的新冠肺炎疫情，2020 年 2 月学校未能如期开学，教师与学生在家开展了将近一学期的网课教学。根据相关调查，学校了解到学生在返校时会产生学业、饮食、运动、生活习惯、人际交往等方面的新问题。在此背景下，晨晖学院开设体能营，旨在增强长期居家学习者的体能，帮助其尽早恢复往日的身心状态。

(二) 课程特色

体能是指机体的基本运动能力，它包括三个方面——身体形态、身体机能、身体素质，涉及速度、力量、耐力、灵敏度、柔韧性、协调性等要素。良好的体能是疫情之后恢复往昔生活、学习、工作的基础，学生需要，教师同样需要，故体能营面向

晨晖学院的全体学员开放,并给予学员邀请权,可邀请同伴(师生皆可)参加体能营。

体能营由晨晖学院负责老师薛菁菁牵头,指导学校体育组的青年骨干教师范永武整合学校各类体育学习资源,带领晨晖学院青年导师,通过短课程设计,让参加体能营的师生了解体育、欣赏体育、懂得体育,成为运动能力、健康行为、体育品德等体育素养均衡发展的卓越人才。

疫情中,中国的青年一代向全世界展现了自己的责任与担当,"青年兴则国家兴,青年强则国家强"。体能营旨在让晨晖学院的学员在体育锻炼中获得乐趣、增强体质、健全人格、锤炼意志,凝聚和焕发青春力量,培养能肩负起实现中华民族伟大复兴的中国梦的历史责任与时代担当的体能与胸怀。

与此同时,青年导师团队既"导"又"长",逐渐成为学校德育工作的中坚力量,自然完成学校德育工作的梯队建设,正所谓:师生共成长。

(三) 课程介绍

1. 课程目标

优化居家学习、久坐和伏案学习状态下的身体肌肉工作机能和身体素质。

了解户外运动知识,养成健康的运动习惯,为本学期领袖营活动预热。

通过身体素质练习,逐渐培养超越自我、团结互助的意志与品质。

2. 课程时间

每周 3—4 次"小课",时间为下午 4:35—5:05。

每月一次"大课",时间为周二下午 4:00—5:10。

在所有的开放时间内,学员可根据自身需求,自行选择体能课程。

3. 参与对象

晨晖学院的学员、晨晖学院青年导师团队、学员特邀伙伴。

4. 课程内容

体能营课程包括校内短课程与校外拓展活动。

校内短课程有:体能类课程——静态肌肉拉伸、动态肌肉拉伸、专项热身活动、有氧体能练习、无氧速度练习、心肺耐力台阶练习、无氧绳梯速度练习、变速耐力跑、有氧拉力带力量训练团队合作活动、上肢力量练习、核心腹背肌力量练习、下肢力量练习等。球类课程——篮球、足球、排球、羽毛球、乒乓球等项目。搏击类课程——自由搏击术、女子防身术。趣味运动类课程——飞盘运动、躲避球运动等。健康知识类课程——身体健康、心理健康、运动损伤预防、传染病防治等。

校外拓展活动有：户外徒步、登山运动、水上运动、城市骑行、参观体育博物馆等。

5. 注意事项

遵循机体的运动规律，以"安全第一"为准则。运动前都要做充足的准备活动，使身体各个关节活动开，身体微微出汗；运动中要有意识地进行自我保护；运动后要做放松拉伸运动。

增强安全意识，集中注意力，避免意外发生。在外出活动时应遵守交通规则，远离有安全隐患的地方；在外用餐要保证食品卫生，不乱吃零食；集体活动中彼此不能分开，按照计划活动，若有变更，必须得到领队同意；保护自然环境，不乱扔垃圾，做好垃圾分类；有问题及时反馈，出现意外马上上报，避免慌乱。

体能营的青年导师团队由四位优秀的青年体育教师组成，平均年龄不超过三十岁。领衔的范永武老师教龄八年，其余老师的教龄在三年以内。四位老师中的三位是党员，还有一位也积极向党组织靠拢。朝气蓬勃是选择他们担任青年导师的重要原因。

如果说学生是中国的未来，那么青年教师就是华东师大二附中的未来。晨晖学院体能营向优秀的青年教师提供了快速成长的平台，让他们有机会发挥个人特长，在传统体育课堂教学以外，逐步学会课程开发，成为更成熟、更优秀、能陪伴学生成长的人生导师。

青年导师指导学生的过程，也是自己快速成长的过程。从晨晖学院走出去，他们将成为学校全员导师体系的中坚力量，成为学校德育工作的先行者，这也是设立晨晖学院的意义所在。

第二部分

中学德育管理一体化下
基础性学科不同学段
课程群研究

在"'五育'并举"教育方针的指引下,"立德树人"根本任务的达成亟需更为系统周延的办学思考和课程设计。中学德育管理直面中考高考综合改革的时代命题,逐步摈弃传统的单一而僵滞的教育路径,尝试探索更为多元而统整的课程实践样式,是基层学校落实新时代"人的全面发展"要求的现实选择和科学决策。

得益于20多年来基础教育课程改革取得的一系列经验和成果,即便课程标准和课程计划因应新一轮的教育评价改革而不断调整,基层学校的课程理解与课程开发依然表现出精准的定位、充分的张力以及足够的活性,或植根于自身办学传统与积淀,或脱胎于学校强势学科与师资,或成形于特色办学探索与反思,围绕一门基础性学科课程建构独特又适切的特色德育框架,让学科结构和课程边界变得愈加柔性,使学习支持和发展维度变得愈加多元,以学生发展核心素养为指针的德育课程矩阵正在各处校园争奇斗艳、竞显风流。

和乐成顺，尚美润德：
"和乐和美"音乐美育课程群方案

栾承健*

一、实践背景

上海音乐学院附属安师实验中学（以下简称"上音安师"），发轫于 1865 年创立的龙门书院，与如今的上海中学同根同源。传承着江南书院的百年文脉，历经多次易地拆并，学校始终紧扣时代脉搏与社会呼求，不断推进办学育人探索。近年来，学校秉持"爱音乐，爱智慧"办学理念，以"和乐教育"为育人追求和课程主线，以音乐艺术类特色普通高中建设为实践抓手，着力探索公办普通完全中学自主个性发展的全新样式，努力开创基础教育实践"立德树人"、"'五育'并举"的全新格局。

学校现有 16 个教学班，学生近 500 人，其中高中班级共 12 个，每级设 2 个音乐艺术实验班，每年面向全市应届初中毕业生招生。学校现有教职员工 101 名，其中正高级教师 1 人，高级教师 21 人（含特级教师 1 人），艺术类特色教师 13 人，硕士及以上学历者 23 人。

上音安师是上海市文明单位、上海市安全文明校园、上海市校园文化建设"一校一品"特色学校，2020 年 3 月被市教委评定为"上海市特色普通高中"。

---

* 作者单位：上海音乐学院附属安师实验中学。

二、 教育哲学

(一) 内涵逻辑

上音安师明确以"和乐"为学校文化的核心价值取向。"和乐"出自《吕氏春秋·纪·季夏纪》，原文为"君子反道以修德，正德以出乐，和乐以成顺"，即强调遵循本原规律而修养品德，端正品德修为再创作音乐，音律顺畅和谐进而通达理义。它不仅清晰阐述了道德生成的路径，也深刻揭示了音乐修习与道德生成的内在逻辑。中国古代这种"礼"与"乐"相辅相成的礼乐教化传统，置于当下依然具有独特的借鉴意义和实践价值。

随着经济社会不断发展以及大众媒体的日益丰富，音乐这一艺术样式越来越多地进入人们的文化生活和精神世界。作为一种具有形象性与联觉性的审美活动，音乐艺术的大众化极大地丰富了人们情感交流的方式，提升了社会的审美趣味，进而愈加深刻地影响着今天和未来一段时期的教育理念与实践建构。以音乐为代表的艺术审美不仅已是现代学校教育不可或缺的课程、内容和素养指向，更在教育中具有"中介性"地位，而且包含着德育的因素，其强烈的感染力是一般的理论教育所不具备的，这使之同时成为学校德育的形式与途径、内容和资源，有助于实现学校育人的柔性无痕、自化自成。

"和乐和美"音乐美育课程，是上音安师基于"和乐教育"办学文化，呼应"'五育'并举"的新时代基础教育工作指引，推进"立德树人"根本任务适性落实与有效达成的校本化工作载体和实践路径。它强调，以音乐为核心元素和认知起点，以美育为中介形式和实践主线，系统推进学生思想道德教育和人生价值建构。

(二) 价值再认

1. "和乐和美"音乐美育课程群，体现学校课程对"人"的聚焦

经济社会不断转型发展，推动了基础教育领域的理念变革。"个体作为一个整体的存在方式要求学校课程能为其提供整体的内容和时空"，这在进入新世纪以来的二十年间越来越成为一种共识。今天及未来一个阶段的学校教育必须关注"整体的人"，在宏观层域的时代呼求与微观层域的个体发展间架起桥梁，在现

实层面的实践基础与理想层面的成长目标间辟出通途,用系统化的课程架构来回应学生成"人"的生命呼唤。

在推进国家课程校本化实施的进程中,定位于选修课程的校本课程体系建设更应发挥好"五育"并举"协调员"和"调节器"的作用,以"立德树人"根本任务为旨归,切实对接学生的真实需求,整体统筹学生的全面成长和长远发展,以推动人的和谐发展。

从特招音乐专长学生并定向增设专业辅修课,到开办艺术实验班并统筹规划学校课程体系,上音安师经历了由"特色项目"到"特色办学"的实践转型和价值蜕变。从覆盖特定对象、强调专项技术、服务升学指标的定制专修课程,转变为面向全体学生、提供不同选择、指引综合发展的普特融汇的校本课程体系,正是基于对学生整个生命历程的不断追问和深刻理解。音乐美育课程群建设是契合学校生源基础及其发展实际的现实选择。

2. "和乐和美"音乐美育课程群,体现学校课程对"美"的彰显

20 世纪 80 年代末以来我国素质教育的发展历程,是学校教育愈加生动趣味且更为多元精彩的专业化进程。在微观上,素质教育主要培养学生的精神追求,使其形成现代人的个性品质以及积极的生活态度,而这样的精神追求和个性品质,应当能够成为学生的人生趣志,成为引领其不断地冷静自我省思、积极自我发现、努力自我超越的价值标尺和情感依凭。在这一过程中,教育既要回归学生的生活,还要前瞻未来,学校课程逻辑的背后其实就是有关世界观和方法论的指引与建构。

以"美"的视角和态度来诠释周遭一切事物,以"审美"链接并弥合现实生活与未来理想的间隙,能使教育洋溢着生活气息和人伦旨趣。因为美育的"综合教育"作用主要表现在,它主要不是具体的艺术技能的培养,而是一种审美世界观的培养,致力于培养具有健康的审美态度的"生活的艺术家"。

依循学校的特色办学方向和资源积聚,以音乐审美为核心要素和实践进路,把高考综合改革背景下高中阶段的规定性实践任务与学校特色办学条件下的个性化学习支持进行统整,形成支撑认知拓展和情感链接融合共生的完整的价值生态,指引学生将学习的历程纳入生活的范畴去理解,将生活的理解提到审美的高度去感悟,进而实现超越工具理性的人文自觉。

3. "和乐和美"音乐美育课程群，体现学校课程对"德"的观照

教育的本质是人格的成长。教育是陶冶人格的过程。品格塑造是一个长期而复杂的循序渐进的历程。数字时代的来临改变了人们对世界的认知和与世界相处的方式。现实世界的事物经由二进制处理而逐渐物化，原本生动而丰富的人的活动被遮蔽和消解，道德准则和品格理想形成发展的实践回路遭遇齐一又离散的数字世界的冲击。时代背景下一系列认知和伦理问题，使学校德育面临越加复杂的挑战。

成长的主旨在于优质而充实的经验重建。虚拟世界终究是对现实世界的模仿，真实经验终究要比虚拟体验更具意蕴。数字时代的学校德育，更需要强化现实生活情境的亲和力，更强调用好多元感官互动引起的代入感，更应当关注综合素养形成的系统性，通过实践性活动和社会性交往等实存性体验的不断丰实，实现德行的自然生长。

将音乐作为接入视角推进学校德育，旨在以学生喜闻乐见的感官体验为突破路径和关键纽带，拓展人际交往的共同经历与生活话题，丰富实践活动的载体样式和情境结构，使育德过程更加生活化与形象化，也更具亲切感和吸引力。将审美作为能力轴线推进学校德育，意在促动学生在一系列任务场景中自然链接自身内在情感和行为准则，以审美的态度来观照德行，用理性的精神去启迪德行，最终实现道德的自化内生。

三、课程目标

(一) 办学育人目标

在"爱音乐，爱智慧"办学理念引领下，上音安师聚焦学生个体生命价值及其品质，以"和乐和美"音乐美育课程群为主干和特色，推进多样态的课程体系建设和跨学科的课堂模式探索，以学生识美尚美的审美力培育为主线和关键，创设清新雅致的学校文化环境氛围和丰富多样的校园内外实践活动，着力培养"人格健全、气质优雅"的新时代中国特色社会主义事业的合格建设者和接班人。

人格与气质，是稳定的心理特征。人格，是性情与品质的总和；气质，是风格与气度的表现。学校以"人格健全、气质优雅"为办学育人目标，力求彰显以德行

生长为引领的核心素养观与全面育人观。

作为相对内隐的精神特质,人格的建构离不开心理状态、道德观念、政治理想三个要素;作为有所外显的风貌特质,气质的表现是文化底蕴、艺术理解、人文情怀共同作用的结果。正是人格与气质的交相辉映,构成了个体德行生长与综合发展的全貌。

(二)课程育人目标

"和乐和美"音乐美育课程的总目标是,将以音乐为核心的各类艺术样式作为要素载体,将以尚美为核心旨趣的价值追求作为实现路径,不断拓展学生的学习视野和思维格局,着力提升学生的审美情趣和综合素养,进而滋养其整体德行,最终达致"人格健全、气质优雅"的生命境界(见表1)。

以学校特色办学育人目标和中国学生发展核心素养为轴线,围绕学生个性心理和思想认知发展趋势与规律,细化确立 18 个分目标,统整宏观层面素养要求和中观层面办学指向,进而形成具体且个性化的校本课程育人目标体系。

以素养为导向设定课程目标,摈弃"知识中心",着眼"终身学习",强调学生面向未来的核心能力与关键品质的形成,推动课程主体向学生个体聚焦、课程价值对学习过程发力,以彰显学校课程对"人"的聚焦、对"全人"的关注。

以德育为归宿架构目标系统,依循经济社会发展需要及时代特征,回应受教育者自身心理发展水平及文化特质,兼顾德育的个体性功能、社会性功能、教育性功能,以充实丰富且切实连续的德育目标设定来牵引文化风尚和理想追求。

表1 "和乐和美"音乐美育课程群育人目标

		学生发展核心素养		
		文化学习与理解	社会参与和担当	自我认知与发展
人格健全	政治理想	政治常识:了解"四史"和民族优秀文明成果,理解社会主义核心价值观。	国家认同:理解社会主义先进文化,自觉捍卫国家主权、尊严和利益,主动践行社会主义核心价值观。	理想信仰:拥护中国共产党的领导,树立中国特色社会主义共同理想。
	道德观念	知识伦理:确立尊重专业(尊重知识、尊重劳动)的意识,能够与他人分享信息。	社会公德:明确社会公序良俗的原则与边界,形成珍惜生态、友爱互助、敬业尽责(热心公益服务、投身劳动实践)的价值观。	道德品格:懂得自尊自律,形成宽和友善、心存敬畏的积极心态和理性思维。

		学生发展核心素养		
		文化学习与理解	社会参与和担当	自我认知与发展
气质优雅	心理状态	学习适应：领会学习适应性要求，掌握心理调适基本方法。	人际认同：拓展自身社会性交往，掌握人际交往基本技巧。	自我管理：理解生命意义，思考人生价值，树立安全自护意识，提升抗挫释压能力，不断提升自我。
	人文情怀	人文积淀：领会文艺作品中的哲学意蕴和人文价值。	人本观念：确立尊重他人、奉献社会、关注人的生存发展幸福的人本理念，树立开放心态和全球视野，关注全人类共同命运。	人文精神：在自我发展的过程中理性观照自身不足。
	艺术理解	审美感知：能够识别捕捉艺术情感。	社会理解：学会探寻艺术背后的社会现实。	审美情趣：能够从审美角度审视和改进自己。
	文化底蕴	学习意识：拓展各类艺术基础认知和基本技能，掌握艺术化表达和现代化信息处理方法。	探究思维：理解社会发展的动力支撑及其基本逻辑，掌握社会参与的基本方法，培养分析、创新能力，着力推动社会文化发展和文明进步。	理性批判：了解心理成长规律和生涯规划方法，形成更为完整和深刻的自我认知。

四、实施体系

(一) 课程框架

以课程目标为价值方向和实践要求、以音乐等艺术样式为内容要素和主线承载的"和乐和美"音乐美育课程群，包括旋律·气质修养体验课程、泛音·劳动服务实践课程、乐思·综合考察研究课程(见图1)。

旋律，是音乐的首要元素，通常指经过构思而形成的有组织的乐音序列，在这里进一步引申为对程式规范与情势大局的把握。高一年级以"旋律·气质修养体验课程"为主干，着重强调学生在认知和观念方面的"打开"，即着力于知识范畴扩展、启迪其对美的感受与认知，从感知艺术之美、自然之美到感知人格之美、理想之美。

泛音，是弦乐演奏中的一种特色奏法，其以基音为标准却更具雄浑之感，在这里进一步引申为面向未来和社会的调适和担当。高二年级以"泛音·劳动服务实践课程"为主干,着重强调学生在认知与实践方面的"链接",即着力于行动层面引导,推动其对美的践行与再现,包括校内的创演实践、校外的赛展体验,以及社会公益服务类实践。

乐思,常见于音乐曲式分析中,是具有鲜明特点和独立个性的、围绕一个主要重音而展开的音组,这里引申为迈向理性思辨的精进和创变。高三年级以"乐思·综合考察研究课程"为主干,着重强调学生从认知层面到思想层面的"升华",即着力于理论层面和思想高度支撑,助力其对美的诠释与创造,包括人文方向的调研省思和艺术方向的创意设计。

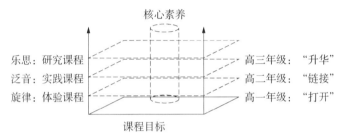

图1 "和乐和美"音乐美育课程群总体框架

(二) 课程实施

1. 课时学分安排

"和乐和美"音乐美育课程群共计500学时,修满计28学分。综合考虑高中学段国家课程设置和高考综合改革情况,学时安排如下:高一、高二年级均为200学时,高三年级为100学时;"旋律"体验课程为100学时,"泛音"实践课程为190学时,"乐思"研究课程为210学时(见表2)。

表2 "和乐和美"音乐美育课程群课时学分

	高一年级 (200 学时)	高二年级 (200 学时)	高三年级 (100 学时)
乐思:综合考察研究课程 (210 学时,含课外时间)	50 学时	80 学时	80 学时

	高一年级 （200 学时）	高二年级 （200 学时）	高三年级 （100 学时）
泛音：劳动服务实践课程 （190 学时，含课外时间）	90 学时	90 学时	10 学时
旋律：气质修养体验课程 （100 学时）	60 学时	30 学时	10 学时

2. 专题模块设置

旋律·气质修养体验课程包括"和乐讲堂"与"和美课堂"两大功能模块。"和乐讲堂"向学生介绍艺术常识与资讯等，为拓展知识视野与丰厚气质底蕴的系列讲座，设艺海千帆、天地本色、人生际遇、家国情怀等四个主题篇章，定期邀请本校高级教师或艺术教师、有关专业学者、各行业优秀代表（含家委会成员）以及优秀毕业生代表等，围绕音乐鉴赏、音乐家故事、音乐发展史、艺术专业考指要、社会文艺发展动态、社会思潮与文艺理论等展开现场话题互动。"和美课堂"引领学生丰富审美认知体验并开展气质修养自我锤炼系列活动，由学校心理教师、艺术教师、体育教师、语文教师、英语教师等，围绕社交礼仪常识、仪表妆容管理、社群心理互动、形体动作训练等四个方面展开沉浸式互动学习，不断深化学生的审美感知和自我更新。

泛音·劳动服务实践课程包括"爱·乐——美育节"和"感·动——职业节"两大校园节庆。"爱·乐——美育节"是学生文艺创作和展演系列活动，以艺术学科教师为骨干指导团队，分音乐、戏剧（朗诵）、书画、影像、文学（语言）、综合六个专场，其中音乐专场又分器乐与声乐两个分场，而高三年级则在高考结束后以毕业音乐会形式单设专场。"感·动——职业节"是学生走向社会，走进社区、医院、扶老助残服务机构、公共文化场馆等开展公益劳动和职业体验系列活动，学校聘请相关实践服务基地资深工作人员以及学校家长委员会优秀代表为"服务培训师"和"职涯启蒙师"，在学生投身社会实践的整个过程中给予从岗前到在岗、从职责到技术、从做事到做人的全方位带教指导，这些"师傅"还会成为学生"职涯探究访谈"的对象，引导学生在主题式的深入互动交流中体悟新时代经济社会转型发展动态和现代职业规划总体要求。

乐思·综合考察研究课程包括"艺术创意设计"和"艺术人文采风"两大探究实践方向。"艺术创意设计"是依托学校"MIDI幻响"创新实验室和音响工程创新拓展课而推进的以音乐为核心的多媒体艺术创作设计活动,这一方向的探究实践融合了音乐、美术、物理、信息技术、劳技、数学等学科素养要求,是以多媒体创作为承载的工科类综合课程,其结评要求为合作完成一项多媒体艺术作品或装置。"艺术人文采风"是依托学校与贫困地区结对帮扶的教育合作交流契机而创设的艺术人文融合式寻访考察活动,这一方向的探究实践链接了音乐、美术、历史、语文、地理、生物等学科素养要求,是以调查研究报告撰写为任务的人文类综合课程,其结评要求为合作完成一份社会发展调研报告或模拟政协提案。

3. 形态方式设定

作为国家课程体系中的选修课程和校本课程,"和乐和美"音乐美育课程群因应新一轮课程改革的发展趋势和实践原则,在课程范式层面强调向社会建构中心课程的转型,同时照应学生认知发展基础、规律以及学校既有教学文化层面转型衔接的过渡性要求,在教学组织和实施层面施行合班教学与走班教学、传递中心教学和探究中心教学的部分并行与逐步融合。

旋律·气质修养体验课程的"和乐讲堂"以全年级统一编班方式组织,其中高三年级根据自身特点和实际需要与高一、高二年级以"统分结合"方式开展活动。"和美课堂"主要面向高一年级学生开设,同样施行全年级统一编班方式教学,但组织方面更强调主题探究式和互动沉浸式教学,或参与话题讨论,或介入任务解决,或共同行动体验,以凸显学生在课程中的主体性,促动情感"代入"与思想"深入"。

泛音·劳动服务实践课程强调以特有的校园节庆的形态和面貌,一方面对接高中学生综合素质评价改革有关公益志愿服务工作与生涯教育、劳动教育等的要求精神,同时承载学校课程向"探究中心"转型的发展定位,回应学校育人体系中对"美"的关注和对"德"的追求。在这一部分课程中,学生参与的"选择性"开始充分体现:无论是艺术展演、文化创作,还是职业体验、劳动实践,均以个体自身趣致爱好与特长专业为导向自主选择,即"菜单式"选项和"走班式"学习;节庆活动的组织方为学校团委和学生会,教师的定位更多在于基本资源的前期落实和总体框架的指导把握,而资源进一步拓展与细节精细化打磨的发展性空间则留给了以团学骨干为代表的学生群体,即"伙伴式"学习。

乐思·综合考察研究课程将研学旅行与研究性课题报告等既有高中课程学习加以统整,形成以课题小组为单元的合作学习形态,围绕集体选定的研究方向,共同深入开展包括寻访考察、课题设计、素材准备、实验调研、数据分析、报告撰写在内的一系列研究实践。这种主题任务驱动的合作研修模式,对高二至高三年级的学生而言,是一种极其重要的素养增益和思想洗礼:学生面对的是真实的生活场景和问题情境,问题解决的方案甚至结果都是开放的,学生需要自主调动并链接知识和资源,解决问题过程中的情感和伦理层面的体验不再仅仅是潜在的。

(三) 课程评估

"和乐和美"音乐美育课程群评价,主要通过学生评价实现。审美情感和德行生长等素养领域的"隐形学力"较难精准度量,且其具有相当的发展性和延展性,因而课程评估基本采用质性评估方式。在评估原则上,"和乐和美"音乐美育课程群更强调学生认知性和情意性的经历与表现(见表3)。

旋律·气质修养体验课程以学期为周期开展评估,采用过程观察、自我报告、伙伴判断等评估方式。过程观察指以教师为主体针对听讲与对话的专注度和参与度方面的评估;自我报告指以学生为主体基于个人体验和感悟而作出的关于理解力和情态性方面的评估;伙伴判断指通过学生互评推优确立基于同辈群体共同视角的学习理解、过程参与、日常践行方面的公认"标度",以促进课程学习走向深化,促动内化的价值指引。

泛音·劳动服务实践课程以学年为周期开展评估,除过程观察、自我报告、伙伴判断外,引入相关第三方的"专业视角",以凸显实践的功能性特征和专业化属性。如在"美育节"的一系列创演活动中,邀请有关艺术专业人士参与活动过程中重要节点的成效评估,让学生在创编排练的间隙得到时而中肯的专业修改意见或专业指导建议,使评估成为一个"有始有终"的连续过程,让过程性的评估成为"深思熟虑"的专业行为。

乐思·综合考察研究课程以项目为周期开展评估,采用围绕团队合作作品的小组答辩方式。在这一过程中,评估对于学生素养的价值引领在于:评估是以小组为单位的,学生应当充分关注团队的分工与协作,要以开放心态与积极作为来推动项目运行和团队共进;评估是指向作品本身的,尽管其必然具有相当程度的"试验性质",但学生依然应当尽可能确保自身作品的完整度,努力从审美态度和科学逻辑的维度不断打磨并进行反思。

表3 "和乐和美"音乐美育课程群专题模块与评估方式

专题模块		核心对象	评估方式
旋律·气质修养体验课程	和美课堂	主要对象:高一年级	过程观察,自我报告,伙伴判断
	和乐讲堂	主要对象:高一、高二年级	
泛音·劳动服务实践课程	爱·乐——美育节	主要对象:高一、高二年级	过程观察,自我报告,伙伴判断,专家评估
	感·动——职业节	主要对象:高二、高三年级	
乐思·综合考察研究课程	艺术创意设计	主要对象:高二、高三年级	小组答辩,自我报告,专家评估
	艺术人文采风	主要对象:高二、高三年级	

(四)课程保障

1. 组织架构方面的统领

"和乐和美"音乐美育课程群是学校实现课程育人、彰显办学特色的关键载体与主要路径。在校长负责制的基础上,学校明确德育分管校长为课程实施的总协调人,统筹学校德育、教学、保障、师训等中层管理单元协同支撑课程运行,协调从课程编排、师资配置、学生选课到设施保障、教学评估、学分核定等一系列相关工作,这种校级统筹力量的强化是课程保障体系中最为关键的部分。此外,学校每学年组织专题课程研讨,围绕课程实践过程中的政策对接和学生需求等现实性操作问题展开针对性分析和修正案探讨,及时解决课程设计和课堂教学方面的问题或矛盾,以期不断修正课程价值方向、改善课程学习体验,确保课程育人、"立德树人"的实效。

2. 课程资源层面的建设

相较于基础性课程和学科课程,"和乐和美"音乐美育课程群对学校的资源统整能力和教师的课程实施能力提出了更高要求。学校依托"家校社理事会"这一平台,引入区域内公益类单位的专业资源,借助优秀家长代表的职岗资源,针对本校学生能力基础和发展实际发掘并对接教育资源,让社区资源与家长资源真正

"走进课堂"发挥育人功效。学校组建"攻坚课题项目组",将相关教师组织起来定期开展集体研修,持续标定育人理念、丰实知识结构、改进教学实践,让教师群体首先成为终身学习与合作探究的"样板"和"资源",进而促进课程实施过程中的"主动"与"互动"。

3. 设备资产方面的支持

学校自 2013 年起,先后斥资改造或新建音乐厅、视听室、创新实验室、排演厅、图书馆、采风馆等场馆设施,为"和乐和美"音乐美育课程群的系统实施奠定坚实物质基础,其中采风馆的建设也为学校考察研究课程的后续开展提供了更为直观而生动的教育素材。学校依托社会协作资源设立"和乐奖学金",将"和乐和美"音乐美育课程群评估意见纳入奖学金评定指标体系,围绕学生综合素质发展情况,以学年为单位开展评定,为激励学生参与课程、提升课程实践品质提供了资金保障支持。

五、活动案例:"长征颂·遵义行"研学旅行方案

(一) 活动背景

2019 年 11 月,中共中央、国务院印发《新时代爱国主义教育实施纲要》,强调"新时代爱国主义教育要面向全体人民、聚焦青少年",同时要"求真务实注重实效","要坚持目标导向、问题导向、效果导向,坚持虚功实做、久久为功,在深化、转化上下功夫,在具象化、细微处下功夫,更好地体现时代性、把握规律性、富于创造性"。这一系列要求为基础教育学校在中国特色社会主义新时代的办学育人确立了方向性指针和根本性原则。

高中学习阶段是一个人思想成长和人生发展的关键时期,高等教育招考选拔是对以政治立场和道德修养为基底的人的综合素养的全面评估。作为国家深化高考改革试点地区,上海形成了"依据统一高考和高中学业水平考试成绩,参考综合素质评价"的"两依据一参考"多元招考录取机制。其中,"品德发展与公民素养"是高中学生综合素质评价系统中的首要部分。

坚持中国特色社会主义教育事业"立德树人"的根本任务,呼应新时代高中课程改革和办学育人创新的历史使命,以融合创新统筹推进高中学生核心素养培

育,特别是理想信念教育,已经成为高中学校全新的时代命题和实践课题。

(二) 设计思路

高中学生正处于青春末期,尽管其三观仍处于形塑阶段,但心理状态和情绪控制整体趋向稳定,认知倾向和思维方式也逐步定型,这一时期的思想道德教育和理想信念培树更强调"因材施教"、"顺势而为",特别讲究教育的方式方法和过程细节。

由于自身特色办学文化和特长招生政策,上音安师的学生相较于其他同龄人,更关注自身的情感体验,更习惯多元的价值表达,更倾向平等的互动对话,更崇尚自由的思想空间。以课程为"跑道",化课程为"阶梯",在校本课程实践中将理想信念教育与核心素养培育作为伏线,让学生在生活化情境的感官冲击、平等对话、真实体验之中接受德育,是契合学生特质并有望改善教育实效的可能路径。

设计实施"长征颂·遵义行"研学旅行,将其纳入乐思·综合考察研究课程,是以落实"立德树人"根本任务为主旨,依据上海高中生综合素质评价要求,尝试将研究性学习与思想道德教育整合起来,以研究性课题任务为驱动,以艺术人文社会融合性考察为依托,发挥各类纪念场馆和祖国山川街巷的育人功能,推动学校教育真正走出课堂、走向社会,让学生在亲眼所见、亲耳所闻、亲身感受的一系列真实情境中感觉自然、感慨生活、感悟家国,进而丰富其认知、激发其情感、启迪其德行,以培树高中学生爱国情怀与崇高理想。

(三) 实践框架

1. 教育目标

通过对课题研究基本概念和方法的学习,明确调查研究设计和报告撰写的基本要求,了解资料收集和信息处理的一般流程,初步建立学术规范意识,培养逻辑思维能力,关注学术伦理和学术成果的"完美"。

通过研究实践过程中的同伴互动与合作,掌握人际交流交往的一般方式和基本技巧,进一步提升情绪识别和自我管理能力,确立起自我认同并开始理性思考人生,强调自身发展及社会价值层域的"精美"。

通过研究选题定向观察体验和思考提炼,感悟新时代中国特色社会主义的精神文化气质,深化对中华民族伟大复兴事业的理解,坚定"跟着中国共产党走"的信心与决心,追求人生理想和家国情怀的"大美"。

2. 内容体系

"长征颂·遵义行"研学旅行定位于艺术人文类寻访考察活动,设"问"、"访"、"思"三个单元(见图2)。

"问",主要是研学旅行的准备工作,即组织相关学生组建课题小组,通过开设讲座、组织讨论等一系列合作研修活动,训练学生围绕同一主题积累不同学科的知识,使学生了解课题研究的基本要求和主要步骤,进而结合自身兴趣和团队意愿确定小组课题,共同做好相关研究准备。

"长征颂·遵义行"研学旅行开始前,学校安排音乐、美术、历史、地理、语文学科教师,以《长征组歌·遵义会议放光辉》为引,开展艺术作品赏析、历史背景解析、社会文化透析和课题研究指导,一方面激发学生深入实地开展寻访的好奇心和参与性,另一方面也给予学生后续的合作探究活动以一定的素材支撑和方法指导。

"访",主要指研学旅行的考察活动,即相关教师带领学生飞赴千里之外的贵州省遵义市,通过寻访红军长征沿线的革命战斗旧址、参观红色纪念场馆与人文主题展陈、走访对口合作学校等,让学生实地感受祖国山川的秀美、切身感觉革命理想的壮美,并在与对口合作学校同龄人的交流互动中深化对人生的理解与把握。

"长征颂·遵义行"研学旅行中,学校安排音乐、历史、语文等学科教师,以各类场馆、旧址为场景依托,围绕重大历史事件及其背景、经典艺术创作及其深意、社会文化现象及其影响等话题,展开现场互动式教学,一方面解决当地场馆讲解的"浅"和"僵"的问题,另一方面也为学生将即时的"访"与前期的"问"相衔接提供有针对性的指引和支撑。在对口合作学校,学校还会组织两校学生"同上一堂课"、"共话人生路",以促动学生深入地"访"、切身地"问"。

"思",主要是研学旅行的研修总结,即在旅行后半程以及返回以后,相关教师针对学生选定的课题开展研究报告撰写的辅导,引导学生将研学旅行过程中积累的素材与触发的感想以文字的形式梳理总结,并以课题小组为单位依循课题研究的范式形成研究报告。

学校会根据学生确定的选题匹配相关学科的教师作为课题研究指导教师。如：经济社会发展方向的课题，一般安排政治学科或历史学科教师参与指导；艺术文化研究方向的课题，一般安排艺术学科或语文学科教师参与指导。学校也鼓励学生自主邀请教师参与辅导自己的研究。在这一反思研修和总结提炼的过程中，"师—生"组合和"生—生"组合围绕一个议题不断深入"打磨"的共同经历，能着力深化学生对于各类艺术创作和文化知识的基本理解，着力提升其对于改进文化学习与促动全面发展的意识态度，着力升华其基于亲身感受感觉而形成的对于社会发展和民族未来的情感追求。

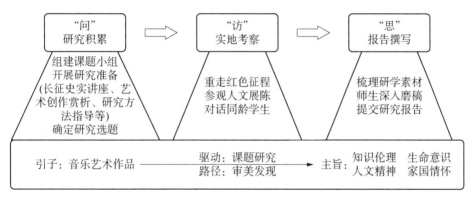

图2 "长征颂·遵义行"研学旅行内容体系和实施框架

3. 评价设计

"长征颂·遵义行"研学旅行主要采用以课题小组为单位的研究报告答辩方式开展评估。强调以评估为导向，引导学生在掌握课题研究基本方法的过程中，进一步关注"超越"知识的部分——团队合作、问题背景、社会发展、民族未来等，并自觉将这种意识贯穿于实践活动的整个过程之中(见表4)。

（1）答辩板块与时限设定

每组15分钟，要求课题小组全体成员共同参与。其中，研究陈述环节限时10分钟，每名组员就个人承担的部分进行介绍，互动交流环节为5分钟，由组员针对专家老师的问题进行紧扣主题、相互配合的自由答辩。

（2）现场答辩评估指标

包括全组分工参与、组员配合紧密、表达清晰完整、应答迅速切题、反思客观理性等五个方面。"全组分工参与"主要强调全体成员人人参与,"人人有任务",包括研究过程中和形成报告时;"组员配合紧密"主要关注课题小组成员间的相互了解,包括对研究课题本身和同伴个性特质的了解;"表达清晰完整"主要是凸显从问题发现到对策思考的整个逻辑线索,包括问题解析深度和策略契合程度;"应答迅速切题"主要指向整个课题小组对于课题的系统把握和小组的集体精神;"反思客观理性"主要引导学生在面对自己和面向未来这两个方面形成辩证而深远的思考。

(3)评估过程

评估指标与要求在组建课题小组的最初阶段就下发给每一名学生,让学生在实践活动的一开始就整体把握自身学习的方向和价值,从而在组建研究小组、商议组员分工、实地访问调查等一系列活动中自觉运用评估指针来丰富和提升实践体验,由此使教育评估本身成为促进学习的力源。

表4 "长征颂·遵义行"研学旅行活动评估表

评估指标	素养指向	评估等第(优、良、合格、须努力)	
		小组自我评估	专家答辩评估
全组分工参与	科学合理分工,人人投身参与		
组员配合紧密	彼此充分了解,相互信任支持		
表达清晰完整	问题解析全面,对策思考恰当		
应答迅速切题	研究把握深入,团队协作紧密		
反思客观理性	自我反思中肯,社会观察理性		
综合评定意见			

(四) 成效反思

"长征颂·遵义行"研学旅行于寒假前后(第一学期期末——第二学期期初)面向高二年级学生组织开展。基于学生撰写的活动心得和课题研究报告,大致可以勾勒出研学旅行实践活动对于学生的促动与影响。

其一,以音乐、美术等艺术作品为引导,有效增强了知识呈现和情感传递的生动性和冲击力,对于营造积极学习情境和激发主动探究意愿具有明显的作用。

其二,通过实地寻访、现场互动和行前讲座,学生对遵义会议与红军长征这段史实有了更深彻的理解,更真切地感受到无产阶级革命的艰辛与革命理想信仰的崇高。

其三,通过行前研究思路指导、考察过程方法辅导、返校撰写研究报告等,学生对课题研究的基本流程和总体框架有了更完整的认识,对于学术研究的严谨要求和学科理论的科学标准形成了更高程度的认同。

其四,通过在对口合作学校的学习体验、同龄学生调查互动、合作课题研究推进、人文展陈实地考察,学生对文化知识学习和综合素质发展有了更深刻的认识,进而对区域经济社会发展、国家民族未来振兴以及社会主义建设伟大事业有了更生动而丰实的生活体验和情感共鸣。

作为近些年才开始实践探索的教育活动样式,"长征颂•遵义行"研学旅行仍然存在诸多需要调整改进的地方,一些设计环节或实施环节的问题明显阻滞了活动预期目标的达成。如:由于地域经济社会发展差异和教育理念差异等,学生在对口合作学校的互动交流和访谈调查推进比较困难,从而直接影响到这一方面的任务驱动和情感联系。又如:以课题任务和评估指标来激发学习动机的初衷,在具体实践中遇到部分学生由于基础学力不够而动力消退较快及再次激发较难的问题,导致一些课题研究最终停留于浅表层面。

教育实践过程中的问题与困境,恰是教育不断提升发展的契机和基础。未来将进一步加强对学生群体特质和个体特点的调研分析,在实践活动架构、研修辅导支持、评估设计实施等方面不断修订调整,力求发挥系统育人的整体功效。

参考文献

[1] 曾繁仁.美育十五讲[M].北京:北京大学出版社,2012.

[2] 钟启泉.课程的逻辑[M].上海:华东师范大学出版社,2008.

[3] 王蕙.现代教育学[M].北京:北京师范大学出版社,2012.

"以理育人"指引下的
特色课程群实践与研究

罗　欣[*]

一、背景

上海市风华中学是一所以理科实验教改和心理健康教育见长、在全市有较高知名度的区实验性示范性高中。冯容士老校长实施物理实验教学改革，开创了实验教学与信息技术整合的先河；冯永熙老校长对心理健康教育不断实践创新，从积极心理到生涯辅导，开创了心理健康教育的新局面。学校在这两个项目的引领下，教育质量和办学水平在全市同类学校中名列前茅，广受赞誉。

基于这样的思考，学校确立了"以理育人"指引下的校本课程的实践与研究方向，使"以理育人"理念渗透进课程，有效落实学校育人目标，探索"立德树人"的根本路径。

二、基础

学校在以学生发展为本的教育理念指导下，坚持全面育人，注重发展学生的理性思维和健康心理，促进学生全面而富有个性地发展。

(一) 从物理实验改革到理科实验应用，培养学生理性思维

学校从上世纪 80 年代初开始了物理学科自制教具的研究，曾多次获得全国奖项。

---

* 作者单位：上海市风华中学。

为了帮助学生体验以科学方法"学会求知"的过程,解决物理课程教学中长期困扰学生的认知困难、理解障碍、判断失误等问题,激发学生探索未知的兴趣和学习潜能,2002 年 4 月,上海市特级校长、物理特级教师冯容士在风华中学成立了上海市中小学数字化实验系统(DIS)研发中心,率先开展了 DIS 在物理教学中的应用,大大地增进了实验效果和课堂效益。

(二) 从心理健康到生涯辅导,发展学生积极心理

风华中学是全国最早开展心理健康教育的学校之一。1986 年,学校把心理辅导引入德育工作,率先开始学生心理健康教育的探索实践。90 年代,学校全面关注学生健康心理的培育,以"心理教育与训练"课题为引领,使心理健康教育逐步融入教育教学工作之中,形成了"心理健康教育活动课"、"学校心理教育与训练模式"等特色品牌。2004 年,学校心理健康教育进入积极心理学深度应用的阶段,关注学生的积极情绪和积极行为,注重发展积极心理品质,培养乐观理性的心态,提升主观幸福感。学校由此形成了"积极心理学取向的师生生涯辅导"的特色品牌,丰富了心理健康教育的内涵,实现了心理健康教育与教育教学的全面融合。2011年,学校"积极心理学取向的教师生涯辅导研究"成果获全国"十一五"教育科研优秀成果一等奖;2018 年,学校"'课程 + 平台'高中学生生涯辅导实践研究"成果获上海市教育科学研究院第六届学校教育科研成果奖一等奖,并出版了专著。

近年来,学校始终走在上海乃至全国学校心理健康教育的前列,发挥了引领、示范、辐射作用,为推进上海市学校心理健康教育和上海市教育行政部门相关决策的制定作出了应有的贡献。2014 年,学校以心理健康教育综合评估第一的成绩,成为上海市中小学心理健康教育示范学校。2015 年,学校被评为首批全国中小学心理健康教育特色学校。

三、 意义

第一个"理"指在相关活动中,在注重培养学生理性思维的基础上,发扬追求真理、善于反思、实事求是、敢于质疑、重视实证、勇于创新的理性精神。

第二个"理"指在心理健康教育及生涯发展辅导中,注重发展学生的积极心

理,促进学生热情真诚、宽容友爱、沟通合作、谦虚自律、公平正义、勇敢坚韧,以理性精神和阳光心态,做最好的自己。

前一个"理"在育人指向上强调养智,培养理性思维,发扬理性精神;后一个"理"在育人指向上强调育心,培育健康阳光的心理,发展积极的心理品质。这两个"理"本身就存在着相互支撑、互为依靠的紧密联系:理性精神是发展积极心理的思想基础,积极心理是发扬理性精神的内生动力。

学校将"以理育人"作为学校的特色教育,是对社会现实要求和学校发展需求的积极回应。

青少年因为缺乏客观的自我认知,往往会盲目自大,又因不能正确地悦纳自己,受到挫折时极易自卑,同时缺少对社会现象的理性思考和辨别能力,往往会一叶障目、感情用事、行为冲动。因此,培育学生的理性精神和积极心理是学校教育必须高度重视的急迫任务。

为落实学校多年来提出的规划发展目标,在学校的"十一五"、"十二五"、"十三五"规划中,都着重提出:通过物理实验改革与应用,培养学生理性思维;通过加强心理健康教育,发展学生积极心理;通过"以理育人"的特色教育,促进学生全面而富有个性地发展。

总之,学校确定以"以理育人"为特色教育,不仅是对"以学生发展为本"的教育理念以及学校发展规划的具体落实,而且是对社会现实需求、学校文化传承、学生个性发展的积极回应。

四、内容

学校基于上述特色育人目标,设计了学校课程体系,构建了特色课程群,并紧密连结了特色课程与三类课程,形成了特色课程多样化的实施途径,满足不同学生需求,促进学生全面而富有个性地发展。

(一)课程建设

1. 整体设计学校课程体系

根据特色发展思路,学校整体设计了体现"以理育人"特色的学校课程体系,将现行的国家课程与学校特色课程有机整合,更好地实现"发扬理性精神、发展积极心理、厚实人文底蕴、厚植责任担当"的课程价值。

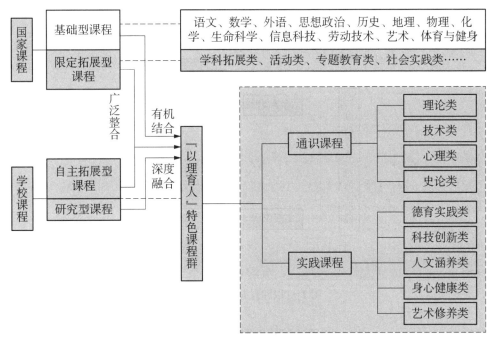

图1 "以理育人"特色课程群架构

2. 系统构建特色课程群

"以理育人"特色课程群由通识课程和实践课程组成。

(1)课程目标

知识与技能:拓展学生的学科知识面,提升实验和动手操作的能力;拓展学生的跨学科视野,培养综合解决实际问题的能力;拓展学生的自我认知,培育悦纳自我、适应社会的能力。

过程和方法:通过实验操作、情境体验等过程,培养学生观察比较、分析综合、抽象概括、判断推理的理性思维,引导学生学会发现问题、分析问题、解决问题、质疑反思的科学方法。

情感态度价值观:培养学生求实求是、注重实证的科学态度,增强学生追求真理、热情坚韧、善于沟通、勇于创新、做最好自己的积极情感和心理品质,培育学生正确的核心价值观和自觉的责任担当意识,拓展学生物理、化学、生命科学等学科视野,增强实践和创新能力。

（2）课程结构

"以理育人"特色课程群的课程结构如图2和表1所示。

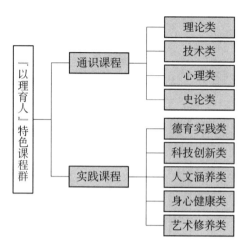

图2 "以理育人"特色课程群

表1 "以理育人"特色课程群具体课程相关信息

课程类别		课程名称	课时	开设年级	修习方式
通识课程	理论类	理性精神概述	4	高一	必修
		积极心理概述	2	高一	必修
	技术类	走进DIS	2	高一	必修
		DIS⁺技术	12	高一高二	必修
	心理类	健康心理	32	高一	必修
		生涯辅导	8	高一	必修
			2	高二	必修
			2	高三	必修
	史论类	科学之"星"	8	高一	必修
		学科发展史	8	高一	必修

课程类别			课程名称	课时	开设年级	修习方式
实践课程	德育实践类	"爱党爱国,知史明理"系列	中华传统文化的理性之光	4	高一	必修
			节日中的精神文明	4	高二	必修
			追寻革命先辈的足迹	4	高三	必修
			国旗下的成长感悟	16	高一 高二	选修
		"责任担当,服务社会"系列	我的缤纷高中生活	4	高一	必修
			学科德育活动季	4	高二 高三	必修
			志愿者之歌	20	高一 高二	必修
			走进社会主义新农村	40	高一 高二	必修
			军训绘就人生底色	8	高三	
			布尔什维克@youth 青年马克思主义学校	12	高一 高二	选修
		"理性自信,知行合一"系列	学先锋,明价值	12	高一 高二	选修
			透史见理研习营	12	高一 高二	选修
			生涯航向标	12	高一 高二	选修
			"思享客"大讲堂	4	高一 高二	选修
	科技创新类		用 DIS 轻松解决的 100 个拓展实验之物理篇	12	高一 高二	选修
			用 DIS 轻松解决的 100 个拓展实验之化学篇	12	高一 高二	选修
			用 DIS 轻松解决的 100 个拓展实验之生物篇	12	高一 高二	选修
			我的模样——3D 技术初探	12	高一 高二	选修
			微电影之蒙太奇技术初探	12	高一 高二	选修

课程类别		课程名称	课时	开设年级	修习方式
		3C 电子产品精美外壳的制备工艺	12	高一 高二	选修
		DIS⁺之百变电路	12	高一 高二	选修
		DIS⁺之造车计划	12	高一 高二	选修
		探秘电池	12	高一 高二	选修
		理性之光	12	高二	选修
		DIY 之模型制作	12	高一 高二	选修
		Inventor 3D 实体设计	12	高一	选修
		钢铁的手臂——VEX 机器人	12	高一 高二	选修
		彭越浦的水质监测	12	高一 高二	选修
		未来工程师	12	高一 高二	选修
		小创客之点亮生活	12	高一 高二	选修
		手脑联盟	12	高一 高二	选修
人文涵养类		百年中国看上海	12	高一 高二	选修
		走近生活中的地理	12	高一 高二	选修
		仰望星空——天文知多少	12	高一 高二	选修
		大国崛起与"四个自信"	12	高一	选修
		民国人物的价值取向	12	高一 高二	选修
		品读数学中的史文化	12	高一 高二	选修

课程类别		课程名称	课时	开设年级	修习方式
		忧国忧民的唐诗选萃	12	高一高二	选修
		唐宋八大家的人生观	12	高一高二	选修
		读史鉴人——中国现代文学史	12	高一高二	选修
身心健康类		中外戏剧名作赏读	12	高一高二	选修
		快乐百分百之五人制足球	12	高一高二	选修
		快乐百分百之篮球	12	高一高二	选修
		快乐百分百之台球	12	高一高二	选修
		运动发展大脑	12	高一高二	选修
		数字化体适能训练	12	高一高二	选修
		爱"乒"才会赢	12	高一高二	选修
		心灵成长	12	高一高二	选修
		融美于心	12	高一高二	选修
		遇见更好的自己	12	高一高二	选修
		常见心理问题与心理健康 校园心理情景剧 小方心理课堂 解忧杂货铺 走进高校心理社团 生涯电台	基本安排在五周内	高一高二高三	选修

课程类别		课程名称	课时	开设年级	修习方式
艺术修养类		粉墙青瓦 LED	12	高一	选修
		扎染之"理"	12	高一高二	选修
		编导人生	12	高一	选修
		彩泥创意	12	高一高二	选修
		创玩艺术	12	高一	选修
		中国结构图与审美	12	高一高二	选修
		中国画的美学之理	12	高一	选修
		影视评论	12	高一高二	选修

(二) 特色课程群实施

在开足开齐各类课程的基础上,学校"以理育人"特色课程群与基础型课程有机结合、与拓展型课程广泛整合、与研究型课程深度融合,特色课程群与德育课程无缝渗合,完成国家课程校本化实施的任务。

1. 特色课程群与基础型课程有机结合

"以理育人"特色课程群的素材来源于基础型课程,对基础型课程知识加以有机统整、灵活运用,更有助于提升学生的科学素养、创新精神与实践能力。学校通过学科单元教学设计,挖掘特色课程与各学科基础型课程的结合点,以"单元特色目标"的方式落实"以理育人"特色教育的实施,寻找各单元中体现理性精神和积极心理的内容,改变教学方式和方法,紧扣"单元特色目标"设计"课堂教学实践点",确保特色目标在课堂教学中真正落到实处,促进学生的理性精神和积极心理的发展,焕发学生的生命活力。

以下试举高一化学第一学期第四单元"剖析物质变化中的能量变化"为例。

本单元的特色目标以及与目标对应的课堂教学实践点如表 2 所示。

表2　化学学科单元特色目标对应课堂教学实践示例

单元特色目标	课堂教学实践点
初步建立基于实证、求实求是的科学研究意识。	列举燃料充分燃烧以及热能充分利用的途径和方法。
建立"物质运动和变化是永恒的"的化学观念,形成"透过现象看本质"的逻辑思维能力。	探究中和热、锌铜原电池、电解饱和食盐水等实验的原理。
培养提取证据并基于证据分析问题、建立模型的能力。	理解化学能与电能转化的原电池的工作原理。
形成与环境和谐共处的科学观念,养成严谨求实的科学态度和坚韧的意志品质,激发对科学探索的好奇心和责任感。	分析能源合理利用的意义和价值。

由此可以看出,基础型课程中蕴含着丰富的"以理育人"特色教育内容,能够在学科教学中浑然天成地融入理性精神和积极心理教育,这需要教师对教学内容进行挖掘提炼,使学生获得理性精神和积极心理的浸润式教育。

2. 特色课程群与拓展型课程广泛整合

特色课程群与拓展型课程广泛整合,主要体现在三个方面:一是特色课程群在拓展型课程中以分层、分类的方式开展实施,分为必修和选修两类。必修类课程是每一名学生都必须修习的,选修类课程是学生根据自身兴趣、发展需求及学习水平自主选择的。学校的自主拓展型课程主要是特色课程。二是依托学科开发特色课程,如DIS课程系列主要是依托物理、化学、生命科学等学科开发的,数学建模课程系列主要是依托数学学科开发的,都是对学科知识的拓展。三是打破学科壁垒,以问题为中心开展主题式教学,在教学形式上更注重学生自主学习活动的设计,使学生在活动中充分开展理性思考,在学习互动过程中认识自我、适应社会、规划人生。

以下试举心理健康活动季的开展为例。

学校通过必修类课程开展专题讲座、主题班会、课堂教学、团体心理训练、心理仪器体验、职业访谈等教育活动,宣传普及心理健康知识,提升学生自我调控和承受挫折的能力。通过选修类课程开展社会服务、社会调查、生涯实践、校园心理情景剧排演等体验活动,促进学生理性评价自我,了解大学、专业、职业及社会要求,培养学生积极向上的心理品质和应对挑战的信心,增强学生有效适应社会和自主规划生涯发展的能力。

3. 特色课程群与研究型课程深度融合

学校研究型课程的设置依托具有"以理育人"特色的学校课程体系,本着多学科融合、问题来源于学生的知识基础与生活、以 DIS 等相关技术为支撑的原则,统整校内外资源,以问题为导向,开展自主探索、自主研究、项目式学习等。这种与特色课程群深度融合的模式,有利于培养学生实事求是、重视实证、勇于创新等理性精神和沟通合作、勇敢坚韧等积极心理。

以下试举"我·科学家"创新课题研究型课程为例。

该课程通过让学生对自己感兴趣的问题展开一系列研究和创想,鼓励学生在研究中表达自己的想法,制定自己的方案,落实自己的措施,实现自己的目标。课程提升了学生的科学研究兴趣,培养了学生的科学研究技能,优化了学生的科学研究素养。

4. 特色课程群与德育课程无缝衔接

德育课程化是落实"立德树人"的主要抓手。近几年,学校在特色发展目标的引导下,不仅加强了基础型课程中的思想政治课和学科德育,而且在特色课程群增设了德育实践类课程。学校充分利用校内外教育资源,在全方位育人目标的指引下,形成了"爱党爱国,知史明理"、"责任担当,服务社会"、"理性自信,知行合一"等三个系列的德育实践类课程,将德育常规教育、志愿者服务活动、社会实践活动、研学之旅等内容进行统整,努力做到特色课程群与学校德育课程无缝衔接、有机结合,大大提升了德育的针对性和有效性,从而更好地落实学校教育以德树人的根本任务。

例如,在"责任担当,服务社会"系列课程中,学校将理论学习与社会实践相融通。通过仪式典礼类、综合融通类、志愿服务类和社会实践类德育综合实践活动课程,让学生在实践中感悟和体验,能够从分析社会发展现状入手透过现象看本质,把握社会发展规律,培养理性思维能力,在各类实践活动中提升综合能力、发展积极心理、增强责任担当意识。

五、"以理育人"特色课程群设计案例:"数字化实验 DIS 跨学科学习"校本课程方案

(一) 课程概述

学校在"让学生学会求知,学会做人,让生命焕发活力"的办学理念的引领下,

在原校长冯容士的带领下,经十年探索,矢志不渝,坚持物理实验教学改革。以传感器为核心,通过数据传输、计算机软件运行达到实验信息的数字化和批量处理,在实验中教育学生基于实践、注重证据,培养学生观察比较、分析综合、抽象概括、判断推理等能力。作为对此的传承和发展,学校将 DIS 技术应用到跨学科学习中,开发了基于理化生学科的校本课程"水质监测",基于物理、地理、信息科技的校本课程"校园气象服务",基于物理学科和工程学程的校本课程"小车改造计划"等,满足了学生的个性化发展需求。

(二) 课程目标

学校"数字化实验 DIS 跨学科学习"校本课程以学生为主体,高度关注学生的实验、探究过程,在丰富的实验探究过程中深化育人。

倡导打造丰富有趣的实验场景,学生通过实验探究深化认知,从思考到探究,不仅"走心",更要"力行",做到"知行合一"。比如"校园气象服务"就是通过教师带领学生在校园内进行各种气象数据的监测,使学生了解校园的气象状况,进而激发学生对学校周边区域和更大区域环境特点的兴趣,引导学生了解人类生活对于环境变化的影响以及保护环境的重要性,最终让学生体会"青山绿水就是金山银山"的道理。

生成是课程实施的重要目标。通过体验激发学生的主体性意识,更激发学生的个性化思考。在实验探究课程的实施中,学生能做到高度关注,全情投入,走心感受,用心思考,精确论证。

(三) 课程内容

本课程在实施中具体考虑了学生的认知水平、生活经验和知识结构等情况,因此比较强调团队性和探究性。课程分为三个子课程:水质监测、校园气象服务、小车改造计划。学生依据基础课程学习情况和自身兴趣爱好等,自选一门课程进行学习。每个课程分成多个小节,基本由"目标导入"、"预备知识"、"实践探究"、"拓展延伸"等部分组成,并加入一些科技发展的前沿性知识,激发学生学习兴趣。"预备知识"部分会介绍后续探究中需要运用的一些知识,"实践探究"部分会根据目标让学生自己选择团队,设计实验,分工完成,最后达成目标。"实践探究"是本课程的核心部分,对于推进学生科学技术素养的培养起到关键性的作用。"拓展延伸"部分会针对科学领域目前已有成果引导学生进一步思考。

本课程是一门重视学习探究过程、挖掘学生探索精神的课程。探究精神的培养不是一蹴而就的,而是需要不断地教育。因此,教师要为学生创设宽松、和谐的民主学习氛围,打破传统教学中以教师为中心的局面,从学生认知结构出发,提供动手实践的机会,强调团队分工合作,让学生在探究中学习,体验探究和发现的乐趣,积极主动开动脑筋,探究解决问题的方法。

本课程最大的特点是需要运用物理、化学、生命科学等跨学科知识,这就要求课程教师有足够的知识储备和跨学科教学能力。

目前课程内容安排如表3所示。

表3 "数字化实验DIS跨学科学习"课程内容安排

课程名称	主题	内容	主要目标
水质监测	通识篇	水污染及水处理; 水样的采集和保存; 水质监测传感器。	1. 了解当前一般的水质处理方法,尝试用资料收集的方式进行认识、探索和表达。 2. 了解科学技术发展的最新成果和我国目前水处理的现状。 3. 认识和学会使用各种传感器。
	实践篇	校园饮用水监测; 不同吸附剂污水处理效果比较; 自然水体监测(以彭越浦为例); 水资源的充分利用。	1. 采集校园的饮用水样本进行水质监测,掌握水样采集的基本方法和步骤,学会水样保存和预处理的方法,完成相关实验报告。 2. 利用周边的资源进行生活实际水样调查,感受最近几年上海水域水质明显好转的状况。
校园气象服务	通识篇	气象对人类社会的影响; 气象信息服务的发展概论; 气象站传感器初识。	1. 初步了解气象监测对于人类生存生活的重要意义。 2. 通过资料查阅,了解世界和我国气象信息技术发展的现状。 3. 了解气象信息服务的发展趋势。 4. 初步学会使用校园气象站有关传感器。
	实践篇	校园气象数据监测; 校园气象数据与环境气象预测; 环境气象数据与天气特点。	1. 运用校园气象站进行环境数据的监测。 2. 根据气象站的监测数据预测环境气象的变化。 3. 了解中国古代有关气象的谚语体现的气象特点,收集对应的气象数据。 4. 调查最近若干年上海的环境情况,感受环境日益好转的现状。

课程名称	主题	内容	主要目标
小车改造计划	通识篇	入职培训； 电路、喷涂、化学处理基本知识； 汽车性能测试，尾气测试。	1. 以汽车公司模拟运营模式为课程基本形式，了解公司基本组织结构、基本工作流程。 2. 学习汽车设计基本原理，学会电路、喷涂、化学处理等基本知识。 3. 了解汽车性能测试和尾气测试原理。
	实践篇	前照灯、转向灯设计课程； 仪表盘设计课程； 车身设计课程； 排气管设计课程。	1. 通过模拟产品经理、电路工程师、成本核算师，以汽车设计为课程导向，体验企业项目研发全过程。 2. 根据项目需求，通过查阅资料和组内讨论，进行汽车设计和测试。 3. 培养表达能力和倾听能力。

(四) 评价体系

构建有效的课程评价机制，是校本课程建设的重要组成部分，更是提升其实效性的重要保障。学校围绕"以理育人"的特色发展目标，注重评价指标的多元化、评价方法的多样化、评价主体的多元化。因此，在课程评价中，遵循自评、互评、教师评价相结合的原则，充分体现以学生发展为本，突出学生全面发展、个性发展和可持续发展。

以下试举"小车改造计划"课程中电路改造部分为例。

课程引入虚拟场景——汽车公司，所有学生被分成三个设计小组，承担一个项目，根据规定的参数为一辆电动车设计一系列电路。其中第一个子项目，就是设计具有延时关闭功能的汽车前大灯。团队需要在 3 000 元预算以内完善设计，并在车上完成测试。

表 4 "小车改造计划"课程之电路改造实践与探究活动评价表

	评级	评价标准	分数				
			A	B	C	D	E
团队合作	A	团队成员进行有效的沟通，能解决问题，讨论可行的办法和可能出现的情况。对队友提出的不同观点进行讨论，能通过讨论消除分歧。					
	C	团队成员进行沟通，能解决问题，讨论可行的办法和可能出现的情况。能对队友提出的不同观点进行讨论，但无法完全消除分歧。	5		3		1
	E	团队成员进行交流，但是无法解决问题，或者只有一名或两名队员的想法得到考虑，其他人的想法或意见则被拒绝接纳。					

	评级	评价标准	分数				
			A	B	C	D	E
大灯质量	A	能够实现基础的大灯开关功能和延时功能,同时还能实现两个以上额外有价值的功能。	10	8	6	4	2
	B	能够实现基础的大灯开关功能和延时功能,同时还能实现其他额外有价值的功能。					
	C	能够实现基础的大灯开关功能和延时功能。					
	D	能够实现两项基本功能中的一项。					
	E	未能实现两项基本功能中的任意一项。					
方案交流	A	能够从设计原理、设计方案、设计特点等角度对自己的方案进行阐述,阐述内容清晰,有感染力,同时能够找出其他小组方案的优缺点,并作出客观的评价。	5		3		1
	C	能够从设计原理、设计方案、设计特点等角度对自己的方案进行阐述,但阐述不够清晰,能够对其他小组的方案进行评价,但评价不够准确。					
	E	无法正确地阐述方案的设计原理和设计特点,也无法对其他小组的方案进行客观的评价。					
成本控制	A	大灯质量获 C 级以上评级,但花费超出预算。	1		3		5
	C	大灯质量获 C 级以上评级且没有超出预算,但成本不是最低。					
	E	大灯质量获 C 级以上评级且造价最低。					
客户评价	A	方案获得客户认可,且被加入客户公司的采购计划。	5		3		1
	C	方案获得客户认可,但未被加入客户公司的采购计划。					
	E	方案无法获得客户的认可。					

项目小组	自评他评	团队合作(5分)	大灯质量(10分)	方案交流(5分)	成本控制(5分)	客户评价(5分)	总分(30分)

六、 资源与保障

(一) 特色师资保障

"以理育人"特色课程对教师的核心素养要求之一,就是教师要具备持续不断创新的能力。

1. "专、兼、群"教师队伍建设

（1）特色课程校内教师队伍

学校充分发挥教师团队的主观能动性,以学科融合为基础开发特色课程,强调团队协作、取长补短,主张打破学科壁垒,实现跨领域合作:以物理、化学、生命学科教师为主,开发 DIS 与理、化、生学科教学的融合课程;以理科教师为基础,开发"水质监测"课程,对校内理科教师进行培养。

学校始终把一专多能、多学科兼容作为特色课程教师培养的方向,目前共有特色课程教师 32 名,其中高级教师 10 名,区学科带头人 3 名,区教学能手 1 名,区教坛新秀 1 名,硕士研究生 9 名,毕业于复旦大学、华东师范大学、上海大学的具有多学科专业背景的教师 3 名。

（2）日常教学教师队伍

特色课程与现有高中课程高度融合,需要教师在日常教学中主动引导学生培养理性思维、培育健康心理。为此,学校对非特色课程教师进行创建特色高中的校本培训,培训的内容分为通识类和实践类。通识类为理性精神和积极心理的概述;实践类则通过各种课题研究、教学研讨,探索在基础型课程中有效培养理性思维、培育健康心理的途径和方法。利用学科单元教学设计,不断完善教学行为。

学校还对非教学人员进行相关培训,内容包括特色课程实施场所管理,特种物资购置、保养和维修,特色课程排课,评价数据录入和管理,使他们无论是在对特色课程的认识、理解上,还是在职业素养上,都与学校的特色发展同步。

2. 制定特色教师激励措施

为配合特色建设方案的贯彻实施,学校在遵循《风华中学绩效工资分配方案》的基础上,针对"以理育人"课程的教学,制定了两个绩效工资分配方案:一是全体教师参与特色学校项目建设的奖励方案,二是特色课程实施教师工资方案。这些

绩效工资分配方案对全体教师们而言,是一种肯定和鼓励。

(二) 经费保障

经费及时到位是"以理育人"特色课程落实的保障基础。经费来源主要为市教委基教处下拨申请特色高中专项建设经费、区教育局配套相关建设经费,以及静安区全国教育教学"十三五"规划教育部重点课题第一批子课题和上海市教科院普教所立项课题经费。

生命科学 PLUS
课程群实践与研究

姚　艺[*]

华东师范大学附属天山学校,原名上海市天山中学,创办于 1954 年,陈毅市长为首任校长签署任命书。1978 年被确立为长宁区区重点中学。2006 年被评为长宁区实验性示范性高中。2018 年 4 月更名为华东师范大学附属天山学校。

出于对生命、生命科学素养的理解和学生生命成长的需要,在生命教育、"三生教育"的基础上,学校以规划为引领,以课程建设为重点,以项目为抓手,持续推进"培育生命科学素养"特色创建。自此,学校课程,特别是生命科学学科特色课程群和生命科学 PLUS 课程群,内容更加丰富,形式更加灵动,实践活动更加多样,学生的综合素养尤其是生命科学素养得到较大的提升。

一、缘起

(一) 对于学校办学实践和特色的传承发展

学校四轮发展规划均围绕特色建设展开,具体分为三个阶段:形成生命教育特色项目——形成"三生"教育学校特色——创建"培育生命科学素养"特色学校。三个阶段内在的逻辑是引导学生生命成长,培育学生生命科学素养。采用行动研究的方法,用课题研究带动实践,反映了学校特色创建的心路历程。

1. 第一阶段,形成生命教育特色项目

2005—2007 年,学校以"高中生命教育的实践研究"特色项目为引领,创建"具

---

[*] 作者单位:华东师范大学附属天山学校。

有生命活力、可持续发展、区域内领先"的实验性示范性高中。生命科学学科作为生命教育的显性学科,成为生命教育的重要载体。项目研究成果荣获长宁区教育科研成果一等奖、上海市学校教育科研成果二等奖。2006年,学校被列为上海市首批生命教育试点校。

2. 第二阶段,形成"三生"教育学校特色

2007—2010年,学校进一步拓展生命教育理念,以"为学生成长导航"为办学理念,开展"三生"(珍爱生命、发展生涯、共享生态)教育。2011—2015年,以"高中生涯发展指导的实践研究"项目为引领,完善高中生涯发展指导课程实施方案、实施策略、评价体系等,形成珍爱生命、生涯发展指导特色课程群,使生涯发展指导从特色课程上升为学校特色。学校面向全市举办以"开展'三生'教育研究,促进特色学校建设"为主题的展示研讨活动。全国许多省市(包括港台地区)的教育代表团来学校学习取经。"高中生涯发展指导课程的构建与实施"研究成果荣获上海市教学成果一等奖。

3. 第三阶段,创建"培育生命科学素养"特色学校

2015年底,为进一步挖掘"三生"教育的深度,对接"中国学生发展核心素养",在现有办学实践基础上,学校将办学特色定位于"培育生命科学素养"。学校有市级课题"建设生命科学主题轴课程的行动研究"、"建设生命科学特色高中的行动研究",以重点项目研究引领特色学校建设。2016年,学校成为上海市特色高中建设项目校。"建设生命科学主题轴课程的行动研究"项目成果荣获上海市教科院普教所基地校课题研究成果一等奖。

由此,学校经历由特色项目(生命教育)形成、学校特色("三生"教育)形成到特色学校(培育生命科学素养)创建的发展之路,为上海市特色普通高中的创建奠定了坚实的基础。

(二) 基于学校"为生命成长导航"的办学理念

"为生命成长导航"是指学校培育学生的生命科学素养,既要尊重生命的多样性和独特性,又要顺应学生发展需求,遵循生命成长和发展的规律,使学生获得自然生命的意义感。引导学生从自然生命的"本我"出发,认知生命,尊重生命,适应自然,实现生命价值;培养学生对价值生命的追求,从生命的"自我"出发,规划生

涯,智慧学习,自主发展,实现个体价值;指导学生从生命的"超我"出发,具备责任意识和担当能力,坚持理想和信念,实现社会价值,真正"实现自身价值与服务祖国人民的统一"。

(三) 基于教育改革使命、时代发展和学生发展的需求

《国家中长期教育改革和发展纲要》《上海市中长期教育改革和发展纲要(2010—2020年)》及长宁区教育综合改革方案都指出,普通高中应多样化、特色化发展,满足不同潜质学生的发展需要。学生在高中阶段的发展要求是能够适应社会生活,为接受高等教育和未来职业发展打好基础,成长为德智体美劳全面发展的社会主义建设者和接班人。因此,学校致力于培育学生的生命科学素养,顺应了新时代发展,可有效满足学生的发展需求。

因此,学校定位于创建"培育生命科学素养"特色高中,构建生命科学PLUS课程群,促进学生综合发展,全面提升学校办学品质。

二、 内容

(一) 生命科学素养概念界定

生命科学素养是指基于生命观念的学生适应个人学习生活和未来社会发展需要的必备品格和关键能力,包括有关尊重与适应、选择与发展、责任与担当的意识和能力。

尊重与适应:认识生命现象、自然现象,感知个体、群体、环境相互间的协调程度,形成尊重生命、适应自然的意识和能力。

选择与发展:遵循生物生存与演化的规律,顺应事物的自然变化和社会变化,形成自主选择、自我发展的意识和能力。

责任与担当:关注生命科学相关的社会议题,明确生命成长、自然变化和社会发展过程中个体的职责,重视社会责任与时代担当。

这些素养既体现了生命科学特点,又回应了对生命的认识,彰显了学校的办学理念,适应学生的发展需求。

(二)育人目标

培育"尊重生命会生活、善于学习会发展、勇于负责有担当、素质全面有特长"的德智体美劳全面发展的社会主义建设者和接班人。

(三)课程体系

在整合高中国家课程的基础上,学校构建了"培育生命科学素养"特色课程,包含"生命科学学科课程群"和"生命科学 PLUS 课程群"两部分(图 1)。

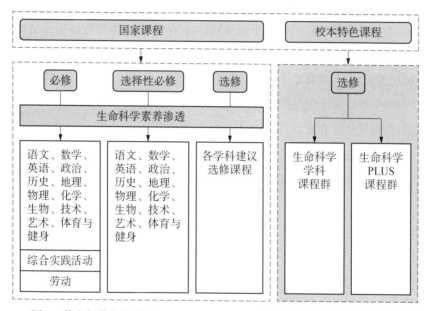

图 1　华东师范大学附属天山学校"培育生命科学素养"课程整体设计图谱

1. 生命科学学科课程群

生命科学学科课程群包括基础普及型、兴趣提高型和创新拔尖型三类课程。

基础普及型课程的设置旨在筑高全体学生生命科学素养的底部,使天山学生相较同龄人对生命科学相关知识有更全面、深刻的认识,更善于解决生命科学的实际问题。相关课程有探索生命伦理、生命科学简史、生活中的生命科学等。

兴趣提高型课程的设置旨在拓展学生生命科学学习的广度,为部分对生命科学有兴趣的学生提供更丰富的生命科学学习经历。根据传统生物学和现代生物学发展,开设了生命科学新观察、探索微观生命世界、人类与疾病的抗争等课程。

创新拔尖型课程的设置旨在挖掘学生生命科学学习的深度,鼓励在生命科学学科上有特长的学生进一步发展,为今后选择相关专业和职业奠定基础。如开设了部分大学先修类课程、和创新实验室配套的实验课程以及科创类课程,如人体解剖与健康、探索基因之谜——分子生物学基础实验技术、生命科学 STEM 课程、生命科学研究性课程等。

2. 生命科学 PLUS 课程群

生命科学 PLUS 课程群是基于生命科学素养的三个板块"尊重与适应、选择与发展、责任与担当"而设计的,覆盖学生身心发展、课内课外,融合了社团活动、主题教育、校园文化活动和社会实践活动。

"尊重与适应"板块以生命健康和心理健康为抓手,促进学生身心全面发展。生命健康管理课程通过传授健康管理的基础知识,提升学生自我保健及适应环境的意识和能力。心理健康管理课程通过对学生进行全面心理辅导,促进学生健康成长,激发其潜能。

"选择与发展"板块以生涯规划指导和生涯体验实践课程为载体,帮助学生自主选择、自我发展。生涯规划指导课程通过让学生了解自我,培养学生提升自我生命质量的能力,从而学会选择,自主发展。生涯体验实践课程让学生通过体认职业角色,获得对职业生活的真切理解,发现自己的专长,培养职业兴趣,提升生涯规划能力。

"责任与担当"板块以"走进自然"和"走向社会"为主题,培养学生保护自然、承担社会责任的意识和能力。"走进自然"拓展课程让学生在了解自然的基础上,树立人与自然和谐相处的意识,承担保护自然的责任。"走向社会"实践课程旨在涵养学生的家国情怀,让学生树立社会主义核心价值观,在参与社会活动及满足他人需要的过程中,获得自身发展,提升实践能力,成为履职尽责、敢于担当的人。

具体课程设置如表 1 所示。

表 1　生命科学 PLUS 课程群

所属板块		课程名称	修习对象	修习形式	课时
尊重与适应	生命健康管理	破译运动健康密码	高二	选修	12
		红十字应急救护		选修	12
		野外生存技能	高一	选修	12
		防灾减灾演练	全体	必修	4/学期
	心理健康管理	心灵导航	高一	选修	12
		青春絮语		选修	4
		心语讲堂		选修	12
		艺术治愈	高二	选修	12
		学习心理学	高三	必修	4
选择与发展	生涯规划指导	我的人生我做主	全体	选修	4—12/学期
		生涯发展测评——我的高中企划案	高一	选修	4
	生涯体验实践	职业寻访	高一 高二	选修	4/学期
		职业体验	高三	选修	4
责任与担当	走进自然	校园绿植养护	高一 高二	选修	12
		地震解密		选修	12
		生态与文化保护		选修	8
		Life 主题科技节	全体	选修	4/学期
	走向社会	"阅月谈"思政论坛	全体	选修	4/学期
		疫情中的生命科学素养		选修	10
		"相约天山"校园文化节		选修	8/学期
		"生命三度"社会实践		选修	10—15/学期

(四) 生命科学 PLUS 课程群的设计理念

2019 年 6 月,国务院办公厅印发《关于新时代推进普通高中育人方式改革的指导意见》,明确要求:"到 2022 年,德智体美劳全面培养体系进一步完善,立德树人落实机制进一步健全。"德智体美劳"五育",既有各自的独特性,又相互融通。构建德智体美劳全面培养的教育体系,既要坚持"五育"并举,又要坚持"五育"融合。生命科学 PLUS 课程群的设计体现了"五育"的独特性和融通性。

1. 顶层设计，"五育"并举

表2　生命科学 PLUS 课程群设计理念

"五育"内容	生命科学素养板块	生命科学 PLUS 课程举隅
德育先行有担当	责任与担当	"阅月谈"思政论坛
智育培养有特长	责任与担当	地震解密
体育锻炼爱生命	尊重与适应	破译运动健康密码
美育体验会生活	责任与担当	生态与文化保护
劳动实践会发展	选择与发展	职业体验

（1）德育先行有担当

《中小学德育工作指南》将理想信念、社会主义核心价值观、中华优秀传统文化、生态文明和心理健康列为德育工作的主要内容。生命科学 PLUS 课程群的"责任与担当"板块中，"走进自然"拓展课程就是以生态文明教育为初衷，"走向社会"系列课程则力图使学生树立理想信念与社会主义核心价值观。以校本思政论坛"阅月谈"为例：每月初，校团委、青年党校都会在党支部的指导下，利用升旗仪式开展主题教育，带领师生深层次地"阅读"中国特色社会主义制度建设，关注时政热点，结合实际提出思考题，并由班主任指导团支部带领学生开展相关主题学习。新冠肺炎疫情期间，"阅月谈"还开设云微课"责任与担当，战'疫'中闪光"（"疫情中的生命科学素养"系列校本课程之一，成功登陆学习强国 App），带领学生感佩"逆行者"奋战一线不退缩，感谢平凡人不平凡的坚守，感慨温暖人心的无私奉献，感恩父母老师的呵护，感悟自己肩上的责任。这类课程紧紧围绕理想信念和社会主义核心价值观开展教育，积极传播社会正能量，厚植家国情怀，提升学生的时代担当意识和能力。

（2）智育培养有特长

基础教育阶段的各门学科都越来越重视学生核心素养的培育，这就要求学生以应对具体生活情境为主要目标，把各门学科的知识作为应对该情境的手段与途径，真正做到学有所用、学以致用。如"地震解密"课程，旨在通过多门学科教师从不同角度对地震这一主题进行剖析与教学，使学生更全面地认识世界，并能逐渐形成多学科融合的思维方式：通过听讲、讨论、互动体验等课堂活动，认识地理、生物、语文、数学、历史、体育、心理等学科中与地震相关的基本知识；通过融合多学科的相关知识，逐步尝试从多个视角对地震这一事件进行理解，从而形成多学科融合的思维方式；增强珍爱地球、防灾减灾、关爱生命等意识。

（3）体育锻炼爱生命

学校结合数字生命科学馆内相关设备，开设拓展课程"破译运动健康密码"，帮助学生了解人体的运动系统、循环系统、呼吸系统、消化系统、神经系统、内分泌系统，使其能在简要掌握理论知识后，利用"中国数字人模拟解剖系统"，体验人体解剖，对相关疾病和医疗技术手段进行简单的自主探索与分析，掌握一定的医学常识，加强珍爱生命、健康生活的意识。学校还开设"红十字应急救护"课程，学生在防震减灾馆身临其境地模拟体验119报警，使用各类灭火器，学习人工呼吸、心肺复苏等急救技能，进行地震逃生和应急避险演练，增强民防技能，提升面对急危重症情况时沉着应对、冷静思考、团结协作的能力，为更好地开展校园意外伤害的预防和应急救护打好基础。

（4）美育体验会生活

生活中从不缺少美，而是缺少发现美的眼睛。"生态与文化保护"课程为社会实践考察活动，包括生态保护之水资源篇（水博园、月湖雕塑公园）、生态保护之生物资源篇（辰山植物园、野生动物园、海昌海洋公园）、文化保护之水乡篇（枫泾古镇、朱家角古镇）、文化保护之历史篇（崧泽古文化遗址、广富林文化遗址）、文化保护之信念篇（一大会址、陈云纪念馆）等主题。每学期，学生都要带着"生命科学素养研学之旅"任务单开展社会考察，拥抱大自然，在感悟生命之美的同时，开展"森林对土壤的修复与改良"、"外来植物入侵对森林的破坏作用"、"海洋公园中动物表演对动物产生的影响"、"从生物分类学上比较鲸与鲨的区别及进化关系"等课题研究，培养生态意识、文化素养和科学探究精神。

（5）劳动实践会发展

2020年7月教育部颁发的《大中小学劳动教育指导纲要（试行）》中强调，高中学段劳动教育要"注重围绕丰富职业体验，开展服务性劳动和生产劳动，理解劳动创造价值，接受锻炼、磨炼意志，具有劳动自立意识和主动服务他人、服务社会的情怀"。学校聘请辰山植物园科学研究中心的青年学者担任导师,为学生开展"怎么认识身边的植物——从形态到分子"、"生物多样性信息学简介"、"植物采集与标本制作"等科普讲座,指导学生开展社团活动,对校园绿植进行调查、识别、统计、养护和挂牌等,学会常见植物的养护、记录和统计方法,认识生命现象、自然现象。借助学校生命科学创新实验室平台,开展校园绿植组织培养、开心农场养殖和校园绿植 DNA 测序,进行相关课题研究,关注生命科学相关的社会议题,明确生命成长、自然变化和社会发展过程中个体的职责,形成有关社会责任、时代担当的意识和能力。

高考综合改革以来,学校根据《关于加强上海市普通高中学生志愿服务(公益劳动)管理工作的实施意见(试行)》要求,加强志愿者培训,规范岗位职责,开展校级优秀志愿者评选,传播奉献精神,传递青春正能量:赴长宁区中小学民防教育培训基地、上海市禁毒科普教育馆、上海市消防博物馆、宋庆龄陵园、上海动物园等场馆担当义务讲解员,传播科普知识;赴长宁区妇幼保健院、周家桥街道社区卫生服务中心担当医导,奉献爱心,感知生命的宝贵;为青聪泉儿童智能训练中心制作教具,担任社区爱心暑托班"小先生"和长宁区图书馆管理员,体验不同职业的艰辛,展现高中生的社会担当和生命价值。

2. 综合渗透,"五育"融通

"五育"既相对独立,各自具有领域针对性,又相互融合,交叉支撑,共同构建起完整的育人体系。

如课程群"尊重与适应"板块的"心理健康管理"课程为"1 + 3"模式,"1"即"心灵导航——心理体验课"这一通识性课程,"3"即"青春絮语——青春期教育"、"心语讲堂——学涯规划"和"艺术治愈——心理的艺术表达"这三个专题性课程。"心灵导航——心理体验课"体现德育,旨在对学生进行全面的心理辅导,围绕与高中生息息相关的健康生活、人际相处、自我自信、学习创造、情绪管理、青春两性、合作共赢、生涯发展、生命价值等专题开展普适性的心理辅导活动课,促进学生珍惜生命、热爱生活、健康成长。"青春絮语——青春期教育"聚焦体育,开展青春期性教育和社交辅导,促进学生认知生命、珍爱生命,从而学会自我保健、自我保护,进而绽放青春、健康成长。"心语讲堂——学涯规划"展现智育,高中阶段的学业压力比任何时期都要大,"心语讲堂"聚焦学生学习考试心理辅导,涉及学习动机、学习习惯、学习方法、考试认知和放松减压等主题,帮助学生调适学习心态,激发个人学习潜能,创造自身生命价值。"艺术治愈——心理的艺术表达"凸显美育,课程改编自当下学校心理学界很流行的"表达艺术心理治疗",借助绘画体验、沙盘游戏、雕塑、叙事、舞动、音乐等艺术媒介,帮助学生释放压抑的情绪,用艺术点亮生命,建立积极的生活姿态。"1+3"模式的心理健康教育体系充分体现了教育过程中德智体美劳通过一定的教育目标被有机整合在一起,发挥更大的合力。

学校秉承"知行合一"理念,开展培育生命科学素养的主题教育活动、体育节、艺术节、科技节、社团节等"五育"融合的综合校园文化活动。学校开展的社会主义核心价值观主题教育展示活动中,有的班主任老师从"生命科学"知识(信任分子"催产素")视角切入,解读"诚信",使"智育"服务于"德育",收到很好的效果。近几年学校开展了以"'绿色'时尚,健康生活"、"挥动梦想的翅膀——鸟类摄影作品展览"、"低碳出行,净心家园"、"垃圾分类,乐享生活"、"地球家园,共同呵护"、"与疫病抗争,与生命同行"为主题的科技节活动,学生动手参与实验,设计小制作体验劳动乐趣,开展知识竞赛拓展智力,观察体悟大自然之美,在浸润式体验中提升对生命的敬畏与对美好生活的追求,滋养道德。

三、 实施策略

生命科学 PLUS 课程群通过社团活动、主题教育活动、校园文化活动、社会实践活动等实施途径展开,各有侧重地培育学生的生命科学素养。

(一) 社团活动重成长体验

学校是上海市花园单位、上海市绿色学校,"春有樱花夏有荷,秋飞银杏冬樟青",良好的生态环境为学生在校内开展培育生命科学素养特色社团活动提供了保障条件。

学生集思广益,以"探求身边常见动植物特性,发现校园、家园和生活中的美"为目的,自主成立了多个特色社团,从分子生物学社、植物形态学社、标本制作社这三个校级社团,到植物造型社、海枣麦冬社、咏樟社、虫脉相传社、生命科学创新实验社、"生机无限"读书沙龙、"神农"社、病毒新知工作室、竹林栖贤社、蜗牛观察社、多肉养护社、蚕丝社、锦上添花社、桃红梨白社、天柚社、山樱社等多个班级社团，围绕动植物养护、生命科学研究型小课题开展活动，展示出浓浓的生命科学素养。

围绕学校生命科学 PLUS 特色课程群"责任与担当"板块中的"走进自然"主题，学校定期开展"魅力社团，美丽校园"社团文化节。神农社介绍中草药茶功效、现场教授香囊制法，病毒新知工作室带来抗疫宣传舞台剧，"生机无限"读书沙龙的学生在管弦乐团的伴奏下朗读《方舱日记》片段，竹林栖贤社、蜗牛观察社、多肉养护社等社团围绕社团建设机制、管理运作方法等开展讨论……现场还发起"我最喜欢的社团集市展摊"和"我最喜欢的社团论坛创意"投票活动。这些活动丰富了校园文化建设，促进了学生的相互交流和社团的健康发展，更贯彻了学校"为生命成长导航"的办学理念。

(二) 主题教育活动重价值引领

培育生命科学素养系列主题教育活动在"为生命成长导航"的办学理念的引领下，结合《中小学德育工作指南》，围绕着"尊重与适应"、"选择与发展"、"责任与担当"三个板块展开。既尊重生命的多样性和独特性，又顺应学生发展需求，遵循生命成长和发展的规律，引导学生尊重生命、适应自然、实现生命价值，培养学生对价值生命的追求，引导学生规划生涯、自主选择、自我发展、实现个体价值，培养学生的社会责任感和时代担当意识，教育学生坚持理想和信念，实现社会价值，真正实现自身价值与服务祖国人民的统一。

"尊重与适应"板块围绕尊重自然、珍爱生命、抗挫耐压、诚信友善、交往礼仪等主题开展教育活动，引领学生认识生物多样性，树立积极的生活态度和正确的生命观，感知个体、群体、环境相互间的协调程度，形成尊重生命、适应自然的意识和能力。

"选择与发展"板块围绕生涯规划、劳动至美、民主法治、家国情怀等主题开展教育活动，致力于引导学生科学系统地规划高中生涯，结合校内外劳动实践活动体验劳动至美，增强法治意识，将自主选择与祖国发展需求紧密相连。

"责任与担当"板块围绕环境保护、时政形势、四史励志、爱国敬业等主题开展教育活动，践行社会志愿服务，增强环境保护意识，创新高中生思政教育形式，让学生学四史明志向，继承优秀传统文化，涵养家国情怀。

表3　主题教育课程框架

所属板块	主题	目标	对接《中小学德育工作指南》内容
尊重与适应	尊重自然	珍视生物多样性,尊重一切生命及其生存环境;理解人与自然的伦理问题,养成环保的生活习惯。	生态文明
	珍爱生命	培养积极的生活态度,树立正确的生命观;尊重生命、爱护生命,积极探寻人生的价值和意义。	心理健康
	抗挫耐压	增强承受失败和应对挫折的能力,形成良好的意志品质;积极应对考试压力,克服考试焦虑。	心理健康
	诚信友善	养成尊重他人、真诚待人、信守诺言的行为习惯,理解友善是处理人际关系的基本准则。	核心价值观
	交往礼仪	了解传统礼仪、传统习俗的文化内涵;尊重传统文化,感悟传统美德与时俱进的品质,以传统美德律己修身,营造温馨和谐校园。	传统文化
选择与发展	生涯规划	在充分了解自己的兴趣、能力、性格、特长和社会需要的基础上,树立自己的职业志向,培养职业道德意识,进行升学就业的选择和准备。	心理健康
	劳动至美	结合校内外劳动实践体验活动,增强创意物化能力,养成吃苦耐劳、精益求精的品质,增强生涯规划的意识和能力。	生态文明
	民主法治	理解中国特色社会主义民主的基本制度,体会社会主义制度的优越性所在;全面认知家庭、婚姻、教育等与学生个人成长发展相关的法律,树立宪法意识,形成对中国特色社会主义法治道路的认同。	核心价值观
	家国情怀	了解中华民族历代仁人志士为国家富强、民族团结作出的牺牲和贡献;认识国家前途命运与个人价值实现的统一关系,使自己的个人发展与国家发展保持一致,自觉维国家尊严、安全和利益。	传统文化
责任与担当	环境保护	了解关于环境保护的不同观点,通过交流和协商,形成环境保护的共识;走进自然,开展校园绿植养护等社会志愿服务活动,并在主题教育课上分享心得,培养保护环境的社会责任意识。	生态文明
	时政形势	深入学习中国特色社会主义理论体系,领会党中央治国理政新理念新思想新战略,培养敢于担当的品质。	理想信念
	四史励志	学习党史、新中国史、改革开放史、社会主义发展史,继承革命传统,传承红色基因,感受革命先辈的责任与担当。	理想信念
	爱国敬业	了解我国优秀传统文化和中国特色社会主义新文化的主要内涵,培养尽心尽力学习、尽职尽责工作的态度和情感,树立实现中华民族伟大复兴中国梦的社会责任感。	核心价值观

(三) 校园文化活动重特色浸润

积极营造"培育生命科学素养"的校园文化氛围,通过整合校园活动,精心打造培育生命科学素养环境文化、制度文化、精神文化,渗透基于生命观念的"尊重与适应"、"选择与发展"、"责任与担当"等板块的教育理念,以环境和活动为载体,培养"尊重生命会生活、善于学习会发展、勇于负责有担当、素质全面有特长"的天山人。

培育生命科学素养环境文化:校内夏日绿树成荫,寒日樟树常青,樟香更是飘于园内,沁人心脾。鱼池、假山、亭台交相辉映,果树、柳树相互掩映。天山学子浸润其中,认识生命、尊重生命、敬畏生命、珍惜生命。在校园内设置生命科学素养导师墙、"最美天山"展览角、"六个一"学生风采展示宣传栏、"天山书吧"等,向学生提供自主选择、自我发展的空间,进而促使其思考生命的价值。

培育生命科学素养制度文化:建立培育生命科学素养特色创建办公室,构建、设计、实施特色建设相关活动,形成培育生命科学素养建设机制,完善生命科学学科课程群、生命科学 PLUS 课程群建设方案,以及培育生命科学素养特色社团管理制度。

培育生命科学素养精神文化:整合学校各种活动,如"相约天山"校园文化节、艺术节、科技节、社团节、主题教育活动等,打造学校培育生命科学素养特色品牌活动项目,天山师生人人参与,活动内容既有显性的生命科学知识普及与提升,也有隐性的生命科学素养渗透。通过活动,培育生命科学素养观念得到认同,天山人的生命活力得以展现,助推了天山学生的生命成长。

(四) 社会实践活动重生命感悟

《中小学德育工作指南》指出,要构建社会共育机制:要主动联系本地宣传、综治、公安、司法、民政、文化、共青团、妇联、关工委、卫计委等部门、组织,注重发挥党政机关和企事业单位领导干部、专家学者以及老干部、老战士、老专家、老教师、老模范的作用,建立多方联动机制,搭建社会育人平台,实现社会资源共享共建,净化学生成长环境,助力广大中小学生健康成长。

学校积极开拓青少年校外社会实践基地,与华东师范大学、辰山植物园、长宁区图书馆、长宁区妇幼保健院等十几家单位共同组建了"生命共育"联盟,围绕"培育生命科学素养"设计了"生命三度"等一系列社会实践活动项目。

表 4 社会实践课程计划

所属板块	生命联盟基地	课程内容
尊重与适应 (感受生命温度)	长宁区中小学民防教育培训基地	了解民防知识,体验模拟地震、模拟拨打火警电话、模拟火灾逃生,学习心肺复苏急救,掌握自救互救技能,提升生命科学素养,争当民防小卫士。
	上海市禁毒科普教育馆	学习并宣传禁毒科普知识,践行"珍爱生命,远离毒品"理念,积极参与禁毒方面的社会宣传活动。
	港茸餐饮管理有限公司	学习均衡饮食搭配方法,注重饮食健康,参与监督校园食品安全生产。
	辰山植物园、上海动物园	真切感受生命的多样性,珍爱生命,珍惜生态,热爱大自然,保护大自然,为共建和谐地球家园作贡献。
选择与发展 (拓宽生命广度)	长宁区疾病预防控制中心	了解疾病预防知识,特别是疫情期间,在学习中体验科学的魅力,增强日常生活中的防护意识,远离病毒,珍爱生命。
	长宁区爱心献血屋	宣传推广无偿献血,从身边案例中感悟"血液可以再生,生命不能重来"的意义。
	长宁区精神卫生中心	学会用生命影响生命,用生命感悟生命,接纳现实的不完美,感悟困境后的希望,体验受挫后的成长,找到心灵的伊甸园。
	长宁区图书馆	通过读者导引、图书整理、文明督导等志愿服务,向图书爱好者提供更好的阅读体验空间,同时也让自己在书本的海洋里学习到有价值的东西。
	高校寻访	校友带领学生寻访高校,开展生涯访谈,进行生涯规划指导,为生命成长导航。
	华东师大二附中卓越学院暑期营	依托华东师大联合办学资源,使学生体验人文、科技拓展课程,开拓视野,激发学习动力。
	科创班夏令营	学习理论知识,实地参观考察,丰富假期生活,体验科创魅力,培育生命科学素养。
责任与担当 (提升生命高度)	长宁区妇幼保健院	通过助医服务、艺术社团进医院等活动,向准妈妈提供志愿服务,彰显天山学生风采。
	周家桥街道社区卫生服务中心	通过助医、助老服务,为病患排忧解难,传递生命温度,展现青年的责任与担当。
	青聪泉儿童智能训练中心	通过课程助教、教具和多媒体课件制作等形式,为自闭症儿童康复训练提供帮助,用手工玩具为小朋友们送去点滴温暖。
	爱心暑托班	担当助教,与小学生共度假期,分享生命科学小知识,帮助小朋友树立"热爱生命,从小做起"的理念,共建温馨和谐社区。
	宋庆龄陵园	了解革命先驱人生奋斗经历,感悟近代中国革命发展历程,传递爱国主义热情,树立理想。

四、 多元评价，提升素养

基于"培育生命科学素养"特色课程设置,学校要求全体学生于在校期间除了完成国家设置的课程外,还要开展培育生命科学素养"六个一"行动,即完成一门生命科学学科特色课程选修、习得一项健康管理技能、设计一份"我的生涯企划案"、开展一项生命科学素养项目化学习、拥有一项防灾减灾本领、参与一次关爱生命志愿服务。每名天山学子都有一本独特的"生命科学素养绿色护照",记录特色课程修习情况,并纳入《上海市普通高中学生综合素质纪实报告》中的"学校特色指标"评价。学校根据学生的项目参与度、活动表现、目标达成度等评选 Life 达人、创新先锋、健康卫士、爱心天使、生涯 Designer、应急能手等,激发学生对生命科学的兴趣,促进学生生命科学素养的提升,真正实现育人目标——培育"尊重生命会生活、善于学习会发展、勇于负责有担当、素质全面有特长"的社会主义建设者和接班人,为学生的终身发展奠定基础。

五、 典型案例:"阅月谈"思政论坛课程方案

(一) 课程开发背景

2019 年 6 月,国务院办公厅印发了《关于新时代推进普通高中育人方式改革的指导意见》(以下简称《指导意见》)。作为新世纪以来国务院办公厅出台的第一个关于推进普通高中教育改革的重要纲领性文件,《指导意见》就推进普通高中教育改革、全面提高普通高中教育质量进行了系统设计和全面部署。《指导意见》对新时代普通高中推进育人方式改革的内涵作了明确呈现,对新时代普通高中教育改革改什么、如何改提出了清晰的目标、原则和任务,主要包括六个方面的改革任务,其中之一就是构建全面培养体系,而构建全面培养体系主要体现在突出德育时代性、强化综合素质培养、拓宽实践渠道等方面。

学校积极创建"培育生命科学素养"特色高中,以培育"尊重生命会生活、善于学习会发展、勇于负责有担当、素质全面有特长"的德智体美劳全面发展的社会主义建设者和接班人为育人目标,其中"勇于负责有担当"在实践过程中需要落地、

落实、落细。"阅月谈"思政论坛是学校德育品牌课程。"阅"是指深层次地"阅读",以丰富多样的形式阅读中国;"月"是指活动频率,每月开展一次;"谈"包含两个层面,即"现场谈"与"班会谈":"现场谈"是结合思政论坛相关主题,邀请社会人士、师长、学长在活动现场与学生谈论互动;"班会谈"是针对当月的主要话题,由班主任在班会课上组织学生深入交流探讨。该课程具有聚焦时政热点、结合学生思想动态、基于学生生活实际、引领思想行动、助力"家校社"协力育人等特点,旨在引导学生关注时政热点,树立家国情怀,提升申辩式思考能力,培养责任品质与担当意识。

该课程聚焦时政热点,结合校园生活,对高中生进行思想行动引领,以丰富多样、易于接受的形式带领学生深层次地"阅读"中国。

(二) 课程目标

学习习近平新时代中国特色社会主义思想,知晓中国特色社会主义各方面建设的常识,树立"四个自信",坚定理想信念。

通过观看《这就是中国》等思想政论节目,学习中国制度、中国理论、中国道路、中国文化的优势和先进性,厚植爱国主义情怀。

通过对时政热点、生命伦理等议题的讨论、辩论,树立正确的世界观、人生观和价值观,提升承担社会责任的意识和能力。

(三) 课程定位

本课程属于学校生命科学 PLUS 课程群"责任与担当"板块中的"走向社会"主题,旨在培养学生承担社会责任的意识和能力。

(四) 课程基本框架与课时安排

表5　课程基本框架与课时安排

板块	主题	课时
生命责任	责任与担当,战"疫"中闪光	1

板块	主题	课时
感恩意识	"小叶子"与大中国	1
	品味城市温度,提升幸福指数	1
爱国责任	全球抗疫中的中国担当	1
	人民至上,生命至上——回顾两会,学习"四史"	1
	奋进新时代,劳动最光荣	1
生态责任	爱粮节粮,杜绝浪费	1
	共建万物和谐的美丽家园	1

板块说明如下:

生命责任:关爱生命是履行人生责任的前提和基础,只有珍惜自己的生命、关爱他人的生命,才能最大限度地发掘生命意义,实现生命的独特价值。

感恩意识:感恩意识是指感激他人所施的恩惠并设法报答的内在心理要求,是一个人责任意识和精神境界的体现,是普遍存在于人类社会中的基本道德行为规范。培养感恩意识有助于学生健康人格的发展,有助于促进人与人、人与社会、人与自然的和谐。

爱国责任:爱国责任是公民责任情感的升华,其最高境界在于视祖国的利益高于一切,心系民族的命运和祖国的前途,维护民族独立和国家主权完整。

生态责任:生态责任是公民责任的拓展。节约资源和保护环境的生态责任意识是现代公民素质的重要组成部分,是社会文明的显著标志。

(五) 课程实施

实施对象:全校师生。

教学方法:合作探究。

课程资源:时政热点。

(六) 学习评价

依据学校学习评价方案,实行过程评价与结果评价相结合的评价方式。注重学生自我评价与学生互评。充分考虑学生的发展潜力,教师评价在具备客观性的同时,突出对学生的发展性评价。

表6　校本课程学习评价表

评价项目	评价内容	自评 (1—10分)	互评 (1—10分)	教师评 (1—10分)	备注
学习规范	无旷课、迟到、早退,上课遵守纪律(1分)				
	根据要求完成作业(2分)				
合作分享	积极投入,服从分工(1分)				
	能与他人合作交流(2分)				
学习成果	作业与作品(2分)				
	小结(2分)				
	获奖情况(附加分:市3、区2、校1)				
评价	总分				
	等第(优、良、合格、须努力)				

(七) 设计举例

以"责任与担当,战'疫'中闪光"为例,具体教学设计如表7所示。

表7　"责任与担当,战'疫'中闪光"教学设计

教学步骤	教学设计
导入: 为伟大的祖国点赞	● **设计意图** 通过观看新华社微视频,思考交流,引出主题,体会中国始终把人民群众生命安全和身体健康放在第一位。 ● **教师指导** 1. 组织学生观看新华社微视频《"手"卫人民》。 2. 展示以习近平同志为核心的党中央统筹推进新冠肺炎疫情防控大事件表。 3. 展示"钻石公主"号邮轮上港澳同胞发给中国驻日本大使馆的感谢信。 ● **学生活动** 思考交流观点。

教学步骤	教学设计
感佩"逆行者"奋战一线不退缩	● 设计意图 理解最美"逆行者"美在责任与担当,感佩"逆行者"奋战一线不退缩。 ● 教师指导 1. 抛出问题:"除夕夜,大家在干什么?" 2. 介绍除夕夜上海首批援鄂医疗队成员奔赴武汉的事迹。 3. 抛出问题:"大家还了解哪些'逆行者'的故事?" 4. 借助照片讲述钟南山教授义无反顾冲在防疫最前线、来自全国各地的多支医疗队援鄂、以堪称奇迹的"中国速度"迅速建成武汉火神山医院和雷神山医院等"逆行者"的故事。 ● 学生活动 思考讨论,分享"逆行者"故事。
感谢平凡人不平凡的坚守	● 设计意图 理解在抗疫过程中城市守护者担当的责任,感谢平凡人不平凡的坚守。 ● 教师指导 展示一组上海市疾控中心病毒检测实验室工作人员、设卡点警察和医务人员、基层社区防控人员、公共交通部门消毒人员、口罩生产线员工、市场监管部门工作人员工作时的照片。 ● 学生活动 交流疫情相关行业从业人员所从事的工作及承担的社会责任。
感慨温暖人心的无私奉献	● 设计意图 理解爱心奉献者对弱势群体的关爱体现了责任与担当,感动于温暖人心的无私奉献。 ● 教师指导 1. 展示一组学校教师参加教育系统疫情防控工作应急队、参与志愿服务的照片。 2. 请参加志愿服务的教师讲述志愿服务工作的经历,分享志愿服务的感受。 ● 学生活动 了解志愿者工作。
感恩父母老师的呵护	● 设计意图 关注父母、老师等自己身边的"防疫战士",了解他们如何"安稳小家,维护大家",感恩他们的呵护。 ● 教师指导 1. 请家长奋战在抗疫第一线的同学发言,介绍家长所从事的抗疫工作。 2. 请学生分享疫情发生后父母对自己的保护。 3. 介绍学校针对疫情所做的防控工作。 ● 学生活动 1. 在教师的引导下进行交流,关注家长工作的辛苦,关注父母对自己的呵护。 2. 关注教师为"停课不停学"所作的努力。

教学步骤	教学设计
感悟自己肩上的责任	● **设计意图** 理解每人都是社会的一份子,人人担责,才能保卫好大家与小家,为国家的繁荣昌盛贡献力量。感悟肩上的责任与担当。 ● **教师指导** 1. 介绍同龄人为抗击疫情作出的贡献。 2. 组织观看校团委、学生会制作的有关"珍爱生命,防控疫情"的倡议视频。 ● **学生活动** 思考、交流自己肩上的责任。
课后讨论	1. 新冠肺炎疫情期间你身边发生了哪些有关抗疫的感人故事。 2. "逆行者"中出现了一批95后白衣天使,作为中学生的你有什么想法? 3. 怎么看待早期一些确诊者隐瞒行程造成多人感染这一行为? 4. 一些人造谣传谣引起社会恐慌,我们应该如何理性应对舆论?

参考文献

［1］冯建军. 构建德智体美劳全面培养的教育体系:理据与策略[J]. 西北师大学报(社会科学版),2020,57(03).

基于核心素养的学科融合德育课程群顶层设计研究

浦静文 *

一、 背景

上海民办华二初级中学（以下简称"华二初中"），是教育部直属重点中学华东师范大学第二附属中学（以下简称"华东师大二附中"）承办的民办初中，也是华东师范大学的教育实验基地。由上海市特级校长何晓文领衔的管理团队，践行华东师大二附中"卓然独立，越而胜己"的办学理念，传承"追求卓越，崇尚创新"的校园文化精神，努力创建具有卓越教育品质的"上海市民办中小学特色学校"。

一般学校教育承担着学科教育和道德教育两大使命，管理机构由教务处和教导处两大部门组成，但此二者有时缺少必要的合作和协调，缺少对服务对象心理的分析，学生处于被动接受管理的状态，甚至产生逆反心理，使本来就有限的教育资源无法充分发挥作用。所以应当开发一个机制来整合这两大部门，使其成为一个共同体，向学生提供更加高效的教育。华二初中传承了华东师大二附中"全方位德育"的理念，针对德育教育形式化、学科教育枯燥化的状况，提倡"学科融合德育"的教学理念，实行"教导合一"的管理模式，整合学校的资源，让教育资源利用最大化，既体现现代管理智慧，又将"立德树人"的理念与任务渗透至办学、教学的全过程。

---

* 作者单位：上海民办华二初级中学。

二、 意义

新时代,国家对德育工作给予了高度重视,给出了顶层设计。2012 年,党的十八大报告中第一次提出"把立德树人作为教育的根本任务"。2014 年,教育部通过《关于全面深化课程改革落实立德树人根本任务的意见》,提出制定各学段学生发展核心素养体系,明确学生应具有的适应终身发展和社会发展需要的必备品格和关键能力。2018 年,习近平在全国教育大会上强调,要"培养德智体美劳全面发展的社会主义建设者和接班人"。"立德树人"强调了德育的重要性,"'五育'并举"强调了成才要素的全面性。使学生具有 21 世纪所要求的核心素养是对新时代党的教育方针的具体化,是贯彻落实"立德树人"根本任务的具体途径。

华二初中根据顶层设计理念,处理好学校教育中学科教育和道德教育两者的关系,建构基于核心素养的"学科教育德育化,德育教育课程化"的学科融合德育课程群建设方案,将学科教育和道德教育彼此融合,回归教育的本源:教书育人。

学科教育和道德教育彼此融合,是教育结构的优化,有利于打破扁平化、单一化的传统德育桎梏。后者是以单一的、以"说教"方式进行的教育活动,一般由班主任实施,由教导处领导,表现为升旗仪式、主题班会等形式。搭建立体、系统的学科全面融合的德育体系,可助力以"立德树人"为核心的学生核心素养的全面培养。

学科教育和道德教育彼此融合,是对学校教育资源的有机整合,有利于调动教育教学因素。将传授专业知识的学科教育和行为管理上的道德教育充分结合,在学生专业素质和人文素质的培养上达到和谐,可为学生适应新时代的要求筑牢成长基础。

三、 内容

(一) 学科融合德育课程群的开发理念

1. 系统性理念

当前,伴随着社会进步、科技创新、环境变化,全球格局复杂多变,世界充满着不确定性,基础教育必须面向未来,在理论与实践上回应这些挑战。学校教育要在"立德树人"这一永恒价值的引领下,就培养什么样的人、如何培养人,在培养目标的设定以及实现路径上与时俱进。

德育实践表明,德育目标的实现要依靠德育活动,而德育活动又是碎片化的、零散的,因此应该形成体系,让课程成为教育思想、教育目标和教育内容的主要载体。

单一地给予学生相关知识的课程,对学生道德发展的影响是有限的。课程理论的研究也表明,需要从更广泛的影响学生道德发展的角度来理解德育课程。学科融合德育课程群的提出,并不意味着在学校德育中增加许多新的德育科目,也不意味着把现有的一些学校课程上成德育课。这里的关键是用学科融合德育课程群的思想来整合这一课程群中的各个科目。

课程群是与单门课程相对应的一种课程建设模式,它是由承担着不同任务、在内容上有着不同特点的多个子课程为了共同的教育目标而有机组成的系统。整合性是其重要特征,通过对课程的创新规划、设计,填补原有课程间的空白,消除课程间的重复,从而达到整体大于部分之和的效果。据此,学科融合德育课程群即为了实现核心德育目标,由几个(组)学科课程有机融合形成的德育课程生态系统。

2. 目标性理念

做一个符合社会标准、能适应社会生活的社会人,需要很多的准备。学科融合德育课程群的培养目标是:基于中国学生发展核心素养,以科学性、时代性和民族性为基本原则,分为文化基础、自主发展、社会参与等三个方面,综合表现为人文底蕴、科学精神、学会学习、健康生活、责任担当、实践创新等六大素养,具体细化为人文积淀、人文情怀、审美情趣等十八个基本要点。各素养之间相互联系、互相补充、相互促进,在不同情境中整体发挥作用。

3. 立体性理念

学科融合德育课程群的总体要求是:德育目标一以贯之,学科目标各有侧重,年级目标循序渐进。多年来学科教育的教学过程强调教师"教"、强调掌握知识点、强调记忆、强调考试技能的教学观念必须改变。各学科教学要凸显核心素养的培养,要渗透德育。新课程标准明确,核心素养就是个体在信息化、全球化、学

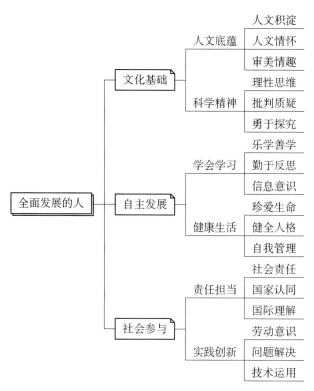

図の内容：

全面发展的人
- 文化基础
  - 人文底蕴
    - 人文积淀
    - 人文情怀
    - 审美情趣
  - 科学精神
    - 理性思维
    - 批判质疑
    - 勇于探究
- 自主发展
  - 学会学习
    - 乐学善学
    - 勤于反思
    - 信息意识
  - 健康生活
    - 珍爱生命
    - 健全人格
    - 自我管理
- 社会参与
  - 责任担当
    - 社会责任
    - 国家认同
    - 国际理解
  - 实践创新
    - 劳动意识
    - 问题解决
    - 技术运用

图 1　学科融合德育课程群培养目标

习型社会中,面对复杂的问题或挑战时,以学科知识技能为基础,运用学科观念、思维模式和探究技能,在分析情境、提出问题、解决问题、交流结果过程中表现出来的关键能力、必备品格与价值观念,是整合了情感、态度和价值观的综合表现。

4. 多元化理念

学科融合德育课程群的课程组成主要有以下三部分:基础型课程、拓展型课程,还有环境隐性型课程。基础型课程是国家教委规定的、写入课程计划的课程。拓展型课程是国家教委规定以外,以学科教育形式出现的课程。环境隐性型课程主要指利用学校教育教学环境及校园文化环境的教育课程。不同的课程有不同的受众群体,承载着不同的德育内容。无论选择哪条途径,各课程的德育目标是一致的,即贯彻落实核心素养,培养德智体美劳全面发展的社会主义建设者和接班人。

（二）学科融合德育课程群的管理机制

华二初中调整教导处和教务处的管辖范围，教导合一，采用年级组长负责制。学校所有的教学活动以年级为单位，由年级所有老师负责年级学生的道德教育和学科教育。教导处和教务处依旧存在，但它们如同总务处、图书馆、文印室一般存在于学校，成为教育教学的辅助部门，承担服务教育教学的职能。学校的核心工作——道德教育和学科教育——统一由年级组长安排实施。实行年级组长负责制，可以把年级课程统一，不仅能保证学生德育课程的时间，而且能保证教师的全员参与。

学校教师的工位安排不再采用教研组形式，而是采用年级组形式。虽然教研组形式非常有利于学科的教研，但这仅满足了教书要求，不利于育人。每一个学生都是独特的，有自己的脾气、性格、爱好等，年级组形式的工位安排，有利于老师认识、观察学生，交流讨论对学生的了解，从而对学生形成完整认识，有利于教育工作。学校的工作思路从教师本位调整为学生本位，一切为了学生。对于老师的教研活动，学校增设了几间学科阅览室，这既弥补了年级组教研功能的缺失，也满足了教师对个人备课空间的需求。

学校对学生的考核不再唯分数论，践行华师大二附中"卓然独立，越而胜己"的办学理念，提倡"优于自己的过去，做最优秀的自己"。以"立德树人"为己任，致力于为未来拔尖创新人才培养奠定扎实的基础。为了调动和鼓励学生学习的积极性，培养学生良好的心理品质和道德修养，学校从思想品德、学业水平、身心健康等方面对学生进行综合素质评价。学校管理机制的调整，为学科融合德育课程群的落实提供了执行条件。

（三）学科融合德育课程群的实施过程

学科融合德育课程群的总目标是基于核心素养，落实国家课程校本化，开发系列化的特色校本课程，通过设置具有多样性、丰富性、选择性的课程，初步构建满足学生个性化发展需求的课程体系，促进学生和谐发展，为每个学生走向成功奠基。通过课程群的建设和实施，坚持"五育"并举，全面发展素质教育，使学生会学习、会思考、会选择和会创造，培养学生创新精神、实践能力和终身发展能力。

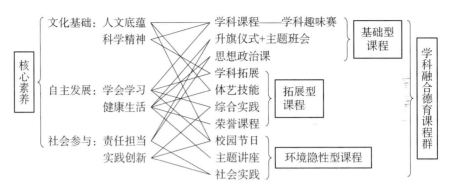

图 2　学科融合德育课程群整体框架

1. 主题明确，形式多样，开发基础型课程的德育功能

基础型课程是国家教委规定的、写入课程计划的课程，主要由学科课程组成，包括语文、数学、英语等学科课程，以及德育的专门学科思想政治课。此外，还有承担德育主要功能的升旗仪式和主题班会。学科课程会依据相关法律法规及学校的师资、生源、硬件等实际情况得到校本化实施，增强教育的针对性、有效性、德育性。

（1）思政课堂，树立理想信念

道德与法治是基础型课程中落实"立德树人"根本任务的主渠道，承担着中小学"立德树人"的主要任务，是学科融合德育课程群中的主导课程，在学科融合德育课程群中占据主体地位。

信息化的多媒体时代，中小学生所关心和知道的远比成年人想象的多。他们关心国内外发生的大事和国家制定的各种政策，对诸如新冠肺炎疫情、中美贸易战、中印边境冲突、环境气候问题、中考改革等有自己的见解。但是学生还缺乏鉴别信息真伪的能力，不擅长深度思考这些信息的相互关联性，不具备处理碎片化信息的能力。对此，时事课堂通过教学搭桥铺路，从思政"小课堂"到社会"大课堂"，让学生们能够进行独立思考和理性分析。思政课老师可以立足教材，改革创新教学方式，增强思政课的吸引力、说服力、感染力，把新思想讲准、讲活、讲好，从知识灌输发展为价值引领。

（2）语言教育，增强人文底蕴

实行年级组长负责制，有利于设置年级学科趣味赛，让学生在活动体验中学习,在合作竞争中成长。兴趣是最好的老师、最好的动力源泉。学生在学习自己感兴趣的学科时劲头十足,而面对自己缺乏兴趣的学习和活动时则往往无精打采。兴趣是人对事物的一种向往、迷恋、积极探索追求的心理倾向,它是成功的起点。

语文学科,除了常规的课堂教育,还会把课堂挪到舞台上,让学生感受艺术之美。预备年级举行成语接龙大赛,初一年级举行诗歌朗诵比赛,初二年级举行课本剧展演,初三年级举行辩论大赛。四个活动的主题虽然不同,但都围绕着语文学科展开。学生都想在比赛中获胜,为班级争光,因而会齐心协力为比赛做准备。这时,班里的学习氛围变浓厚,同学互帮互助,学生的学习方式由被动变为主动,由单打独斗变成团队合作。语文的阅读课,除了在室内阅读外,还会去室外,因为学校坐落在嘉定新城,"百米一林,千米一湖",有非常好的学习环境。春暖花开或秋高气爽之时,教师会带着学生走进大自然,在草坪上、在河边、在树下,或躺、或坐、或站,让学生感受到文学之美以外还有自然之美。

英语学科,预备年级举行新概念背诵大赛,初一年级举行英文歌曲演唱比赛,初二年级举行影视剧配音大赛,初三年级举行英文课本剧展演。多种活动给学生架构了更多的平台以展示自我,让学生从中获得更多认同感和成就感。

在活动过程中,学生的人文积淀、人文情怀及审美情趣都有所优化,语文和英语学科以课外活动为补充,是提升学生人文底蕴的主渠道。同时,学校要求语文和英语学科教师自觉提升政治素养,在课堂上和课外活动中巧用相关内容,向学生进行道德教育,培养和践行社会主义核心价值观。

(3) 数学教育,追求科学精神

数学学科,在每年 3 月 14 日举行"π节"游园活动。这一天,校园里的各个角落都有数学老师布置的数学游戏及逻辑推理题,"24 点"、"数独"是比较常见的,还有考验记忆和速算的"精算师"游戏。数学工具自制和数学命题涂鸦活动中,学生可以创造出更多数学工具,参与几何拼图。在游戏的过程中,学生可以感受到数学的乐趣,进行科学的畅想。

以数理化学科为支撑,学生的理性思维得到了锻炼,批判质疑、勇于探究的精神得到了培养。同时,以"学科 + 活动"的模式进行教学,有助于促进学生乐学善学,培养问题解决和技术运用能力。

（4）主题教育，在仪式感中塑造品格

仪式感在教育中发挥出的力量，主要在于"塑造"，而不是"灌输"。学校的教育是集体性的、规范性的、趣味性的。学校希望留给学生积极向上的、充满正能量的回忆。

每周一次的升旗仪式以及国旗下的演讲是对学生进行道德教育的常规模式。升国旗、奏唱国歌在潜移默化中提升了学生对国家的认同感、归属感。

开学第一天的升旗仪式上，学校会邀请初三学生给预备年级新生带上光荣的校徽，把小号红领巾换成大号红领巾，让预备年级新生意识到自己从这一天开始加入华二初中大家庭，正式成为初中生。初三学生也由此感受到自己对学弟学妹应起引领和表率的作用。

为初二年级学生组织"十四岁集体生日"，让学生体会父母的付出，老师的教诲，同学的陪伴，激励学生用心去团结，去努力，去前进！

举行毕业典礼那天，校园里会铺上红地毯，教师和家长会正装出席。校长亲自颁发每一份毕业证书，并与毕业生合影留念。

在升旗仪式中培养家国情怀，在新生入学仪式、"十四岁集体生日"、毕业典礼的举办过程中，让学生渐渐形成对生活的理解，明白成长的意义，有助于塑造健全人格。

2. 家校合作，开发资源，优化拓展型课程的德育效果

华二初中大家庭中，除了学生、教师以外，还有一个很重要的成员，那就是家长。学校的拓展型课程，除了本校教师开设的课程以外，还有很多是家长导师开设的。学校地处嘉定，嘉定区有明显的科技优势，区内有中科院上海光学精密机械研究所等10余家科研机构，还有上海大众汽车有限公司等30多家市属高新科技企业，涉及的领域有光电子、微电子、新型材料、新能源、计算机软件、传感技术等。很多家长来自这些高新行业，他们中的一些已经与学校建立了良好的关系，为学生拓展知识提供帮助。

目前，学校开设的拓展型课程涵盖学科拓展、体艺技能、综合实践和荣誉课程等四大门类，有近100门课程。课程内容丰富多样，形式新颖。根据不同年级学生的实际需求，拓展型课程的形式多种多样，有拓展课、科研小组，还有学生社团等。对预备、初一年级，拓展型课程从"广度"上尽可能开阔学生的视野，鼓励学生尝试

各种兴趣课程,拓宽知识面。对初二、初三年级,拓展型课程从"深度"上引导学生对感兴趣的课题作深入研究,指导学生开展课题研究及科技创新,鼓励学生发现自身专长,并能在某一领域开展有深度的学习。

学校还有机融入嘉定区追求"品质"教育的进程。学校周边有许多优质的社会资源,例如瑞金北院、安亭汽车城、同济大学、保利大剧院等。通过区内单位联动,学生可以进行多样化的社会实践,如聆听高雅艺术、感受汽车文化。当然,学校也鼓励学生奉献社区,如为医院病患举办小型演奏会、去敬老院当志愿者。

学校携手优质社会资源,搭建了"合作讲坛"这一特色校园活动。"合作讲坛"名称的深层含义是:育人,需要社会、家庭、学校的通力合作。定期开展的"合作讲坛"包括院士报告、名人讲座、高雅艺术进课堂等丰富多样的内容,邀请的嘉宾有南极科考队员、中科院院士、哈佛学姐、世界舞蹈冠军。让学生与大师面对面交流,领略大师风采,可以培育未来领军人物的胸怀和气度。

学校还尝试对拓展型课程实行星级评价制度,不断提高拓展型课程质量,鼓励教师对拓展型课程设计进行创新。拓展型课程可增强学生学习自信心,突破传统学习模式,向学生提供多种学习体验,充分发掘学生的潜在能力,让学生有的放矢地发展,全面提高各方面的素养。

3. 真实情境,问题解决,实践环境隐性型课程的德育能力

环境隐性型课程,主要指利用学校教育教学环境及校园文化环境对学生进行教育的课程,能陶冶学生情操,净化学生心灵,培养良好道德行为习惯和良好的心理品质。这类课程主要为校园节日、主题沙龙讲座、社会实践。

学生在学校学习的所有知识、技能都是指向未来的,是为将来踏入社会生活做准备的,所以学习不应该只停留在知识的记忆和辨识,而应该培养运用知识的能力。知识是人类从实践活动中得来的,是对实际事物及其运动和变化发展规律的客观反映。也就是说,知识本身具有丰富生动的实际内容,但表征它的语言文字(包括符号图表)却是抽象和简约的。学生所学的正是语言文字汇集成的书本,即教材。这就要求学生不论学习什么知识,都要透过语言文字、符号图表,运用所学知识和概念去解决复杂的现实问题。

这对老师的教育教学提出了很高的要求。教学本身是一种具复杂性、情境性与实践性的活动,所以再好的教育理论也代替不了真实情境的实践。来自生涯辅

导的教学实践表明,人生观教育要真正收到实效,就必须与真实鲜活的生活情境融为一体。所以在教育教学过程中,要努力创设含有真实事件或问题的教学情境,学生只有在探究事件或解决问题的过程中,才能自主地理解知识,建构意义。

华二初中有四大校园节日:民俗节、科技节、体育节、艺术节。这四大节日,给学生搭建了综合能力展示平台。学校给每个节日确定了活动主题、活动流程、活动场地及活动规则,但是其中最重要的活动内容,是由班级决定的,给予学生展示组织策划能力的机会。

农历二月初二,举办民俗节,在校园里闹一回春。民俗节主要分为以下四个板块:吃时令小点、穿民族服饰、玩弄堂游戏、学传统文化。各班根据需要在体育馆设置摊位,学校提供必要的硬件设施(桌子、椅子、电源、主舞台、主背景墙等),各摊位的布置由班级完成。学生的领导力、沟通力、组织策划能力、劳动能力、解决各种突发状况的能力都能得到锻炼和提升。例如时令小点,一般都是汤圆、饺子等,由于学校人多,消耗量挺大,所以很多学生都要投入“生产”的环节,这锻炼了他们的劳动能力。有的班级想要出彩,于是动物汤圆、柳叶饺子就出现了,看来美术课上的捏橡皮泥没白学。传统文化相关内容就更丰富了:有写春联的,有剪窗花的,有画团扇的,有人拿起了针线教人做香囊,有人找到了皮影戏的素材,拉块布,打上灯光,演起了皮影戏。主舞台上轮流表演各班的节目,女老师的旗袍秀,男老师的舞龙,把活动推向高潮。这一天是热热闹闹的一天,师生亲如一家的一天,参与体验收获满满的一天。

“六一”举办科技节,流程和民俗节类似,但是各班要把本班教室布置成科技场馆,包含科技知识、科技体验两部分内容。家长资源、社会资源在其中能起非常大的作用。每年的科技节都非常有含金量:从人工智能到3D打印,从VR虚拟现实到创客编程,就像个浓缩的科技博览会。许多企事业单位会送来一些寓教于乐的器具,如光机所的米粒篆刻、硅酸盐研究所的各种小型发电设备、瑞金北院的血型检测等。学生对各种科技充满兴趣,在一个个场馆中探寻知识的宝藏。

金秋十月,会举办体育节,除了常规的比赛项目外,最大的亮点是各班的入场仪式,大家比的是创意。到了年底,就是艺术节了,除了才艺表演外,校园的涂鸦大赛也深受师生喜欢。

四大节日,真正做到“玩中学,学中玩”,学生们在其中扮演着不同的角色,策划者、组织者、参与者、劳动者、旁观者、体验者,每一种角色体验,都有助于学生掌握在学校所学的理论知识,能为学生模拟将来在社会中遇到的各种情况。

学校在理论和实践、校内和校外间努力架构桥梁,让学生有各种各样的机会参加社会实践,或参观访问,或志愿服务,学生的动手能力、问题解决能力、技术运用能力在活动过程中得到了有效的提升。四大节日立足于提升学生的实践创新能力,达到了促进学生实践创新的效果。

4. 层次递进,螺旋上升,构建课程群体系,保证学生成长全面性

道德教育不应该是零乱的、随意的、流于形式的,也不应该不分年级高低,不管个性差异,一个模式"一刀切",而应该全员参与,显现在学校的课程中。应该根据学生的年龄、身体、心理、认知等特征,通过班会、主题活动、社会实践等,在德育活动中注入情感、态度、价值观,开启学生精神世界之门。

学校的每个年级会根据学生的年龄特点设置不同的活动,这样学生的德育活动就会有层次性及递进性。

青春期教育系列讲座,完全是根据学生的认知水平及身体发育需要而设立的。预备年级从生理的角度切入,初一年级从心理的角度切入,初二年级从社会学的角度切入,三个年级三个角度,满足学生的成长需求,提供全方位的教育辅导。教师的参与积极性也高:预备年级的生命科学老师正想找个时间段给学生分性别进行生理知识的普及。社会学老师可以充分利用这些讲座给学生讲性别角色的差异性、社会角色的期望值。心理学老师面对这么全方位的青春期教育辅助,自然是开心的。不知不觉,班主任老师在解决男女生交往困惑上多了一批同盟军。在专业知识背景下做德育工作,自然效果明显,令家长满意。

体育活动的设置也是一样的道理。预备年级学生年龄尚小,设置拔河、跳绳、踢毽子等游戏类的活动。初一年级可以设置乒乓球、羽毛球等小球类活动。初二年级可以设置足球、篮球等重体力的大球类活动。体育老师是教练,又是裁判;班主任是啦啦队长,又是后勤主任。学生是运动场上的主角,四年下来,各种运动都在行,身体素质棒棒的。在体育运动中,学生的学习压力得到缓解,同学关系变得融洽,班级凝聚力日益增强,"团结、阳光"的班级文化逐步形成。在体育运动中,输赢乃是兵家常事,学生的心理承受力、抗挫折力也得以提升。

学科趣味赛也是根据不同年级学生对学科知识的认知处于不同层次而有针

对性地开展的。语文学科,预备年级举行成语接龙大赛,初一年级举行诗歌朗诵比赛,初二年级举行课本剧展演,初三年级举行辩论大赛。低年级的比赛对学科知识的要求比较低,表现形式也比较简单,随着年级的递增,要求会逐步加码,到了初三就得运用高级思维,唇枪舌战,真正呈现文字语句之美。

(四) 学科融合德育课程群的合作模式

所有的德育活动,都是经过教师精心设计、排列的德育课程。在年级组长负责制的管理模式下,各学科教师共同商量制定方案,保证学生发展的全面性。同一类型的德育课程分层次地递进式推进,可以保证学生发展的成长性。德育课程体系的建立,可以让每一次德育活动固定化、序列化,保证学生参加每一项活动课程,在横向和纵向上保证学生全面发展。

让德育课程化,可以使德育工作管理有序化,让实践活动序列化,不再流于表面。让学科教育兴趣化,可以多角度地评价学生,让学生成长多元化,激发学生学习的积极性。教师不仅是知识的传授者,更是教会学生如何做人的引导者。教师可以说是除家长外,对学生的成长影响最大的人。特别是中小学生,在学校视老师为最亲近、最信任、最崇敬的人。所以每个教师都应是德育工作者。

中小学教育最重要的,不是"塑造灵魂"、"追求崇高"、"规范标准",而是让每一个人成为他自己,使每一个人找到最适合的发展路径。教师能做的,就是激活学生的潜能,关怀每一个学生全面而个性的发展。苏联教育家苏霍姆林斯基说过:"教育者的教育意图越是隐蔽,就越是能为教育的对象所接受,就越能转化成教育对象自己的内心要求。"

四、成效

学科融合德育课程群基于核心素养,坚持"五育"并举,全面发展素质教育,使学生会学习、会思考、会选择、会创造,培养学生创新精神、实践能力和终身发展的能力。在"大思政"的背景下,"道德与法治"这门课以外的课程也承担了重要的德育功能。学校希望每门课程在完成本身学科教学任务的过程中,渗透德育的内容,实现工具理性与价值理性的统一。

不同的课程承担着不同的任务,每个学科都具有独特的德育功能,每位教师都是德育工作者。哪怕是最枯燥的基础型课程,也可以形式多样,激发学生的学习兴趣,挖掘学生的成长潜能,让学生爱上学习,在感受各学科之美的同时,成长为合格的社会主义建设者和接班人。

五、 学科融合德育课程群设计案例: 中学生创新创业课程(拓展型课程)

(一)课程背景

科技是第一生产力,创新是一个民族的灵魂,"创新创业"是社会进步的永恒动力。2015 年李克强总理在政府工作报告中提出"大众创业、万众创新"。政府工作报告在论及创新创业文化时,强调"让人们在创造财富的过程中,更好地实现精神追求和自身价值"。

各种新兴技术尤其是"互联网+"的快速发展,让普通人有了更多的创新创业机会。近年来,宽带网络速度大幅提升,移动通信终端普及,生产管理自动化程度提高,众筹等新的商业形态形成,有助于形成风险共担、利益分享机制,这让有梦想、有意愿、有能力的人有了广阔的平台施展拳脚。

创新 2.0 时代的"大众创业、万众创新",本质上是知识社会条件下创新民主化的展现。随着新一代信息技术所带来的知识获取、知识交互的便易性,众创空间的主体也由原来的企业、科学家变为普通大众。

教育部"中国学生发展核心素养"研究成果于 2016 年 9 月 13 日在北京发布。中国学生发展核心素养,以科学性、时代性和民族性为基本原则,以培养"全面发展的人"为核心,分为文化基础、自主发展、社会参与三个方面。社会参与,重在强调能处理好自我与社会的关系,遵守和履行现代公民的道德准则和行为规范,增强社会责任感,提升创新精神和实践能力,促进个人价值实现,推动社会发展进步,发展成为有理想信念、敢于担当的人。

创新创业教育是培养学生创新精神和实践能力的重要途径,是面向全社会的一种实用教育。这个课程的开展,有利于中学生了解一些基本的经济知识,有机会虚拟创业,全方位地参与社会实践,提高自我认识水平。

（二）课程目标

意识培养：培养学生的创新意识和创业精神，使学生了解创新型人才的素质要求，了解创业的概念、要素与特征等，使学生掌握开展创业活动所需要的基本知识。

能力提升：解析并培养学生的批判性思维、洞察力、决策力、组织协调能力、领导力等各项创新创业素质，使学生具备必要的创业能力。

环境认知：引导学生认识当今行业环境，了解创业机会，把握创业风险，掌握商业模式开发过程，了解设计策略及技巧等。

实践模拟：通过创业计划书撰写、模拟实践活动开展等，鼓励学生体验创业准备的各个环节，包括创业市场评估、创业融资、创办企业流程与风险管理等。

（三）课程内容

1. 绪论

（1）创业是全方位的社会实践

（2）创业资金从何而来

2. 商业项目

（1）寻找创业方向

（2）组建创业团队

（3）编写商业计划

3. 商品生产

（1）产品设计

（2）产品量产

（3）定向生产

4. 商品营销

（1）经营品牌故事

（2）锁定目标市场

（3）商品定价合理

5. 商品销售

（1）线上线下销售

（2）现售与预售

（3）客户拜访

6. 售后服务

（1）物流服务

（2）专业客服

7. 团队合作及创业精神

（1）头脑风暴，创意无限，最佳方案

（2）专业分工，全面参与，互相补台

（3）换位思考，同伴激励，永不放弃

（4）积极面对，全力以赴，坚持到底

（四）课程评价

创新创业课程不能仅满足于学生简单的参与，而是应该让家长、学校、社会三方全面地了解实践的过程，看到学生的成长与收获，从而积极地支持此类社会实践的开展，这就要求社会实践对学生的评价必须是多元化的。

评价多元化，即运用自我评价、生生评价、小组评价、师生评价等，客观、全面地评价社会实践中的学习活动。评价内容可包括道德品质、学习能力、交流合作等，既要考察学生对学科知识的概念与事实的理解，又要评价学生在情感态度、学习方法与技能、学习行为习惯和思维创新等方面的变化发展。最终以"合格"、"良好"、"优秀"为评价结果。

参考文献

［1］李慧仙. 论高校课程群建设[J]. 江苏高教, 2006(06).

第三部分

中学德育管理一体化
同一主题同一素养
课程群研究

《中小学德育工作指南》指出，深入贯彻落实"立德树人"根本任务，要"着力构建方向正确、内容完善、学段衔接、载体丰富、常态开展的德育工作体系"，促进学生核心素养提升和全面发展，为学生一生成长奠定坚实的思想基础。目前，学校的德育课程的主题分化和学段断层不利于整体育人价值的实现，因此，构建基于校本特色的同一主题同一素养德育课程群，对于落实《中小学德育工作指南》要求，促进中学德育管理一体化发展具有重要意义。

同一主题课程群，是指以"立德树人"为主线，根据学校育人目标确定主题，以相应的主题为核心，按照学生的心理特点、思维品质与道德素养逻辑进行组织，把德育目标按年级进行分解，围绕同一主题多层次地设计丰富内容，同一主题的活动内容前后衔接，呈现出活动内容的顺序性与整体性，融合校本特色课程和实践活动的，序列化、系统化的主题德育课程群。

同一素养课程群，是指基于学生核心素养的培养，研究基于校本特色资源的德育课程的开发，充分挖掘学校特色课程蕴含的内在德育价值，探讨和研究中学生核心素养与主题实践课程的融合，研究融合的切入点、方法、原则，明确德育内容，真正体现素质教育的要求，探索学生核心素养培养和思想品德教育的、和谐融合的课程群。

第三部分围绕中学德育管理一体化同一主题同一素养课程群研究，依据国家课程标准与学生核心素养要求，对学校校本特色课程和德育活动进行目标融合，形成具有学校校本特色的一体化课程群，真正让德育贴近学生的成长需求，不断提升"立德树人"的针对性和实效性，有效提升学生的核心素养。

基于"仁、和、精、诚"中医药文化核心价值的校本德育课程群构建实践研究

杨 彬*

一、背景

上海市奉贤区肖塘中学创建于 1965 年,地处浦江南岸,在 50 多年的发展历程中,形成了"团结进步,拼搏竞争"的校风、"言传身教,诲人不倦"的教风和"勤思好学,刻苦攻关"的学风。近年来,学校通过对办学传统的挖掘、对现实困境的反思和对未来发展的定位,确立以"传承中医药文化,培养时代新人"为目标的校本德育实践,探索建立了中医药文化实践基地"百草园"、"百味轩"等,在校园内种植了100 多种中草药探究资源。学校充分挖掘校内外中医药文化资源,对中医药文化课程进行整合设计,形成结构合理、层次清晰、相互衔接的校本课程群,探索将生态文明教育、科技创新教育、道德教育、中华优秀传统文化教育等多方面有机融合,使中医药文化课程群成为学校创新传统文化传承、落实社会主义核心价值观教育的有效载体。

基于这样的思考,我们确立了"基于'仁、和、精、诚'中医药文化核心价值的校本德育课程群构建实践研究"这一课题,把中医药文化与少先队活动、各类专题教育、主题节庆活动、社会实践等有机整合,进行德育课程整合探索实践,构建学校中医药文化课程群,有效落实学校育人目标,探索实现"立德树人"这一根本任务的校本路径。

---

* 作者单位:上海市奉贤区肖塘中学。

二、意义

党的十九大报告指出："文化自信是一个国家、一个民族发展中更基本、更深沉、更持久的力量。"中华优秀传统文化是中国特色社会主义文化自觉和文化自信的活水源泉。中医药文化凝聚着中华优秀传统文化的精髓，它深深扎根于中国古代哲学思想，充分体现了中华文化的价值内核，是传承和传播中华优秀传统文化的重要载体。

中医药文化的核心价值可以用"仁、和、精、诚"这四个字来概括。"仁"，体现了中医"仁者爱人，生命至上"的伦理思想，以"救死扶伤，济世活人"为宗旨。"和"，体现了中医崇尚和谐的价值取向，表现为天人合一的整体观。"精"，体现了中医的医道精髓，要求精勤治学、精研医道，追求精湛的医术。"诚"，体现了中医人格修养的最高境界，要求心怀至诚，言行诚谨。

"仁、和、精、诚"的价值理念对于助力学生塑造良好品格和正确的价值观具有重要意义。学校用中医药文化启迪学生的智慧，促进学生的身心健康，塑造学生的良好品格，从而为学生的健康成长和全面发展打下坚实的基础。因此，传承中医药文化是落实"立德树人"根本任务的智慧宝库与思想源泉。

三、内容

（一）中医药文化课程群培养目标

学校提出了"让每位学生收获成功"的办学理念，立足传统，面向未来，培养"具有仁爱之心、和美之形、精湛之艺、诚恒之实的精神，有深厚的传统文化底蕴，品学兼优，身心和谐发展"的现代中学生。

1. 仁爱之心

培养学生成为具有仁爱之心、善于沟通合作的人。培养学生爱己、爱人、爱国，做到尊重生命、敬畏生命、爱护生命，培养尊重、理解、关怀、宽容的品格。

2. 和美之形

培养学生成为身心健康的人，不断提升自身礼让谦和的内在修养，严于律己、宽以待人、谦逊礼让、顾全大局,实现身心和谐发展。

3. 精湛之艺

培养学生成为乐于学习、善于思考的人。培养学生专心学业、审问慎思、明辨笃行、持之以恒、精益求精的品格。

4. 诚恒之实

培养学生成为人格独立、自信坚毅、勇于担当的人,具有批判精神、创造性思维、审美素养的人。培养学生诚实守信的品格,把诚信作为行为准则,做到求真务实、实事求是。

学校将中医药文化的核心价值"仁、和、精、诚"与社会主义核心价值观进行巧妙糅合,提炼概括为切合学校育人目标的四大类十二种德育品质,即爱国、友善、奉献,文明、自信、勤俭,智慧、乐学、自立,诚信、担当、坚持,将此作为学校中医药文化课程群的总目标。每种品质都可化为具体可描述的德育指标体系,各年级根据学生年龄和心智发展水平制定分年级实施方案。

表1 "中医药文化课程群"育人目标

课程群理念		德育目标	目标描述
仁爱	向善而行大爱精神	爱国	1. 了解中医药文化发展历史,激发爱国情怀,继承和弘扬中医药文化,不断增强文化自信心和民族自豪感。 2. 开展跨文化交流,培养国际视野和文化自信。
		友善	1. 团结同学,与同学友好相处、平等交往,珍惜同学之间的友谊。 2. 能正确对待同学之间的矛盾与冲突,能够相互尊重和理解。
		奉献	1. 积极参加学校组织的各类活动,助人为乐。 2. 感恩、孝敬父母长辈,能为父母做力所能及的事。 3. 奉献社会,能为他人、为社区贡献自己的一份力量。
和美	身心和谐健康生活	文明	1. 正确使用礼貌用语,懂得尊重他人,待人接物大方、得体。 2. 能自觉遵守中学生行为规范,争做讲文明、懂礼貌的好学生。
		自信	1. 敢于大胆表现自己,相信自己,能充分展示自己的优点和特长。 2. 热爱生活,养成健康生活的习惯,具备自我调节身心的基本能力,具有健康的体魄和阳光的心态。
		勤俭	1. 增强勤俭节约意识,养成勤俭节约的好习惯。 2. 培养热爱劳动的好习惯,并在劳动中培养尊重劳动、自觉珍惜他人劳动成果的意识。

课程群理念		德育目标	目标描述
精湛	精益求精实践创新	智慧	1. 提升科学素养,培养求知欲和对中医药文化的热爱之情。 2. 开阔视野,增强动手能力,培养精益求精、勇于创新的好品质,养成善于观察、思考的好习惯。
		乐学	1. 有明确的学习目标,掌握预、复习等学习方法,能在学习中体验到快乐。 2. 能主动获取知识,勤学善思,形成主动的、有个性的学习方式,不断提升自己的学习能力。
		自立	1. 独立自主地安排自己的生活,养成良好的生活习惯。 2. 自主科学地安排自己的学习,养成良好的学习习惯。
诚恒	诚实守信涵养德行	诚信	1. 言行一致、信守诺言。 2. 具有规则意识、责任意识和主人翁意识。
		担当	1. 热爱集体,积极主动承担集体的任务,有强烈的集体荣誉感。 2. 敢于承认错误,做了错事不推卸责任,学会对自己的行为负责。
		坚持	1. 能够坚持每天反思不足,坚持每天进步一点点。 2. 遇到困难不气馁,耐心寻找解决问题的方法。 3. 热爱运动,坚持每天锻炼一小时,优化身体素质。

(二) 中医药文化课程群的开发原则

1. 主体性原则

中医药文化课程群尊重学生的主体地位,引导学生在学习活动中自主发现探究、自主实践体验,促进学生情感、态度、价值观的发展,关注其认知、行动和情意的统一。在引领学生感受中医药文化魅力的同时,帮助学生树立健康生活理念,形成健康的生活方式,同时掌握基本的养生技能和锻炼方法,学会关心自我、关心他人,在提高生命质量的同时理解生命的意义和价值。

2. 整合性原则

中医药文化课程群内容具有广泛性、综合性和生活化的特点,为有效实施中医药文化特色课程,需整合已有资源,挖掘利用不同学科的相关性,设计具有针对性的衍生课程,开展丰富多彩的专项实践活动,借助观察、提问、合作、探究、体验等多样化的学习方式,激发学生对中国优秀传统文化的热爱,提升对民族文化的认同感,掌握基本的中医养生理念,初步培养动手实践能力。

3. 陶冶性原则

中医药文化课程群不但注重显性渠道,还注重隐性渠道,通过课堂活动和学校环境的创设使学生在潜移默化中受到熏陶和影响。通过挖掘中医药文化的独特品质与精神内涵,营造具有校本特色的中医药学校文化氛围,形成"让每位学生收获成功"的文化力。

(三) 中医药文化课程群的实施路径

学校重视挖掘中医药文化课程群不同板块课程的德育功能,根据不同形态的课程特点,尊重学生个性差异,努力探索学校中医药文化课程群实施路径,以"融合"为显著特征,形成中医药文化特色课程的"聚变效应",释放出动态的、创新的、交融的课程群能量场,促进学校德育目标的有效落实,从而实现从传统单一育人模式向"德育课程一体化"的德育综合体育人模式的转变。

1. 专题教育

中医药文化专题教育课程可以通过课内活动和课外实践相结合的途径来实施。课内活动由教师组织引导,在课堂教学中有目的、有计划地开展知识讲解、主题分享、展示交流等活动。课外实践是指学生或独立或以小组形式开展的参观访问、资料查找、社会调查等活动,目的在于进一步引导学生思考和实践,让学生在活动过程中进行自我教育,处理人际关系,调节自身的行为和习惯,形成爱国、敬业、诚信、友善的高尚品德,从而促进社会主义核心价值观和学校育人目标的有效落实。

2. 主题活动

通过一系列围绕中医药文化主题的探究实践活动,丰富学生中医药文化知识,让学生体会中医药文化的博大精深,感受中医药文化的趣味和价值;通过深入挖掘中医药文化校本资源,全面提升师生对中医药文化的理解与认同;通过内容丰富、形式多样的中医药文化教育实践活动,增强学生对中医药文化的兴趣,渗透社会主义核心价值观教育。暑假期间组织学生开展"传统文化千里寻,神奇本草家乡觅"主题活动,通过完成"六个一"任务,进一步加强学生对中医药文化的认识和了解,感受传统文化的博大精深。

任务一：认识一种当地中草药。各班学生通过采访、走访乡间老农民，认识当地一种中草药的性状、药用价值等，采集一株中草药标本。

任务二：考察一家当地中药店。在医生的指导下，了解药店中药材的生长环境、生长特点、药用价值及药材加工等方面的知识。

任务三：为父母做一碗养生粥。了解父母的体质状况，根据中医药有关知识，利用当地药食同源的食材为父母制定一份养生食谱，并亲手为父母做一碗养生粥，表达对父母的感恩之情。

任务四：读一本有关中草药的书籍。每名学生至少读一本(篇)与中草药有关的科普书(文)。

任务五：寻访一处中医药文化遗迹。通过参观与扁鹊、华佗、张仲景、孙思邈、李时珍等中医名家有关的纪念馆或景点，增进对中医药相关的历史人物、传统典籍的了解。

任务六：写一篇中医药文化考察报告。针对中医药文化探究实践活动，撰写一篇考察报告，进一步了解中医药国粹，增强民族自豪感和自信心。

3. 学科融合

结合学科教学设计，渗透中医药文化核心价值观。如语文学科设"中医药与古诗词"、"中医药成语典故"，体育学科设"五禽戏"、"八段锦"，书法学科设"中医与书法"，地理学科设"地理与道地药材"，历史学科设"中医名医名家故事"，让学生在学科融合教学中感悟中医药文化蕴含丰富的道德理念和价值取向，培养学生的独立思考能力和创造性思维能力，提升学生对中医药文化的理解与认同。

4. 生活体验

重点开展中草药植物的栽培、养护、辨别教学活动及生活中的中医药文化体验活动。围绕"识药草、辨药草、种药草"的过程，开展中草药生长环境和生长周期调查、中草药植物标本制作、药理知识教学和研究活动。通过制作药膳粥、养生茶，让学生了解民俗、节庆与传统养生美食，通过加工与提纯中草药、访问身边名医等活动丰富学生的生活经验，提升学生研究性学习能力，从而让学生了解并热爱中医国粹，使学生树立发展中医药文化的志趣。

5. 班集体建设

开展中医药文化特色班集体创建活动，有效提升师生对中医药文化的理解力。充分利用校园广播、网站等宣传工具宣传中草药科普知识及相关活动信息。各班建立中医药文化图书角；每名学生至少读一本(篇)与中草药有关的科普书(文)，并撰写读书体会；各班召开以"走进百草园，探究中草药，弘扬中华传统"为主题的班队会；各班在每月一期的黑板报上开辟"中医药专栏"，介绍中医药文化；学生根据中草药植物特点及药理制作相关标识牌；每个班(中队)至少种植或认养一种本地常见(常用)的中草药植物；加强中草药科学探究实践活动的宣传；开展"肖中贤少年"、"劳动小能手"评比活动，树立身边的好榜样。

6. 社会实践

组织开展中医药文化实践体验活动，让学生在实践体验中感悟中医药文化的博大精深。强化课程实践，通过走访上海中医药大学、上海中医药博物馆、奉贤区中医医院、上海都市菜园等单位或科普教育基地，让学生了解中医药文化的发展历史和现状，感悟"仁、和、精、诚"价值理念，在实践中体验，在体验中感悟，在感悟中成长。

(四) 中医药文化课程群的内容设置

在育人目标的引领下，学校开发了仁爱课程、和美课程、精湛课程、诚恒课程等四大类课程，这些课程有机统一，构建了学校中医药文化课程群，彰显了"仁、和、精、诚"的教育价值指向。课程群把中医药文化与少先队活动、各类专题教育、主题节庆活动、社会实践活动等有机整合，全方位地贯穿于学校教育教学全过程。课程群内容的丰富性、课程形态的多样性、课程活动的体验性使中医药文化课程群成为适合每一名学生发展的、独具肖塘中学特色的德育校本课程体系。

表2 "中医药文化课程群"内容结构

德育目标		课程形态					
		专题教育	主题活动	学科融合	生活体验	班集体建设	社会实践
仁爱	向善而行大爱精神	大医精诚——中医药文化探幽	中医药文化嘉年华	中医药与古诗词、中医药成语典故	制作药膳粥、养生茶	创建中医药文化特色班集体	走进中医药博物馆
和美	身心和谐健康生活	走进"百草园"	"轻声慢步，静我校园"主题活动	五禽戏、八段锦、中医与书法	民俗、节庆与传统养生美食	少先队"小神农"特色章争章活动	中药店、中药企业考察

德育目标		课程形态					
		专题教育	主题活动	学科融合	生活体验	班集体建设	社会实践
精湛	精益求精实践创新	中药香囊制作	药食同源探究活动	地理与道地药材	中草药的加工与提纯	"小神农"社团活动	中医与东方美谷考察
诚恒	诚实守信涵养德行	中草药种植与养护	"传统文化千里寻,神奇本草家乡觅"主题活动	中医名医名家故事	身边的名医访谈	"肖中贤少年"、"劳动小能手"评比	"小神农"志愿者服务活动

学校中医药文化课程群以育人目标为出发点,以十二种德育品质为落脚点,设置六种课程形态,围绕"仁、和、精、诚"的核心价值理念协同运作,既相对独立又相互交融,既能发挥整体育人功能,又能各自体现独特的育人价值。

(五) 中医药文化课程群的评价体系

有效的德育评价机制,是学校德育课程建设的重要组成部分,更是提升德育实效性的重要保障。学校围绕"仁、和、精、诚"的价值理念,建立科学的、多元化的课程评价体系,发挥评价的诊断、激励和导向功能,促进学生、教师和学校多元发展。

1. 评价原则

全面性原则:着眼于学生的全面和谐发展,坚持全体发展、全面发展和主动发展的评价宗旨。体现在教学目标的达成上,就是不仅要完成中医药文化知识获取、技能习得等基础性目标,更要关注学习的过程与方法,形成正确的学习态度、获得积极的情感体验、培养正确的价值观。

发展性原则:树立以学生发展为本的指导思想,注重因材施评,根据学生的不同思想、文化、身心发展基础,关注基础、关注发展、关注兴趣,不片面追求评价标准的统一性,保护学生的自信心、自尊心,切实发挥评价的赋能、激励作用。

多元化原则:评价主体多元化,教师、学生、家长以及社区、校外实践活动场馆等共同参与评价;评价手段多元化,开展学生自评、互评及教师评价等,通过参与活动时的过程性记录、学生综合素质评价、与少先队争章活动相结合的评价,建立学生中医药文化教育活动成长档案。

2. 评价方法

（1）教师评价与学生评价

学生自评：学生对照学校德育要求以及相关课程的学习经历，对自己进行评价。内容包括：中医药文化的认知与理解、操作实践的能力、合作探究的能力以及学习感悟。

教师评价：教师运用评价量表和课堂观察，对学生在中医药文化特色课程中的表现、参与课程实践的态度以及学习成果给予适当的评价。

通过师生共同参与的多元评价，帮助学生进一步认识和了解中医药文化中蕴含的优秀传统文化，深刻感受中医药文化的魅力，感悟生命的意义和价值。

（2）过程性评价与表现性评价

过程性评价注重对学生学习过程进行动态评价。关注学生在学习过程中采取的学习方式，注重学生个体差异，将每个评价对象过去的认识与行动同现在进行比较，从而激励学生积极投入学习与实践。表现性评价指教师创设有利于学生开展学习的一系列具体、实际的任务，如种植实验、项目实践、观察日记、探究报告、成果展示等，观察学生真实的学习表现和发展现状，以此评价学生掌握、运用知识的水平和道德发展水平。

（六）中医药文化课程群的保障体系

1. 组织保障

成立中医药文化特色课程开发的组织领导机构，组织课程实施和评价，做到人员落实、职责分明、团结协作。

2. 制度保障

建立并完善相应的管理制度，主要包括制定课程实施方案、课程审议制度、课程评价制度、课程保障制度等。严格执行各项管理制度，定期检查制度的执行情况。加强督查考核，把教师参与中医药文化特色课程建设纳入绩效考核，给予相应的物质或精神奖励。

3. 队伍保障

加强教师的进修培训，建立中医药文化课程群跨学科教研活动机制。通过理论学习、专题研讨、专家讲座、实地考察、定期交流等多种形式，对教师进行全员培训,不断提升其对中医药文化特色课程的认识。

4. 资源保障

对课程开发与建设所必需的设备、经费、器材、时间、场地、服务等,进行合理的分析与评估,统一调配,提供保障,充分满足课程群开发和实施的需要。

四、 成效

学校中医药文化课程群的建设响应时代呼唤和现实需要,是学校课程改革的一种新探索,也是德育实践的一种新模式。在课程实施的过程中,尊重学生的个性,关注学生的需求,不断创新课程形式,丰富课程内容,取得了一定的成效。

学校充分利用"百草园"等中医药文化校本资源,整合校外课程资源,实现了教育空间的拓展。学生在参与中医药文化社会实践活动的过程中不断获取新知识,提升了品德修养和综合能力。学校荣获上海市"育德之星"德育创新实践一等奖,先后获评奉贤区科技教育特色学校、奉贤区绿色学校、奉浦社区德育科普实践基地,中草药探究项目荣获 2015 年第 30 届上海市青少年科技创新大赛优秀科技实践活动奖,"小神农"中草药探究社获评 2017 年第 3 届学生活动节特色社团,"小神农"养生环保公益服务队获评 2017 年十佳志愿者服务项目,中草药科技项目活动方案获评 2016 年上海市学校少年宫科技创新活动最佳案例。2017 年,学校德育课程获评奉贤区校本特色课程。2020 年,学校德育课程"大医精诚——中医药文化探幽"入选上海市首批百门"中国系列"校本德育课程。

学校开发了基于"仁、和、精、诚"中医药文化核心价值的校本德育课程群,构建了具有本校特色的德育课程实施体系,增强了全体师生对科技创新活动和中医药文化的兴趣,提升了师生的科技创新素质和科学探究实践能力,全面推动了学校素质教育的开展。

五、 中医药文化课程群设计案例: 大医精诚——中医药文化探幽

(一)课程概述

学校在"让每位学生收获成功"的办学理念的引领下,努力将学生培养成为具

有良好行为习惯和思想道德水平、具有一定人文修养和较强社会适应能力的合格毕业生。依托校内奉贤本土中草药品种较多、环境雅致的优势,探索建立了中医药文化实践基地"百草园"、"百味轩"等,开展以区域文化资源开发为途径、以中医药文化为内容的校本课程建设,引导全体师生了解、探究、实践、传承中医药文化,全面落实"两纲"教育。开发以中医药文化探究实践活动为主题的校本课程"大医精诚——中医药文化探幽",探索将生态文明教育、科技创新教育、行规教育、中华优秀传统文化教育等多方面有机融合,使该校本课程成为学校落实"两纲"教育的有效载体。通过开展中医药文化教育,不断提升学生对中医药文化的理解与认同,使其在中医药文化潜移默化的影响下,树立正确的健康观和生命观。

(二) 课程目标

在探究中医药文化的过程中,培养学生热爱祖国、热爱生命、热爱科学、热爱大自然的思想感情,培养学生传承民族传统文化的社会责任感;在实践体验中,引导学生主动参与、乐于探究、勤于动手,进一步提升学生的创新精神、实践能力和科学素养;通过一系列的调查走访活动,提升学生的人际沟通和交流能力,发展合作精神,培养学生的策划、组织、协调、实施能力。

(三) 课程内容

本课程实施时充分考虑本校学生的生活经验、环境和知识结构情况,因此具有较强的实用性和趣味性。课程分为五个主题单元:中医药文化溯源、中医药文化初识、中医药文化考察、科学实验中的中医药文化、生活中的中医药文化。每个主题又分为四到五个小节,每一节都由"趣味导读"、"知识窗口"、"实践探究"、"拓展延伸"等部分有机组合而成:"趣味导读"用一些有趣的故事激发学生的学习兴趣,"知识窗口"能优化学生的知识储备,"实践探究"对学生的科学和人文素养都能起到优化作用,"拓展延伸"能从侧面充实学生对中医药文化的认识。

本课程是一门具有多重目标的体验性课程。本课程的实施,强调学生自主性、探索性学习,注重学习的过程和学生的实践与体验。通过本课程的开发与实施,可使学生在国家和地方的课程要求下运用基础知识和基本技能的能力得到进一步的提升。具体内容安排如表3所示。

表 3 "大医精诚——中医药文化探幽"课程内容安排

主题单元	课程内容	培养目标	课时
中医药文化溯源	1. 参观"百味轩"。 2. 了解炎黄始祖与中医的起源。 3. 了解中医的经典著作与医学成就。 4. 了解古诗文中的中医药文化。 5. 了解中医名家故事。	了解中医药文化的发展历史,了解中医理论的起源和发展;感受中医药文化在我国传统文化中的地位,了解古代中医名家高尚的医德和专业精神;培养热爱祖国、追求卓越的精神。	4
中医药文化初识	1. 编制校园中草药名录,认识一些常见的中草药。 2. 读与中草药有关的科普书刊。 3. 设计中医药文化主题小报。 4. 召开中医药文化主题班队会。 5. 在黑板报上开辟"中医药专栏",介绍中医药文化。	了解常见中草药特点及其药用价值。	4
中医药文化考察	1. 开展"小神农"志愿者服务活动。 2. 参观"百草园"、"百味轩"等实践基地。 3. 参观中药店、中医药企业、中医诊所等场所。 4. 开展"传统文化千里寻,神奇本草家乡觅"实践活动。	在参与社会实践考察活动的过程中不断获取新知识,提升综合能力。	4
科学实验中的中医药文化	1. 探究酸碱性对中草药生长及药性的影响。 2. 探究中草药种子萌发的条件。 3. 探究不同光照强度下中草药的生长。 4. 分离与提纯中草药有效成分。 5. 探究用组培方法培养名贵中草药。	增强实践能力、知识运用能力、分析与思考能力、创新思维能力及表达能力等,提升综合素养,树立实事求是的科学精神。	5
生活中的中医药文化	1. 运用中医药知识解析饮食习惯与食疗方法。 2. 学习太极拳、五禽戏、八段锦等,养成健康的生活习惯。 3. 了解粥、酒、茶、汤中的中草药。 4. 了解中草药蜡叶标本、中草药图鉴的制作。 5. 制作中药香囊、中药手工皂、中草药洗洁精等。	通过学习、探究中医药如何促进健康,提升研究性学习能力,了解常见中草药的药用价值,制作创意中草药蜡叶标本、中草药图鉴、中药香囊、中药手工皂、中草药洗洁精等,提升实践能力,增进劳动意识和爱国情感。	5

(四) 课程实施

本课程在六、七年级实施,每周 1—2 课时,假期安排社会实践,学生每学年参与22课时的学习。每个年级的学习内容相对独立,总体上按照主题设计的内容依次开展,相互之间有一定的联系。

本课程在实施过程中,注重以学生个体的主动探索为基础,强调学生的合作互动、广泛合作,将专题教育、学科融合、实践体验三种形式有机地整合起来,以课上与课下、学校与社会的有机结合,实现中医药文化课程群的组织与实施,促进良好教学效果的达成。

1. 专题教育

利用好班会课、午会课是加强未成年人思想道德建设的重要途径。学校将每周五的午会课和班会课作为中医药文化教育固定时间,以班级为单位,由班主任执教,利用"大医精诚——中医药文化探幽"校本资源进行中医药文化专题教育,把握分年级教育重点,体现教育内容的相关性、连贯性,形成层次和梯度,注重文化熏陶和探究实践,对学生进行传承国粹、文化自信、热爱祖国的专题教育。

2. 学科融合

围绕学生传统文化素养的培养,挖掘各学科中的中医药文化教育的结合点,做到教学目标中渗透、教学过程中融入、教学评价中体现,达到育人无痕的效果。

3. 实践体验

在重大节庆活动、学生活动节、主题教育活动、社会实践活动中渗透中医药文化元素,作为学生中医药文化实践体验的主要途径,扎实推进中医药文化课程校本化实施。

(五)课程评价

课程评价对中医药文化课程群的实施起着导向与调控作用,能有效激发学生爱国荣校之情,促进学生了解传统文化、树立文化自信。根据上海市教委研发的绿色评价指标体系的思路,结合学校中医药文化教育的实践与学生发展目标,特制定以下课程评价标准。

1. 评价内容

学校从德育"知情意行"的要求和学生德育"自主体验"的发展需要出发,制定了"中医药文化认知"、"中医药文化探究"、"中医药文化体验"和"中医药文化实践"等四项评价指标,并与学生成长手册等结合,进行具有导向性、激励性、促进性的评价,从而促进学生对中医药文化的理解与认同。

2. 评价形式

"小神农"争章活动:根据学校育人目标,利用少先队雏鹰争章活动,与"肖中贤少年"评选活动结合,设立"小神农"自主章,激发学生的学习兴趣。

展示与交流评价:学生与教师就中医药文化进行交流互动,搭建展示平台进行学习成果展示,锻炼学生表达能力,培养学生综合素质。

星级评价表记录:在课程学习星级评价表中记录学生参加中医药文化特色课程学习情况,定性评价学生参与课程学习的态度和收获,激发学生对中医药文化的兴趣,促进学生全面发展。

表4 "大医精诚——中医药文化探幽"课程学习星级评价表

评价内容	自我评价	同学评价	教师评价
中医药文化认知	☆☆☆☆☆	☆☆☆☆☆	
中医药文化探究	☆☆☆☆☆	☆☆☆☆☆	
中医药文化体验	☆☆☆☆☆	☆☆☆☆☆	
中医药文化实践	☆☆☆☆☆	☆☆☆☆☆	

(六)保障条件

1. 师资队伍

课程的开发实施任务主要由八位教师承担。学校在校本课程开发的基础上,从培训、研究、实践三个层面关注教师校本课程的执行力。选派相关教师参加市、区各类活动,从规划科目设计、规范活动方案,到课堂实践、专题学习与培训,推进相关教师的专业发展。学校给予参加校本课程开发与实施工作的教师一定的绩效奖励。

2. 课时保障

本课程包含五个主题单元,每个主题4—5课时,每学年22课时,在午会课、班会课和拓展课上统一安排教学。

3. 教学环境

创建"百味轩"中医药文化展示馆,改建针灸铜人广场,建造"精气神"雕塑、古代制药场景雕塑,将学校苗圃"百草园"改建为中草药种植基地,调整学校绿化物种和布局,设置中草药种植区、养护区、展示区等。

4. 经费支持

学校在人力和物力上给予课程实施最大的支持,并将申请奉贤区学校"品牌"计划项目专项资金,以便为课程建设提供更多的支持。

参考文献

[1] 刘思琦,周宁宁.论以中华优秀医学文化培育医学生社会主义核心价值观的必要性[J].山西青年,2019(23).

[2] 张晓明.中草药特色课程建设及学习方式变革[J].现代教学,2020(19).

[3] 李隽.中医药文化融入医学生社会主义核心价值观教育的路径探析[J].陕西教育(高教),2015(02).

[4] 王亦秋.文化育人视角下构建中医药校园文化路径探究[J].教师,2016(35).

以科技课程为例的德育一体化
课程群建设实践研究

吴　霞[*]

一、背景

(一) 时代与社会背景

　　教育应该培养什么样的人？2016 年核心素养课题研究组发布《中国学生发展核心素养》，提出以培养"全面发展的人"为核心。"科学精神"、"学会学习"、"健康生活"、"实践创新"等核心素养显示了培养学生创新思维、创造能力、实践技能等科学创新基本意识和能力的重要性。21 世纪是知识经济时代，一切竞争归根到底都是人才的竞争，而人才竞争的关键是创新精神和创造力的竞争。习近平同志指出：创新是一个民族进步的灵魂，是一个国家兴旺发达的不竭动力，也是中华民族最深沉的民族禀赋。综合国力竞争说到底是创新的竞争，在激烈的国际竞争中，惟创新者进，惟创新者强，惟创新者胜。

　　学校教育应当培养具有适应未来社会的素养的人才，创新精神和实践能力的培养是教育综合改革、实施素质教育的必然，这是由社会发展、人才竞争的特点和需要决定的，是时代赋予学校教育的重任。树立正确的人生观、价值观，具备高尚的道德品行和人格品质，是学生成为人才的第一要务。

(二) 学校背景

　　上海市嘉定区徐行中学是嘉定城郊农村地区的一所公办初级中学，创办于

---

　　* 作者单位：上海市嘉定区徐行中学。

1958年,办学60多年来,不断丰厚办学内涵,秉承"亲历亲和,恒久致远"的学校精神,坚持"健全教育"理念,培养"身心健康,健全发展"的徐中学子。2002年,学校建立了上海市首家学校地震体验馆,开设了防震减灾系列课程;2017年起,学校与嘉定一中成为"中科·嘉一"教育集团化办学的兄弟学校,合作推进科技贯通课程,为学校科技教育提供了丰沃的土壤。近年来,学校在推动科技教育的过程中逐步形成科技教育办学特色,先后获评上海市防震减灾科普特色示范学校、嘉定区科技教育特色学校、创客联合体成员单位、创客工场成员单位、嘉定区科创集散地成员单位、嘉定区青少年科普促进会优秀团体等。

中学阶段是青少年成长的关键时期,学生生理、心理发展趋于成熟,逐步具备一定的独立思考、判断能力,思维活跃、求知欲强、可塑性强,此时是培养创新精神和实践能力的最佳时期。

学校以科技教育作为落实创新教育的主要途径和突破口,融合基础型、拓展型、探究型课程及跨学科研究等课程模式,有效整合主题活动、专题教育、社会实践等,充分挖掘科技教育在培养学生爱国精神、民族精神、文化自信、责任担当、团队精神、学科应用、探究实践、科学素养、创新意识等方面的育人功能,构建科技教育校本课程群,拓宽学生道德教育空间,落实学校"健全教育"育人目标和"立德树人"根本任务。

二、意义

(一)办学理念与育人目标

学校秉承"让每位学生健康地成长"的"健全教育"办学理念,其内涵是让每一个学生在追求理想的成长过程中,做一个身心健康、健全发展的人,体现了"健康成就发展"的教育哲学,坚持全面教育质量观,坚持以学生健康成长为根本。"身心健康,健全发展"的育人目标,主要有两个维度、六个指标:身心健康维度包括身体健康、心理健康、道德健康等指标,健全发展维度包括全面发展、个性发展、共同发展等指标。"身体健康"是学生生物学意义上的健康。"心理健康"主要包括:有正确的自我观念,有耐挫抗压能力,有自我情绪控制力,有一定的独立性,有良好的学习行为习惯,具备社会责任感。"道德健康"主要包括:能用正确的行为准则和规范来约束自己的言行,调整与他人、与社会、与自然的关系,从而适应自然、社会发展需要,为人类的幸福作贡献。"全面发展"主要包括情感、意志、审美情趣和劳动价值观等方面的发展。"个性发展"是根据学生个体的情况,允许学生认知、心理、道德等方面的发展水平存在客观差异。"共同发展"是希望学生尊重个体差异,在共同愿景下,相互理解、包容、合作,共谋发展。这六个指标是学校对党和国家德智体美劳全面发展教育方针的具体理解,也是学校落实素质教育和课程标准的总目标和行动指南。

(二)科技课程与育人目标的联系

美国教育家杜威认为,道德的目的应该在教学的一切领域处于统治地位。德育的目标是使学生具有国家观念和社会责任感,具备报效祖国的精神,讲科学、不迷信,具有科学的思想方法,有自立自强、开拓进取、坚毅勇敢的心理品质和道德评价能力。数学、科学、物理、化学、生物等课程要加强对学生科学精神、科学方法、科学态度、科学探究能力和逻辑思维能力的培养,促进学生树立勇于创新、求真务实的思想品质。不难看出,创新教育与学生品德培养有着密切的联系,很多目标是重叠的,其中心理品质培养和道德熏陶尤为突出。对照学生发展核心素养可以发现,科技教育承担的责任很重,培育学生发展核心素养是落实"立德树人"根本任务的一项重要举措。

基于"健全教育"的办学理念和"身心健康,健全发展"的育人目标,学校构建了由健德、健美、健智、健技等四类课程组成的"健全"课程体系,四类课程虽各有侧重,但其内在紧密联系、相互依存。科技课程作为愈来愈重要的一类课程,在学生道德品质培育中是不可或缺的。根据科技课程的内容特点,将其归入健技类课程,而实质上,课程所要实现的目标涵盖了德、智、体、美、劳各方面的要求,通过课程实施可成全学生发展,实现"身心健康,健全发展"的育人目标。

三、内容

(一)课程群建设目标

在"健全"课程目标总领下,通过对学生道德水平、知识储备、学习能力、个性品质等的分析,根据青少年身心发展和品德养成的基本规律,结合学校地域文化、教师专业资源,优化国家基础型课程,研发符合学校实际的校本课程,形成多元、多样、多层面的,迎合创新教育需要和学生个性需求的科技课程群。

(二) 课程群育人目标

根据办学理念和育人目标,结合科技教育特点,学校提出了"培养具有爱国情怀,崇尚科学精神,具备社会责任感和团队合作精神,富有创新思维和创造能力、实践技能和劳动能力,尊重自然、热爱生活的徐中学子"的课程群育人总目标。

表1　课程群育人目标

爱国情怀	1. 热爱祖国自然山水、动植生态、人文景观,敬畏自然。 2. 尊重地域文化、风土人情。 3. 拥护国家制度,维护民族尊严。 4. 了解国家历史,热爱传统文化,有民族自豪感。 5. 了解国家发展成就,对祖国未来充满信心。
责任担当	1. 关注社会,有集体观念,具有团结协作精神。 2. 维护国家、集体利益,有与国家荣辱与共的自觉意识。 3. 懂得承担责任的意义,能对自己的行为负责。 4. 有为国家、集体发展而努力学习奋斗的责任感。
科学精神和创新能力	1. 尊重科学知识,热爱科学,有严谨的科学态度。 2. 自立自强,有坚忍不拔的品质和勇敢进取的精神。 3. 具有探究精神,乐于与他人合作。 4. 具有创新思维,有勇于实践的精神和实践创造能力。
幸福生活	1. 珍爱生命,热爱生活,会独立思考,能自我管理。 2. 具有主动学习的能力,养成良好的行为、学习、生活习惯。 3. 能融入集体,与他人友好交流沟通。 4. 尊重他人劳动成果,诚信守诺,树立正确的科学价值观。

(三) 课程群设计

有机整合各类课程形态中的科技类课程、科技活动,根据学校环境条件、学生兴趣与能力的个别差异,构建具有校本特点的,多元、立体的课程群——"智宸"科技课程群,其由五个子课程群组成。

图1 "智宸"科技课程群

1. 地震科学探索

基于学校地震体验馆开发,由地球知识、地震知识、地震逃生、地震救护和震后重建等五大板块组成,在让学生了解地震及衍生知识的基础上,引导学生敬畏自然、尊重生命,树立以人为本的理念,感受团结互助的中国力量和民族精神。

2. "创意+"课程

课程构成以创新实践为主,在科技与自然、科技与生活、科技与劳动之间架起桥梁,课程既有独立性又有关联性,培养学生的创新思维和团队合作精神,激发学生用科学技术创造美好生活的良好愿望和责任担当。

3. "创研"课程

以课题研究为主要形式,结合物理、化学、生物、科学、数学、劳技、美术等多门学科,在老师的指导下开展课题研究。通过跨学科实践研究,在培养学生融合多学科知识解决问题能力的同时,着力培育其科学探究精神。

4. "创玩"课程

依托"中科·嘉一"教育集团和区科创集散地,形成一批学生感兴趣的、寓教于乐的"创玩"课程,让学生开阔视野、增强自信,提升其思维能力、创造能力和实践能力。

5. "创行"课程

校内外资源联动互补,结合展示活动、科技比赛、社会实践、研学旅行等,提供更宽阔、更前沿的学习平台,让学生在实践中体验文化、了解发展成果,激励学生热爱祖国、热爱家乡,培养为祖国繁荣而不懈努力的爱国热情和社会责任感。

(四) 实施路径

"道不可坐论,德不能空谈",德育目标、德育课程及德育实施路径的高度匹配和严密对接是实现育人目标的关键。在构建德育课程时,既要重视德育的认知功能,又要赋予其实践功能,实现知行合一。

学校充分挖掘各课程的育人功能,根据课程内容特点和课程形态特征,进行叠加、组合,探索科技课程群实施路径,形成知识认知、学科融合、主题探究、实践体验、特色活动相结合的模式,从全面铺开的校本课程、科技节活动,到自主选择的社团学习,使学生实现多元化的个性发展,促进德育目标的有效达成。

1. 学科课程

创新不应狭隘地理解为"首创新事物",而是宽泛地包含对原有知识的重新组合和对其使用价值的重新发现。面向全体学生的基础型课程中的数学、物理、化学、生物、地理、信息技术、劳技等学科,是科技知识学习和创新教育的主要载体。通常意义上的理科,其育人功能往往被忽视,其内容的求真性可用于培养学生认识、追求真理的道德素养。教师在落实学科课程教学时,要同步组织基于课程的德育,即在加强普及性知识的习得和技能的掌握、帮助学生打好综合能力基础的前提下,促使学生尊重科学、尊重前人智慧成果,促进学生价值观、道德观的形成。

2. 专题探究

学科融合是学生核心素养、综合能力培养的需要,现代教育考试改革更加注重学生综合运用知识解决问题的能力。学科间知识的交叉融合建立了学科之间的紧密联系,要求老师授课和学生学习时,主动构建学科知识之间的关联,增强学生综合思维能力,从而能够融合学科知识来解决现实情境中的问题。主题探究就是让学生在教师的指导下,进行主题化的研究性学习,如科技与自然课的"呵护古树名木是我们神圣的职责"、"果蔬保鲜剂特克多对果蝇生长发育的影响",科技与生活课的"原电池法在金属防腐中的应用"等专题。在培养学生学习探索能力、激发学生求知欲望的同时,更加注重培养其严谨的科学态度、善于合作的团队精神和敢于挑战、不惧困难、不轻言放弃的坚毅品质。

3. 社团课程

学生是课程实施的主体,每个学生都是鲜活的个体,个体间必然存在差异。在安排各年级课程时,既要考虑知识的传递、文化的传承,又必须关注学生个体差异、兴趣特长,处理好普及与选修课程的组合,促进学生的个性发展和主动发展。学校借助"四叶草"少年宫课程,以社团形式向不同兴趣特长的学生提供进阶学习的平台,促使学生在某个领域或方向得到进一步的发展,开阔科技视野,发展思维能力,增强创新自信,提升创造能力。

4. 活动体验

学校德育离不开活动,形式多样的校园文化活动、实践体验活动,对学生有巨大的吸引力,有利于促进良好思想品德的形成。校园科技节、创新大赛等为学生搭建竞技、展示和体验成功的舞台。一片片结构的拼装,一次次航模的起航,一幅幅创想画作,一张张课题研究海报,一份份创新制作,一块块主题展板,都凝集着学生的创新能力和科技素养。

5. 社会实践

生活中的一切都是课程,任何环境都可以成为课堂。"读万卷书,行万里路",根据学生综合素质评价中社会实践活动要求,把科技教育元素纳入实践,充分挖掘地域文化资源,通过选择、整合、拓展等方式开发校本课程,让学生走出校门,在行走中学习。区内科研单位、科普基地是学生社会实践的重要资源,学生通过观察、体验、探究,发展科学态度、实践能力、个性品质和社会责任感。

(五)实施原则

1. 主体性原则

学生是学习的主体,课程实施的所有环节,包括设计、开发、实施、评价等,必须尊重学生的主体地位,充分开展学情分析。课程要满足学生需要,目标要针对学生实际,内容要符合学生水平,面向全体学生,促进学生知识、能力和德行品质的提升。

2. 差异性原则

科技课程不同于语、数、英等基础型学科,教学内容大多未作统一规定,从本质上讲属于发展性学科,因此更加注重从学生的实际出发,根据不同教学对象的具体情况提供可选择的课程,并且采取不同的方式和方法进行差异性教育,使每个学生都能获得适切的学习机会,无论是知识还是品格,都能在原有的基础上得到充分的发展。

3. 融合性原则

一是内容的融合性。科技课程与数学、物理、化学、生物等联系紧密,以这些学科知识为基础,注重科学课程与其他学科的融合,引导学生综合运用知识解决实际问题。

二是形式的融合性。提倡主题化研究,围绕一个主题,基础课、拓展课、实践活动等同时推进,让学生在基础课中得到知识,在自主探究中寻找理论与实际的契合点,在实践中获得体验和感悟。

(六)课程评价

科技课程群的学生品德发展评价体系,主要包括评价维度、评价标准、评价方式。教育评价之父拉尔夫·泰勒认为,教育目标本质上是人的变化,评价就是确定变化程度的过程。学生道德评价主要是评价学生道德认知和道德实践的变化。围绕学校"身心健康,健全发展"的育人目标,根据科技课程群的特点,研究实施以过程性、发展性、激励性为特点的学生道德发展评价。

1. 评价维度

根据课程育人目标,学生道德评价维度主要包括爱国情怀、责任担当、科学精神和创新能力,以及幸福生活。

2. 评价标准

根据课程特点,学生道德水平发展很难用量化指标进行评价,因而采用等级性指标和成长性指标相结合的评价标准。对照四个维度,采用优秀、良好、有待提高等三个等级性评价指标。在下辖课程中采用星级指标,根据学生发展情况给予评价。

3. 评价方式

（1）教师评价、小组评价和学生自评相结合

教师评价：教师针对学生学习过程中的态度、表现、能力等因素,根据观察给出适当的评价。

小组评价：科技课程中较多地运用小组合作的学习活动模式,因此小组评价很重要。小组根据成员在组内的表现,以团队合作、德行表现为主要评价点,给予成员评价。

学生自评：学生对照学习、德育目标,对自己在课程学习过程中的表现、成长给出综合性评价。

（2）过程性评价和结果性评价相结合

过程性评价指向学生学习和探究实践的过程,如是否认真听讲、是否主动参与小组活动、同学之间是否能互帮互助等。结果性评价并非单一的测试,主要为收获反思、研究报告、成果展示等形式,体现评价的多元立体性。

（七）课程保障

1. 组织保障

学校构建了由分管校领导、部门负责人、科技组组成的三级管理网络,全方位、立体式地推进科技课程群的开发和实施。

2. 制度保障

学校以《科学技术普及法》《全民科学素质行动计划纲要》为指导,根据科技教育特色打造要求,相继制定了科技工作管理制度、科技教育资金使用制度、设备管理制度、课程项目开发制度、科技项目绩效奖励制度等,用制度保障科技课程群的有效落地。

3. 队伍保障

加强师资培训,成立由专家、校内师资和校外辅导员组成的学习共同体,搭建研训平台,通过专家引领、专题学习、合作交流等,拓宽教师的视野,提升教师的自身素养,增强课程实施与创新能力。

4. 资源保障

学校不断加大对科技教育的资金投入,保障科技教育硬件设施和文化环境,改建科技实验室,建成"智宸创客空间",升级改造地震体验馆,配置课程设施、设备、活动材料,创设科技文化环境,为高质量地开展科技课程群提供设施保障,建设学生创造的乐园、梦想的乐土。

四、 课程群设计案例: 地震科学探索

(一) 课程概述

建于校内的上海市嘉定区地震体验馆总面积 200 平方米,2002 年以来,先后经过四次完善升级,形成了目前参观与体验相结合的体验厅、体验区,其中包括一个 5D 动感体验区,这是上海市首家也是嘉定区唯一一家学校地震体验馆。地震体验馆突出体验性,让参观者通过参观、体验及互动等多种形式,了解地震相关理论知识,学会用知识保护生命,有效培养面对灾害的自救互救能力,最大限度减少灾害对生命财产的危害。

"地震科学探索"就是借助地震体验馆这一平台开发的、面向全体学生的一门综合性课程,利用基础型课程的知识学习和实践体验、拓展型课程的深入学习、创新型课程的主题研究等,以传授地震及其衍生知识为基础,以地震救护、震后重建为主要探索和实践内容。课程融合了科技创新教育、生命教育、心理健康教育等多方面内容,是学校课程的重要组成部分和落实育人目标的有效载体。

(二) 课程目标

本课程通过开展形式多样的探索学习,吸引学生逐步深入不同的知识领域,在活动中获得丰富的科学知识和学习体验,融合多学科知识开展研究,增强敬畏自然、尊重科学、珍爱生命的意识,培养学生的创新精神,引导学生关心社会,努力学习科学知识服务社会、造福人民,为祖国建设贡献力量。

(三) 课程内容

课程由地球知识、地震知识、地震逃生、地震救护、震后重建等五大板块构成,

每个板块包含三至四个活动项目,每个活动项目都由多组"知识链接 + 探究学习"组成,内容体系涉及三个维度:一是地震相关知识,包括地理、物理、化学、生物等多个学科领域的知识;二是关注人的生命安全,学习和掌握救护知识和技能;三是科技创新,研究如何用科技助力救援,减少损失。

表 2 "地震科学探索"课程内容

板块	主要内容	培养目标
地球知识	活动一:地球圈层 活动二:海陆变迁 活动三:初涉地球物理学 活动四:地球化学	学习与地震相关的综合性学科知识,了解地震相关科学理论,培养热爱科学、勤于思考、勇于探究的科学态度和科学精神。
地震知识	活动一:地震基本概念 活动二:地震大事件 活动三:地震预警 活动四:地震次生灾害	通过了解地震及地震危害,深切感受地震给国家、人民生命财产安全带来的严重影响,敬畏自然、关爱生命、关注社会,激发努力学习科学知识以解决困难、服务社会、报效国家的社会责任感。
地震逃生	活动一:地震发生过程中的逃生方法 活动二:生活场景中的隐患 活动三:逃生物品的介绍	学会一定的逃生技巧,了解并掌握一定的隐患排查技术,树立生命至上的人本理念和热爱生命、热爱生活的乐观态度。
地震救护	活动一:自救与互救 活动二:传统的救援方式 活动三:高科技救援 活动四:救护知识普及(小小指导员)	了解并掌握地震救护知识与方法,了解科技发展促进地震救援方式的变革,进一步认识学习科学知识的重要性,产生用科学知识创造美好生活的追求,尊重自然、敬畏生命、感受人类守望相助、顽强克难、永不放弃的精神。
震后重建	活动一:震后的损失调查研究 活动二:防震建筑的设计探究 活动三:震后心理状况及疾病探究 活动四:震后心理干预和辅导	初步学习心理调节、疏导的小方法,在遇到困难时能够自我调节并帮助他人,探究防震建筑设计,培养创新精神。

(四) 课程实施

"地震科学探索"课程是"健全"课程的重要组成部分,也是科技课程群的一张名片,融入三类课程,分阶段实施。

基础型课程:以六年级学生为主体,利用课程学习手册,开展普及性的知识学习。以自然班为授课单位,以主题教学为主要方式,由科学和心理教师执教,让学生系统地了解地震发生的原因,学习逃生知识、救护常识、心理调节方法等。多学科知识的融合教学,培养学生综合思维能力。同时结合入学教育、安全教育等专题教育活动,到地震体验馆中进行实践体验,根据探究要求,通过模拟场景体验,掌握一定的救护方法,如心肺复苏等。

拓展型课程:以七年级学生为主体,结合科技创新课程,如无人机、机器人编程课程等,让学生在了解地震及相关救援知识的基础上,进一步深入学习新知识、新技术,为日后的创新研究打基础。

创新型课程:以八年级学生为主体,以社团活动为主要渠道,以探究小组为单位,开展创新研究和实践探索,研究如何更好地利用科学技术进行防震减灾及地震救援,如主题探究"高速互联网光纤地震仪的设想"、"地震逃生器——弹性玻璃球设想"等。

三个阶段的学习层层递进,从普及性的知识学习和实践体验,到科技新知识的学习,再到主题性问题的研究创新实践,促进学生学习能力、认知水平和品格养成不断发展。

(五)课程评价

课程评价既是对学生学习过程、学习成效的评判,也是激励学生学习的有效手段。除了测试性的评价外,表现性评价更关注学生的态度、情感和品德变化。

表3 "健全"课程学生活动评价表

评价项目	评价标准			评价结果
	★★★★★	★★★	★	
学习态度	积极参与,主动性强	积极参与,欠主动	能够参与	自评☆☆☆☆☆ 组评☆☆☆☆☆ 师评☆☆☆☆☆
合作意识	有较强的交往能力,合作能力强	能顾全大局,会与人合作	有合作意识	自评☆☆☆☆☆ 组评☆☆☆☆☆ 师评☆☆☆☆☆
创新能力	创新意识明显,思维活跃	有创新意识	表现一般	自评☆☆☆☆☆ 组评☆☆☆☆☆ 师评☆☆☆☆☆

评价 项目	评价标准			评价结果
	★★★★★	★★★	★	
行为习惯	习惯良好	表现一般	需改进	自评☆☆☆☆☆ 组评☆☆☆☆☆ 师评☆☆☆☆☆
品格养成	具有较高的思想道德水平	在原有基础上有提升	需努力	自评☆☆☆☆☆ 组评☆☆☆☆☆ 师评☆☆☆☆☆
总体评价	优秀(　　) 良好(　　) 有待提高(　　)			

表 4　课堂探究活动评价表(以"自救与互救"活动为例)

评价内容	自评	互评	师评
能够选出正确的自救方法	☆☆☆☆☆	☆☆☆☆☆	优秀(　　) 良好(　　) 有待提高(　　)
能够选出地震后自救的正确叙述	☆☆☆☆☆	☆☆☆☆☆	
能够画出容易发现幸存者的空间	☆☆☆☆☆	☆☆☆☆☆	
能够设计一款地震自救工具	☆☆☆☆☆	☆☆☆☆☆	
能够发现表现最棒的同学并说明理由	☆☆☆☆☆	☆☆☆☆☆	

(六) 课程保障

1. 经费保障

学校投入经费对地震体验馆进行了多次升级改造,并将 5D 动感体验、机器人等科技新元素引入馆中,提升了地震体验馆的科技含量,形成两大体验厅、十二个体验区。此外,还保证项目推进、环境布置、材料采购、专家指导、科技活动等环节的经费投入。

2. 师资队伍

依托"中科·嘉一"教育集团及区科创集散地的师资,组建了由外聘专家、本校教师、校外辅导员组成的课程开发实施队伍,形成学习共同体,为课程落实提供了强有力的支撑。同时注重教师培养,选派教师外出学习,促进教师专业发展,提升其课程开发能力和执行力。

3. 课时落实

将课程纳入学校课程体系予以落实,严格落实教学内容和课时安排,特别是面向六、七年级的地震科学知识教育,已成为学生的必修课。

4. 课程资料

加强校本课程配套资料的开发,根据课程实施的需要,多年来编写了多本课程教育读本、课程指导手册、学生活动手册等,增强了课程的生命力。

图2 "地震科学探索"相关配套资料

第四部分

中学德育管理一体化
同一目标不同形态
课程群研究

第四部分重点聚焦学生核心素养的培育以及综合能力的提升,通过不同形态的课程群建设和个性化的课程实施来实现同一育人目标。这一部分的四篇文章从理念和实践这两个层面呈现了不同学校的探索。

《以"行"文化为核心的德育校本课程群研究》探讨了如何以中国学生核心素养为导向,通过在学校"行"文化浸润下的"行善"、"行思"、"行健"、"行雅"和"行创"这五大类德育社会实践课程的设计与实施,将学生培养成承文明礼、睿智博学、体魄强健、积极乐观、锐意创新的时代新人。

《"37度爱生源"家长学校课程群研究》介绍了学校围绕家庭教育指导工作,根据学校生长教育校本课程体系和各年级家长学校实施目标,系统构建年段衔接、目标明确、内容丰富的校本家庭教育指导课程,以问题为主线、活动为载体、体验为收获,引导家长掌握科学的教子方法。

《家校育人活动课程群研究》提出了将"素养导向"和"立德树人"作为家校育人一体化实践的出发点和落脚点,通过家校联手,形成育人合力,对学生实施正面积极的影响,确保学生的品格发展与社会发展的方向一致,从而实现"立德树人"的终极育人目标。

《基于"志向、人格、思维、言行"武术文化核心价值的校本德育课程群探索实践研究》介绍了学校把武术文化与体育课程、活动拓展课程、校园艺术文化活动、师生共建活动等有机整合,进行德育课程探索实践,构建武术文化德育课程群,有效落实学校育人理念,实现学校育人目标。

以"行"文化为核心的德育
校本课程群研究

周　艳*

一、背景

学校是课程改革的扎根之所。中国启动课程改革二十余年,经历了三个阶段:第一阶段注重双基,即基础知识和基本技能;第二阶段强调三维目标,即知识与技能、过程与方法、情感态度与价值观;第三阶段注重核心素养,即以培养"全面发展的人"为核心,分文化基础、自主发展和社会参与等三个方面,包括人文底蕴、科学精神、学会学习、健康生活、责任担当、实践创新这六大素养。

学校的文化建设是国家构建和谐社会的重要组成部分,亦是学校不断提升自身文化品格的客观发展要求。学校文化的核心是其精神文化,精神文化的核心是价值观的确立。国家的社会主义文化需要通过践行社会主义核心价值观来落实,学校文化需要通过构建卓越的校风、教风和学风去实现,也需要通过校本特色课程去体现。

上海市宝山区行知外国语学校是宝山区人民政府、宝山区教育局根据居民对子女接受优质义务教育的需求,积极落实公建配套而创办的一所高起点的九年一贯制学校。学校成立于2016年,隶属于宝山区行知教育集团,不仅是区内第一所将外国语特色写入校名的学校,同时也传承了"行知"优质教育品牌文化。

办校至今,学校始终坚持以文化育人为核心,以"行"文化为引领,在"敦行致远"的校训指引下形成"行 +"课程文化。"行 +"德育校本课程群密切关注学生的

＊作者单位:上海市宝山区行知外国语学校。

核心素养,以全面提升学生的综合素质为宗旨,通过实践育人来建构课程体系,以学生在不同成长阶段身心发展的需要为根本,关注每一名学生的品德形成轨迹,重视每一名学生的天赋展现。让学生在"行"文化的熏陶下,在"行+"德育校本课程群的学习中成长成才,从而实现学校培养"具有高尚德行、智慧头脑、健康身心、审美修养、创造能力和国际视野的未来世界公民"的育人目标。

二、 目标

(一) 学校育人目标

学校育人总目标为:培养具有高尚德行、智慧头脑、健康身心、审美修养、创造能力和国际视野的未来世界公民。因此,学校德育工作者以"行"文化为核心,根据学校总体育人目标来建构学校"行+"德育工作体系。德育目标中的行善、行思、行健、行雅、行创既呼应"五育"德、智、体、美、劳,又紧扣当代学生核心素养的要求。

"行善"与学校育人目标中的"高尚德行"对应,紧扣核心素养中的"责任担当",旨在塑造热爱祖国、知礼感恩的品格。呼应教育学生诚信友善、提升其政治素养的整体德育理念。

"行思"与学校育人目标中的"智慧头脑"对应,紧扣核心素养中的"学会学习",旨在塑造乐学善思、勤于反思的习惯。呼应培养学生思辨精神、提升其综合能力的整体德育理念。

"行健"与学校育人目标中的"健康身心"对应,紧扣核心素养中的"健康生活",旨在塑造学生充满朝气、稳健自信的气质。呼应教育学生珍爱生命、注重身心健康的整体德育理念。

"行雅"与学校育人目标中的"审美修养"对应,紧扣核心素养中的"人文底蕴",旨在塑造学生举止大气、优雅谦和的姿态。呼应培养学生审美情趣、提升其人文素养的整体德育理念。

"行创"与学校育人目标中的"创造能力"对应,紧扣核心素养中的"实践创新",旨在塑造学生锐意进取、推陈出新的品质。呼应激励学生不断实践创新、勇于开拓探索的整体德育理念。

(二) 德育课程群设置目标

"行"文化引领下的德育校本课程群根据青少年品德发展的基本规律,结合"人人都是小行家"的办学理念,面向"立德树人"的根本目标,培育当代学生的核心素养,使之成为适应时代发展的优秀公民。因此,设计符合学校学情的、以"行"文化为核心的德育校本课程群"行走的小行家",形成较为完整的课程群体系:"行善"课程群、"行思"课程群、"行健"课程群、"行雅"课程群、"行创"课程群。打造校外场所资源,即明德基地、善思基地、行健基地、品雅基地、乐创基地。"行走的小行家"课程群旨在通过五大类课程的实施,将学生培养成承文明礼、睿智博学、体魄强健、积极乐观、锐意创新的时代新人,从而推动学校育人总目标的达成。

三、 内容

(一) 课程群育人目标

凯洛夫主编的《教育学》将"德育"与"辨证唯物主义世界观基础教育"、"爱国主义教育"、"劳动教育"、"自觉纪律教育"、"意志与性格教育"相提并论,认为它们各以不同的手段和方法实施。2018 年全国教育大会提出:应培育德智体美劳全面发展的社会主义建设者和接班人,尤其是要加强劳动教育。2020 年 7 月《大中小学劳动教育指导纲要(试行)》的颁布,再一次说明了劳动教育的重要意义。因此,"行走的小行家"德育校本课程群的终极育人目标是培养"五育"并举的合格人才。

表1 "行走的小行家"德育校本课程群育人目标

实践基地类别	课程群	德育目标	目标详解
明德基地	"行善"	善	热爱祖国、热爱家乡、肩负责任、心怀感恩
善思基地	"行思"	思	勤奋刻苦、勤学善思、热爱阅读、学习榜样
行健基地	"行健"	健	珍爱生命、身心健康、积极运动、乐观向上
品雅基地	"行雅"	雅	独具慧心、富有才情、大气明理、传承经典
乐创基地	"行创"	创	敢于实践、勤于探索、勇于创造、善捕信息

"行走的小行家"德育校本课程群紧紧围绕学校育人目标,引导教师的教学从单一的知识传授,转向更关注学生综合素养的培育。课程群以体验和实践为重点,注重学科融合,弥补已有课程在学习方式上的缺陷,关注学生的学习能力、学习品质和身心健康。尊重每一名学生的独特性和创造性,关注每一名学生成长的可能性和现实性,导引每一名学生发展的专注性和持续性,追求每一名学生在全面发展基础上的个性发展与自我实现。

(二)课程群整体设计

"行走的小行家"德育校本课程群根据不同年龄段学生的特点和能力,为其匹配适宜的课外实践基地,由学校德育工作者制定不同的学习目标及任务,适用于小学部以及初中部所有学生,呈现阶梯式一体化设计。其学习内容有机渗透了爱国主义教育、美德教育、生命教育、心理健康教育、劳动教育、人文素养教育、创新教育等德育内容。课程群所选的实践基地涉及社会各个领域,共分为五类:明德基地、善思基地、行健基地、品雅基地和乐创基地。

表2 "行善"课程群——修炼高尚德行,坚定信仰情怀

教育场馆	学生年段	实施时段	课程主题	课程目标
东方乐器博物馆	一、二年级	寒假亲子冬令营	走进东方乐器博物馆,增强民族文化认同感	1. 了解什么是民族乐器,能从各国乐器中辨认出我国的民族乐器。 2. 明白每种乐器都受地域因素影响。 3. 增强民族文化认同感与文化自信。
上海市档案馆	三、四、五年级	暑假亲子夏令营	步入历史长河,探索档案风采	1. 了解档案类型,丰富历史知识。 2. 比较上海今昔变化,感受时代的发展,体会档案的意义。 3. 培养热爱上海、热爱祖国的思想情感。
上海四行仓库	六、七年级	秋季社会实践	铭记抗战历史,坚定爱国信仰	1. 能说出四行仓库的由来,了解四行仓库保卫战相关历史,知道四行仓库保卫战是淞沪抗战的最后一役。 2. 铭记四行仓库抗战历史,致敬"八百壮士"英魂。 3. 学习伟大的革命精神,弘扬抗战精神,树立为中华民族的伟大复兴而不懈奋斗的决心。

教育场馆	学生年段	实施时段	课程主题	课程目标
中国社会主义青年团中央机关旧址	八、九年级	春季社会实践	了解团史团情，传承红色基因	1. 了解 1919 年五四运动至 1922 年团的"一大"召开的这段历史，领悟中国共产党后备军的重要意义。 2. 重温团的伟大历程和革命先辈的光荣事迹，感恩当下美好生活。 3. 通过实地走访和资料搜索，交流自己的所知所感，培养爱党、爱国、爱人民的高尚情操。

表3　"行思"课程群——打造智慧头脑，成就博学睿智

教育场馆	学生年段	实施时段	课程主题	课程目标
上海少年儿童图书馆	一、二年级	暑假亲子夏令营	插上梦想翅膀，徜徉书的海洋	1. 了解上海少年儿童图书馆建馆背景和图书馆的主要功能，初步掌握借书、还书的基本流程，学会使用自助借还书机。 2. 学会遵守社会基本秩序，文明阅览。 3. 感受良好阅读氛围，激发阅读兴趣。
杨浦区图书馆	三、四、五年级	秋季社会实践	探索杨浦新地标，认识阅读新风貌	1. 知道杨浦区图书馆的历史变迁，了解杨浦区图书馆独特的建筑风格与特色。 2. 了解图书馆文明规则，养成爱护图书的好习惯。 3. 培养阅读的良好习惯，提升合作探究的能力，培养对国学文化的兴趣。
复旦大学	六、七年级	暑假亲子夏令营	博学笃志，切问近思	1. 通过参观复旦大学校史馆，了解复旦大学的校史、校训、学风、学科建设以及精神文化，培养珍惜学习环境、把握学习机会的学习态度。 2. 通过资料搜集和实地采访，熟悉大学的学科体系，领悟学习方法，培养勤学善思的学习习惯。 3. 感受复旦大学浓厚的人文气息和学术氛围，激发学习兴趣，树立远大的学习志向。
上海院士风采馆	八、九年级	秋季社会实践	领略院士风采，走进科学殿堂	1. 领略著名科学家的风采，学习他们国家至上的品质及坚忍不拔的顽强精神。 2. 了解两院院士的伟大事迹，谈谈自己的所感所悟所思，感受这些智慧的化身、科学的勇士、时代的领跑者的可敬与可爱。 3. 培养热爱学习的品质、树立学习的目标。

表4 "行健"课程群——渗透生命教育，成就健康身心

教育场馆	学生年段	实施时段	课程主题	课程目标
上海眼镜博物馆	一、二年级	秋季社会实践	爱护眼睛，从我做起	1. 了解眼睛和眼镜的相关知识。 2. 在父母的陪同下进行现场探索，初步学习眼睛与眼镜的关系、眼镜所蕴含的科技和眼镜的发展历史。 3. 学会保护眼睛的正确方法，体会保护眼睛的重要性。
中国乒乓球博物馆	三、四、五年级	寒假亲子夏令营	了解乒乓历史，弘扬民族精神	1. 了解乒乓球的历史与发展，了解乒乓球对于中国发展特别是在外交、全民健身等方面的重要意义。 2. 感受乒乓运动的独特魅力，分享运动乐趣，传承文化遗产，激发对中国传统体育运动的热爱，弘扬民族精神。 3. 了解乒乓球的基本打法和比赛规则，完成乒乓练习记录表，通过练习增强体魄，逐步养成定期运动的好习惯。
中国武术博物馆	六、七年级	暑假亲子夏令营	铸中国武术精魂，扬华夏民族精神	1. 了解中国武术的基本门派分类，了解上海武术门派、起源与发展进程。 2. 继承、弘扬和发展中国武术文化精神。 3. 扬民族豪气和中华文化，增强中国武术在世界范围内的影响力，为构建社会主义和谐社会作出更大的贡献。
上海市禁毒科普教育馆	八、九年级	秋季社会实践	不让毒品进我家，禁毒要靠你我他	1. 知道毒品的类型和毒品的危害。 2. 掌握识别涉毒行为的方法，能识别新型毒品，远离毒品，防患于未然。 3. 树立正确的人生观和价值观，学会尊重生命、珍惜生命，养成健康的生活习惯。

表5 "行雅"课程群——培养审美情趣，提升人文素养

教育场馆	学生年段	实施时段	课程主题	课程目标
宝山国际民间艺术博览馆	一、二年级	春季社会实践	感受民俗文化，做小小传承人	1. 了解世界各国、各民族的民间艺术、民俗文化以及民俗传统，感受各国民间艺术特色和精髓。 2. 体会民间艺术之美，激发对中国民间艺术的热爱。 3. 弘扬中华文化，培养民族自豪感、自信心，加强民族意识。

教育场馆	学生年段	实施时段	课程主题	课程目标
土山湾博物馆	三、四、五年级	暑假亲子夏令营	溯源海派木雕,品味非遗技艺	1. 了解上海工艺、美术在土山湾的发展历史,了解海派黄杨木雕技艺创始人及其作品。 2. 通过观察展品、倾听讲解,了解圆雕工艺流程。通过查阅相关文献和资料,简述非物质文化遗产概念及海派黄杨木雕技艺的传承状况。 3. 继承和弘扬中华民族优秀传统文化,吸收和借鉴世界各国文明成果,和家长一同增强关注和保护非物质文化遗产的意识。
苏州河工业文明展示馆	六、七年级	寒假亲子夏令营	再现历史遗韵,传承历史文脉	1. 了解苏州河工业文明发展史,了解上海开埠至今苏州河沿线工业文明的发展历程和辉煌成就。 2. 尝试制作苏州河工业文明时间轴,培养动手能力。 3. 查阅相关文献和资料,简述自己的所知所感,自觉传承上海城市历史文脉。
中华艺术宫	八、九年级	暑假亲子夏令营	走进东方之冠,探秘中华艺术	1. 了解中华艺术宫的背景,知道中华艺术宫绝妙的建筑特色。深入探究中华艺术宫的内部特征,对其中的展品有自己的理解。 2. 欣赏"上海历史文脉美术创作工程成果展",创作一幅有关心中美好上海的绘画。 3. 通过参观中华艺术宫,体会文化精品之美,激发对中国文化的热爱,并在展馆中找寻自己的童年回忆。

表6　"行创"课程群——激发创造潜力,实现创新发展

教育场馆	学生年段	实施时段	课程主题	课程目标
幻影机器人庄园	一、二年级	暑假亲子夏令营	探索机器人奥秘,感受科技创新	1. 参观幻影机器人庄园,了解机器人技术的发展。 2. 体验游戏互动,尝试设计一款机器人作品,培养勤于思考、乐于实践、开拓创新的精神,培养动手能力。 3. 通过实地参观和动手操作,增强对科技的好奇心,感受科技创新对生活和生产的意义。

教育场馆	学生年段	实施时段	课程主题	课程目标
跃科蔬菜基地	三、四、五年级	春季社会实践	拥抱美好自然，收获别样成长	1. 仔细观察蔬菜的枝、叶、茎，了解不同蔬菜的生长规律，感受植物生长的奇妙之处。 2. 体会劳动的魅力。 3. 在拓印植物叶片的过程中，观察叶片的脉络，并发挥想象为叶片上色。通过与大自然的亲密接触，感受其美好，培养热爱自然、保护环境的良好品质。
中国 3D 打印文化博物馆	六、七年级	春季社会实践	探索 3D 打印，感受高科技力量	1. 了解 3D 打印技术的发展，体会科技的发展对人类生存、生活和生产的积极意义。 2. 观赏 3D 打印作品，尝试设计一款 3D 打印作品，培养勤于思考、乐于实践、开拓创新的精神。 3. 简述对 3D 打印的所知所感，增强利用和整合身边资源的能力。
公元 2050—2500 未来生活体验馆	八、九年级	寒假亲子夏令营	走进别样体验馆，感受奇妙未来生活	1. 了解各场馆的名称和功能，熟悉体验线路。 2. 听讲解，动手操作，并参与亲子活动。 3. 深入了解未来生活的发展方向，在实践体验中充分发挥想象力。掌握现代信息技术，积极探索新的事物，勇于开拓进取。

（三）课程手册设计

根据"行走的小行家"德育校本课程群中的五大类课程群和涉及的二十个活动场馆，按照九年一贯制学校对于年段的划分，在充分考虑学生年龄特点和认知规律的基础上，设计了四本课程手册，分别适用于小学部低年段（一、二年级）、小学部高年段（三、四、五年级）、初中部低年段（六、七年级）和初中部高年段（八、九年级）。

每本手册都包含五个场馆，分属五个不同基地。对于每一门课程，都设计了五个板块：学习目标、行家宝库、行家任务、行家手札、行家反馈。

在"学习目标"板块的设计中，充分考虑场馆的特点和教育性，同时结合学校的"行+"育人目标,充分挖掘场馆的育人价值。

在"行家宝库"板块中,学生可以通过阅读文字来了解场馆的主题、背景以及涉及的历史文化知识,起到预习先导的作用。

在"行家任务"板块中,学校根据学生年龄特点,设计了不同的实践类任务,如活动前的思考、活动中的记录、活动后的总结等。

"行家手札"板块被设计成一大片留白,目的是让学生以自己的方式抒发情感,传递思想,交流感受,可以提笔泼墨,亦可绘制蓝图。

"行家反馈"板块是课程后的评价,分为"行家态度"和"行家本领"两部分,态度是"知",本领是"行",评价形式为学生自评、学生互评、学生与家长互评。

课程的设计体现了学生"知、践、悟、评"的过程,符合学生的认知规律,也能发挥课程育人、实践育人和协同育人的作用。四本手册实现了中小学九个年级社会实践课程的无缝衔接,既有统一性,又体现差异性。课程内容重视理论和实践的结合,可达到知行合一的育人效果。

(四)课程群相关领域

"行走的小行家"德育校本课程群结合了许多学科领域的专业知识,如语文、数学、物理、信息、政治、生物、历史、地理、音乐、美术、体育等,在这些学科中渗透道德教育。针对培育核心素养的德育与相关学科结合形成的课程群,包括至少17项内容:品德、责任、情怀、毅力、文化、思辨、逻辑、语言、生命、体能、审美、品鉴、法治、创新、探究、信息、模型。

(五)课程群主要结合形态

"行走的小行家"德育校本课程群采用主题引领和拼盘整合这两种结合形态。主题引领表现在:以"行"文化为主线,以学校育人目标为课程育人目标。拼盘整合体现在:五个课程群"行善"、"行思"、"行健"、"行雅"、"行创"都是属于总课程群的子课程群,其德育目标各有侧重,以并列形式存在。

(六)课程群评价方式

围绕本课程群开展的评价主要分为两种:课程实施评价和学生发展评价。

课程实施评价主要通过日常教研等方式进行,重点评价课程目标实现的可行性、课程目标表述的准确性、教师对于课程的实施能力等。课程实施评价主体包括教师、学生、家长。其中,教师在课程中是第一实践者,拥有丰富的课程实践资料,所以在评价中占主导地位。作为课程实施的另一主体,学生也参与课程实施评价,重点评价学习的实效。另外,学校还通过问卷和访谈等方式,从家长那里了解课程在学生发展中的作用。

学生发展评价主要通过校本评价完成。学校基于整体育人目标和课程目标,对学生的学习发展进行过程性评价和终结性评价。学校主要遵循以下评价实施原则:终结性评价和过程性评价相结合,借助"小行家成长 E 站"这一校本信息化评价平台来提升课程评价效率,注重学生自评和互评,发展学生自主性,注重评价结果的诊断和改进价值,定期更新评价指标,动态改进评价机制。

(七) 课程群研究策略

1. 课程群设计过程

(1) 全面认知,积极实践

在设计课程群前,系统学习学校文化、德育原理、课程群建设等相关理论,预见课程架构中可能存在的问题,展开课程是否渗透道德价值观的讨论,提升思维和理论层次。然后,将学习、讨论的感悟、体会转化为实践行动。从学科拓展、活动实践、行规养成、能力培养这四个不同切入点设计课程群,将学校的育人目标转化为课程群的育人价值。以认知来指导实践,以实践促进认知水平的提升。

(2) 及时省思,不断改进

实践的过程是一个不断反省的过程。在课程群实施的初级阶段,先选取两个试点年级的学生进行课程教学,根据学生的课后评价和教师的教后反思及时进行总结和调整,同时对课程群的可持续推进作有深度的系统思考,思考未来的阶段发展目标和整体目标,在思考过程中不断对其加以改进。

2. 课程群实施保障

(1) 场地保障

本课程群的实施需要 20 个校外场馆的支持。为保障课程群的顺利实施,学校综合考虑学校周边场馆和共建单位等各类因素,也参考了"家庭护照"和"上海市德育教育基地"名册。在设计实践活动时,根据场馆的位置、场馆的大小、实际活动开展的需要等,将活动分为学校组织型活动(春季社会实践、秋季社会实践)和亲子共行活动(暑假亲子夏令营、寒假亲子冬令营)。

（2）师资保障

学校德育处制定详实的课程设计方案,并牵头班主任、各类学科教师等共 40 名教师参与课程设计。在课程设计过程中经历了培训、场馆实地走访、规划编写与修改、学校审核等过程。在反复研讨后,将课程手册进行全校推广,由班主任团队负责实践课程的实施,从而保证教师团队的稳定性和专业性,强化课程群的执行力。

四、 明德基地课程之"行善"课程设计案例: 了解团史团情, 传承红色基因 ——走进中国社会主义青年团中央机关旧址

(一) 课程的背景及其意义

2020 年 1 月,习近平总书记在"不忘初心,牢记使命"主题教育总结大会上指出要学习四史:党史、新中国史、改革开放史和社会主义发展史。古人云:以史为镜,可以知兴替。历史是最好的教科书,不光是党员干部,每一名中学生也都应该了解四史,并通过学习党史中的革命史,了解无数革命先烈抛头颅洒热血,用大无畏的牺牲换来了新中国。共青团作为中国共产党的后备军,在建设中国特色社会主义的伟大实践中,造就了一批批有理想、有道德、有文化、有纪律的接班人。在初中阶段,中国共产主义共青团也是少先队员最向往加入的组织。

在这个背景下,学校要鼓励学生学习历史,通过学史,不仅懂得珍惜与感恩,而且要思考如何把革命前辈的精神传承下去,如何肩负起社会主义现代化建设和百年复兴的重任。以校外实践课程为载体,让少先队员和入团积极分子走进中国社会主义青年团中央机关旧址,去学习建团初期的那段历史,对于初中学生而言具有极其重大的意义。通过现场教学,让青年学生了解团史,升华团情,进一步明确团员青年的历史使命,坚定理想信念,在国家现代化建设中发挥蓬勃力量。

(二) 课程的核心概念和主导理念

共青团是中国共产党领导的先进青年的群团组织,是广大青年在实践中学习

中国特色社会主义和共产主义的学校,是党的助手和后备军。在强调学习四史的今天,在建党一百周年之际,组织学生参观爱国主义教育基地和革命历史纪念馆,凸显了学生社会考察中的红色基因教育和理想信念教育。

该课程属于"行善"课程群,对应的实践基地是明德基地,为爱国主义教育。该课程的授课对象为八、九年级学生。通过此课程的学习,激发青少年学生热爱祖国、热爱家乡的情感和社会责任感。实现中国梦,需要依靠青年,也能成就青年。共青团正努力为党输送新鲜血液,为国家培养青年建设人才,团结带领广大青年,自力更生,艰苦创业,完成党所提出的各项任务,在四化建设中充分发挥突击队作用。

(三) 课程的内容及实施

课程设计分为学习目标、行家宝库、行家任务、行家手札、行家反馈等五个板块,在明确学习目标后,学生需要通过"知、践、悟、评",独立或亲子合作挑战分阶段实践任务。

1. 预设"学习目标"

在课程设计中,给学生预设了三个学习目标。

其一,通过参观中国社会主义青年团中央机关旧址,了解 1919 年五四运动至 1922 年团的"一大"召开的这段历史,领悟共青团作为中国共产党后备军的重要意义。

其二,通过观看馆内陈列的历史图片和展品,重温团的伟大历程和革命先辈的光荣事迹,体会当下美好生活的来之不易。

其三,通过实地参观和资料搜索,交流自己对参观中国社会主义青年团中央机关旧址的所知所感,培养爱党、爱国、爱人民的高尚情操。

2. 设计"行家宝库",制定"行家任务"

在"行家宝库"板块,学生可了解中国社会主义青年团中央机关旧址的组成。

"行家任务"板块主要分为四个部分:一是实践活动前的了解与学习;二是实践活动中的参观与记录;三是实践活动中的实践与思考;四是实践活动后的憧憬与展望。在憧憬与展望部分,设计思考题:2021 年是中国共产党成立 100 周年,2035 年我国将基本建成社会主义现代化强国,2049 年是中华人民共和国成立 100

周年,请结合自身情况,谈谈如何成为合格的社会主义建设者和接班人。用思考题引发学生思考,让学生明确自己的历史使命,加速学生爱国情感的升华。

3. 记录"行家手札",落实"行家反馈"

"行家手札"板块是实践活动后,学生记录学习心得和活动体会的部分。学生可图文并茂地抒发自己的思考和感悟,记录学习的心路历程。"行家反馈"是课程的学习效果评价,通过学生自评和生生互评来反映学生在课程学习后的获得感。通过理论学习、实践寻访和评价反思,使学生在行动中学习和感悟,从而达到知行合一。

表7　行家反馈

观察角度	行家表现	行家自评	行家互评
行家态度	对参观活动兴趣很浓	☆☆☆☆☆	☆☆☆☆☆
	仔细聆听场馆工作人员讲解	☆☆☆☆☆	☆☆☆☆☆
	以礼待人,文明参观	☆☆☆☆☆	☆☆☆☆☆
	和同行同伴和谐相处	☆☆☆☆☆	☆☆☆☆☆
	认真查阅相关资料	☆☆☆☆☆	☆☆☆☆☆
	乐于倾听同伴意见	☆☆☆☆☆	☆☆☆☆☆
	激发爱国热情	☆☆☆☆☆	☆☆☆☆☆
	培养高尚情操	☆☆☆☆☆	☆☆☆☆☆
	积极和同伴交流团史团情	☆☆☆☆☆	☆☆☆☆☆
行家本领	了解共青团成立的背景	☆☆☆☆☆	☆☆☆☆☆
	明确共青团成立的时间	☆☆☆☆☆	☆☆☆☆☆
	树立典型共青团员的形象	☆☆☆☆☆	☆☆☆☆☆
	能对史料进行归纳总结	☆☆☆☆☆	☆☆☆☆☆
	联系自身谈共青团员的职责	☆☆☆☆☆	☆☆☆☆☆
	展望未来谈憧憬	☆☆☆☆☆	☆☆☆☆☆
	明确使命	☆☆☆☆☆	☆☆☆☆☆
	讲述团的故事,传承红色基因	☆☆☆☆☆	☆☆☆☆☆
	知识掌握全面清晰	☆☆☆☆☆	☆☆☆☆☆
	收集信息、资料途径多样	☆☆☆☆☆	☆☆☆☆☆
	善于筛选、整理资料	☆☆☆☆☆	☆☆☆☆☆

(四) 课程的前沿性和创新性

1. 转变课程功能，激发学生主观能动性

将德育课程从传统的由教师主导的说理说教和知识传授的过程，变成以学生为主动活动者的自主学习和主动参与的过程，使学生在实践中获得知识与技能，同时树立正确价值观和人生观，提升道德品质，树立社会责任意识。生活即教育，生活即德育，让学生在实践中感悟，在体验中成长。

2. 更新课程内容，体现时代性和前瞻性

加强德育课程内容与学生生活的联系，不脱离实际。课程内容具有时代性和前瞻性，有战略眼光，使学生在学习过程中了解，实现中国梦需要依靠青年，广大青年需要组织的领导，而共青团正是努力为党输送新鲜血液、为国家培养青年建设人才、在国家现代化建设中充分发挥突击队作用的先进组织。

3. 重视课程实施，培养创新合作交流能力

改变以往课程实施过程中学生被动接受机械训练的状态，鼓励学生主动参与、乐于探究、勤于动手。培养学生课前搜集资料的习惯和处理信息的能力。在课程进行过程中，引导学生分析和解决问题，通过小组合作的课程学习方式提升学生交流与合作的能力。

五、 德育校本课程群建设的思考与展望

学校德育的根本目的是"立德树人"，即塑造学生品德、培育学生兴趣、拓宽学生视野、提升学生能力。德育校本课程群的终极目标是培养德智体美劳"五育"并举的社会主义合格建设者和接班人。学校在实现这一终极目标的过程中，需要做到如下三点：

第一，实现现代化，结合中国国情，办好一流的基础教育。

第二，实现国际化，培养学生国际视野、环球眼光和跨文化交流的能力。

第三，实现个性化，体现学校的特质和独有的文化特征。

在尊重学生的发展规律和发展差异的基础上，结合社会需要、学生成长需求和教师发展需求，不断推进德育课程群的现代化和一体化建设，从而实现学生健全人格的塑造，为国家培养一批批在社会主义现代化建设的新征程中砥砺奋进的

创新人才。

参考文献

[1] 柳斌.新时代把素质教育进行到底[J].基础教育论坛,2018(27).

[2] 孙元清,徐淀芳,张福生,等.上海课程改革 25 年(1988—2013)[M].上海：
上海教育出版社,2016.

[3] 张俊华.教育领导学[M].上海：华东师范大学出版社,2008.

[4] 黄向阳.德育原理[M].上海：华东师范大学出版社,2000.

"37度爱生源"家长学校
课程群研究

程美华*

一、 项目实施背景

1. 政策实施要求

根据《上海市学校德育"十三五"规划》、《上海市教委等关于进一步加强家庭教育工作的实施意见》等文件精神,加强家庭教育指导,构建社会共育机制,争取家庭、社会共同参与和支持学校德育工作。

2019年11月,全国家校社协作与教师发展论坛在奉贤举行,提出建立家庭—学校—社会的协作伙伴关系,指出家庭教育指导能力是教师的基本技能之一。

学校和家庭形成教育合力,离不开家长和教师家庭教育指导能力的提升。

2. 学校育人要求

上海市奉贤中学附属南桥中学构建以"生长教育"为核心的校本课程体系,旨在尊重每一个学生的生长规律,创设适合每一个学生成长的教育环境,激发每一个学生自主生长的动力,让每一个学生每一天都健康、快乐地生长,让每一个学生都收获精彩。学校多年来实施分层德育,丰富教育内涵,多次获得上级嘉奖。

---

* 作者单位:上海市奉贤中学附属南桥中学。

表1 "生长教育"分年级德育目标

	六年级 生存·养成教育	七年级 生活·健康教育	八年级 生命·感恩教育	九年级 生涯·励志教育
课程目标	做好小升初衔接,以"附中好少年,习惯我先行"为主题,立规成习,培养学生良好的行为和学习习惯,迈好中学教育第一步,让生存教育深入人心,让学生在学习和生活中能做到独立、自主、自理。	培养学生生活和劳动常识、生活和劳动技能,提供生活过程的实践体验,使学生树立正确的生活观念和目标,养成良好的生活习惯,能正确处理自己与他人、与社会的关系,学会赞美他人、与他人合作。	加强生命、安全、道德、法制教育,引导学生认识生命的意义,理解生命、善待生命、珍惜生命,树立生命价值观,激发学习动机,增强学习兴趣,学会正确对待学习成功与失败。	进行理想教育,帮助学生更好地认识自己、发现自己,明确学习目标,掌握科学有效的学习方法,培养可持续的学习能力,为学生的终身发展打好基础,做好升学和生涯规划。

学校重视家校协同育人,在各个条线和家委会的努力下,初步搭建了家长与教师面对面交流的桥梁,受到家长的高度认可和欢迎,但目前仍然存在一些问题亟待解决。政教处不间断地收集家长的访谈调研报告和班主任的日常沟通反馈,发现家长对教育问题倍感焦虑,存在三个明显特点:第一,家长缺乏科学的家庭教育知识;第二,导致家庭教育产生问题的因素很多;第三,破解家庭教育难题还未形成合力。

要解决上述问题,加强家长学校建设是重要途径之一。家长学校指的是配合学校教育的实施,以中小学生家长为主要对象,以传授家庭教育的科学知识和方法为主要内容的一种教育形式。

学校将家长学校命名为"37度爱生源"。"源"意味着源头,南桥是奉贤乃至南上海区域的历史之源、文化之源、生活之源,承载着整个区域的老城复兴梦想,而学校的地理位置正处于"南桥源"项目的中心地带;"生"取自学校的"生长教育"理念,遵循学生的生长规律,促进学生的自主生长;"爱生"是教育的源头,也是教育的根本,更体现了教育的过程;"37度爱",37是人体的正常体温,37度的爱能给孩子全身心的温暖,37度爱的家庭是爸爸、妈妈和孩子相亲相爱,父母关系越好,孩子的身心就越健康,营造健康、和谐的家庭关系是学生健康生长的前提和保障。

二、 项目实施目标

1. "37度爱生源"家长学校课程群的总目标

源于学生实际,源于家校资源,充分挖掘激发家校全员爱生的潜力,营造多元化的学习环境,打造丰富多层次的家校合作模式,注重爱生的过程指导和实践,创建原生态的家长学校,提升教师及部分家长的家庭教育指导能力,让每一个学生都健康、快乐地生长。

2. "37度爱生源"家长学校课程群的分目标

把家庭教育指导工作作为办学育人的重要内容,努力引导家长树立正确的教子观念、掌握科学的教育方法,开设家长学校,开发微课程,初步形成分层德育的家庭教育课程。

（1）学校目标

① 建立一套分年级的分层家庭教育指导校本课程体系,包括:

A. 开发六至九年级学生家长家庭教育指导课程,每个年级 8 节课,共 32 节课。

B. 开发班主任家庭教育指导课程,共 16 节课。

C. 开发任课教师家庭教育指导课程,共 8 节课。

② 开发一套分年级的家长家庭教育指导手册,每个年级 1 册,共 4 册。

③ 组建一支家庭教育指导校内外工作团队,负责家庭教育指导校本课程开发、实施与评价。

④ 举办校级以上家庭教育主题论坛及沙龙活动,每年 2 次。

⑤ 发挥学校家庭教育指导工作在本区的辐射示范作用。

（2）教师目标

培养一支具备家庭教育指导能力的教师队伍,每个年级至少有两名教师成为学校的家庭教育指导宣讲团成员。

（3）家长目标

培养一支具备家庭教育指导能力的家长队伍,每个年级至少有两名家长成为学校的家庭教育指导宣讲团成员。

三、 项目实施内容

根据学校以"生长教育"为核心的校本课程体系,制定不同年级家长学校的实施目标,围绕四个模块开发课程主题,系统构建各年级衔接、目标明确、内容丰富的校本化家庭教育指导课程,并通过专题讲座、读书会、团体辅导、亲子活动等形式,采用以问题为主线、活动为载体、体验为收获的互动体验形式实施教学。

表2 家长学校课程群架构

年级	课程模块	课程目标	实施时间	课程主题	实施方式
六年级	生存·养成教育	1. 引导家长做好小升初衔接,认识学生进入初中以后的身心变化规律,培养学生良好的行为习惯。 2. 指导家长帮助学生形成良好的学习习惯。 3. 引导家长帮助学生学会独立、自主、自理。	9月份	如何做好初中学生家长	专题讲座
			10月份	沟通,理解,合作	专题讲座
			11月份	如何让孩子顺利渡过小升初衔接	专题讲座
			12月份	爱心手拉手,成长心连心	亲子活动
			2月份	我的家风故事	读书会
			3月份	培养孩子良好习惯	专题讲座
			4月份	正面管教	团体辅导
			5月份	携手并进,迎接七年级	专题讲座
七年级	生活·健康教育	1. 引导家长学会传授生活和劳动常识,培养劳动技能,让学生养成良好的生活习惯。 2. 指导家长帮助学生树立正确的交友观,培养社交能力。 3. 培养家长亲子沟通能力,从而改善或强化亲子关系,营造和谐家庭氛围。	9月份	如何构建幸福家庭	专题讲座
			10月份	如何培养00后孩子的交友观	专题讲座
			11月份	家校合力,培养良好习惯	专题讲座
			12月份	爱心手拉手,成长心连心	亲子活动
			2月份	我的家风故事	读书会
			3月份	家长压力舒缓	团体辅导
			4月份	如何与孩子高效沟通	专题讲座
			5月份	携手并进,迎接八年级	专题讲座
八年级	生命·感恩教育	1. 引导家长让学生学会感恩,学会理解爱和责任。 2. 引导家长认识生命的意义,帮助学生树立积极的生命价值观。	9月份	青春期家长的困惑	专题讲座
			10月份	读懂青春期孩子	专题讲座
			11月份	同心沟通,助生成长	专题讲座
			12月份	爱心手拉手,成长心连心	亲子活动

年级	课程模块	课程目标	实施时间	课程主题	实施方式
		3. 指导家长学会激发学生学习兴趣,正确对待学习成功与失败。	2月份	我的家风故事	读书会
			3月份	让爱更有力量	专题讲座
			4月份	沟通,从"看见"开始	团体辅导
			5月份	携手并进,迎接九年级	专题讲座
九年级	生涯·励志教育	1. 引导家长正确看待、把握学生的中考目标。2. 指导家长应对学生常见的心理问题和学习问题。3. 引导家长帮助学生更好地认识自己,做好初中升学和生涯规划。	9月份	初中孩子生涯发展	专题讲座
			11月份	察觉自我,改善沟通	团体辅导
			12月份	亲子、家校趣味竞技游戏	亲子活动
			2月份	吹响中考号角	专题讲座
			3月份	考生加油,爸妈减压	专题讲座
			4月份	分析形势,寻找对策	专题讲座
			5月份	祝福初三	团体辅导
				初高有效衔接,成就美好未来	专题讲座

四、课程实施阶段

本课程群的实施周期为两年,分两个阶段进行。

第一阶段的规划如表 3 所示。

表 3　第一阶段规划

实施阶段	实施内容	实施方法/措施	预期成果
构思阶段	家长家庭教育指导课程开发	1. 成立"37度爱生源"家庭教育指导课程研发小组。2. 建立课程资源库。3. 确定课程框架及板块主题。4. 开发具体课程内容。	六至九年级学生家长家庭教育课程体系
	班主任家庭教育指导课程开发	1. 确定课程框架及板块主题。2. 开发具体课程内容。	六至九年级班主任家庭教育课程体系
	任课教师家庭教育指导课程开发	1. 确定课程框架及板块主题。2. 开发具体课程内容。	六至九年级任课教师家庭教育课程体系

实施阶段	实施内容	实施方法/措施	预期成果
开发阶段	家长家庭教育指导手册开发	1. 成立"37 度爱生源"家庭教育指导手册开发小组。 2. 确定手册框架。 3. 撰写手册内容。	六至九年级学生家长家庭教育指导手册
实施阶段	家长家庭教育指导课程实施Ⅰ	1. 成立"37 度爱生源"家庭教育指导实施团队：负责向教师和家长提供理论方面指导的校外专家团队；负责协调、调动、指导家长参与课程的教师团队；协助课程实施的家长志愿者。 2. 制定家长家庭教育指导课程实施计划表。 3. 实施家长家庭教育指导课程（每月1—2次）。 4. 完成家长家庭教育指导课程评价。	六至九年级学生家长家庭教育指导课程实施文档，共16节课
总结阶段	家长学校工作成果总结和展示活动	1. 撰写家长学校工作总结成果报告。 2. 确定主题论坛展示活动流程及要求。 3. 开展主题论坛展示活动。	总结展示

第二阶段实施的规划如表 4 所示。

表 4　第二阶段规划

实施阶段	实施内容	实施方法/措施	预期成果
分类实施一	班主任家庭教育指导课程实施	1. 实施班主任家庭教育指导课程（每月2次）。 2. 完成班主任家庭教育指导课程评价。	班主任家庭教育指导课程实施文档，共16节课
分类实施二	任课教师家庭教育指导课程实施	1. 实施任课教师家庭教育指导课程（每月2次）。 2. 完成任课教师家庭教育指导课程评价。	任课教师家庭教育指导课程实施文档，共8节课
分类实施三	家长家庭教育指导课程实施Ⅱ	1. 实施家长家庭教育指导课程（每月1—2次）。 2. 完成家长家庭教育指导课程评价。	六至九年级学生家长家庭教育指导课程实施文档，共16节课
总结阶段	总结家长学校工作成果和展示活动	1. 撰写家长学校工作总结成果报告。 2. 确定主题论坛展示活动流程及要求。 3. 开展主题论坛展示活动。	总结展示

五、 课程研究策略

(一) 课程研究的思路

实施课程研究的主要目的不在于验证某种理论,而在于解决家校育人的实际问题,提高家校合作的效率,实现课程的内在价值。因此,本课题采取"问题——设计——行动——反思"路径开展"37度爱生源"家长学校课程群研究。

1. 以问题为导向

强调解决家校育人过程中存在的真实问题,将真实问题转化为可研究的问题。

2. 设计: 高效课堂助推

发现某个值得追踪的家庭教育问题后,在接下来的一系列课堂教学行动中,细心地探索解决该问题的基本思路与方法。其核心是以家长为本,让家长学会主动学习,培养家长的实践能力。

3. 行动: 既要执行, 又要再创造

教学行动是指将设计好的教学方案付诸实践。行动不仅意味着观察事先所设计的方案能否解决问题,还意味着创造性地执行事先设计的方案,根据家长的实际学习状况和教学过程中的突发状况,灵活调整教学方案。

4. 反思: 用"我口"说"我心"

在"37度爱生源"家长学校课程群的研究过程中,反思是贯穿始终的。这既需要教师与家长之间、教师与校外专家之间的合作,也需要教师个人作独立思考并"发表"自己的意见。教师要善于用个性化语言或实践性语言,说出自己的心得体会,讲述自己的家庭教育故事,说出自己内心真实的喜悦或困惑,这就是用"我口"说"我心"。

(二) 课程研究的策略

要形成校本课程研究的良好氛围,必须解决好以下问题:

改变教师的角色意识,探讨家庭教育校本教研的具体开展方式,开辟多样化的研究途径,逐步建立校本课程研究的保障机制,从制度、时间、条件、指导督促、交流合作等方面为校本课程研究创造宽松的环境,逐步发现和培养一批家庭教育指导骨干教师,共同探讨课程研究开展的具体方式、途径,建立课程研究的工作机制。

制定翔实的课程实施计划,每一项计划都要做到人员、内容、组织保障、检查督促四落实,通过完善制度保障,促使课程研究活动由被动变为主动,由自发走向自觉,由无序走向有序。

定期就家庭教育的疑难问题开展集体会诊活动,以问题为中心开展课题研究、集体攻关,作为今后教学的范例,做成微课程放到网站上展示,供大家自由讨论。

六、 课程评价

(一)成立家长学校课程群评价工作组织机构

严格落实家长学校课程群设置规划,做好检查监督工作,充分听取教师、家长的意见和建议,以全面提高家长家庭教育水平和促进学生素质全面发展为根本目的,广谋良策,促进学校家长学校课程群的有序开展。

对家庭教育工作中涌现出来的先进工作者、先进家庭、先进家长给予奖励和表彰。为充分调动家长参与的积极性,每次家长学校开课都要请家教有方、子女学业有成的优秀家长作经验介绍,以提升家庭教育工作的针对性和实效性。

加强对家长学校课程群开课主体——班主任——的考核。将班主任考核成绩作为评选优秀班主任、优秀班级的重要依据,并纳入绩效考核。

(二) 评价管理

制定家长学校课程群开课实施计划或方案,学年末有总结,内容详实。

家长学校课程群开课定时间、定地点、定内容、定学员。

班主任采用授课、解答、咨询等多种形式传授家庭教育知识。

教师上课有教案,授课、解答内容有记载。

家长学员要建立档案,有名册(包括子女姓名、班级和家长单位、住址、电话),

每次开课都实施考勤。

家长学员有学习笔记和学习体会,有作业、有批改并建档保存。

家长学校开课的图片、影音资料收集齐全,材料真实。

学校对每次家长学校课程群开课都要进行有效的监督,留存检查记录、评价表、教学反思、家长反馈意见等有效材料。

(三) 评价内容

实行家长成长积分制,家长学员每学年接受系统培训不少于4课时,做到"孩子入学,家长入校;孩子毕业,家长结业"。

家长通过家长学校积极参与学习和交流,形成较浓郁的家庭教育氛围。

每学期召开一次家长家庭教育经验交流会,提供实证材料。

定期举行班主任家访经验交流或主题论坛。

每学期组织家长评优和积分兑换活动。

开展家庭教育科研活动,评选出具有推广价值的教师家庭教育论文或调研报告等。

学校组织针对班主任的先进家教理念和科学家教方法的校本培训并实施考核。

七、课程保障

(一) 家教工作规划明确

学校把家庭教育指导作为办学育人的重要内容和年度重点工作,不断深化家校协同育人,引导家长重视家庭教育,提高家长的家庭教育水平,形成教育合力,营造良好的育人环境。

(二) 家教工作机制健全

学校建立家校社协同育人机制,成立由校长、分管校领导、政教处、年级部、家委会主任、未保教师、心理教师、对口居委会主任组成的家校社协同育人领导小组,设计协同育人新体系,制订家长学校工作计划等,定期召开联席工作会议,并结合德育工作研讨会、家委会工作推进会、学校与社区联谊会等总结工作目标、措施的落实情况,反思存在的不足,解决遇到的问题。

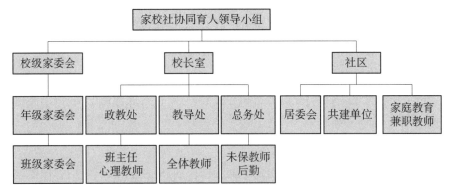

图1 家校社协同育人工作组织管理机制

每年学校都要联合居委会、共建单位协同组织、实施多种形式的主题教育活动,共同解决学生安全防范、家校沟通、家庭暴力、监护缺位等家庭教育问题。目前已签约的共建单位有鼎丰酿造厂、奉贤区档案馆、南桥消防救援站、南桥镇航务管理所、北街居委等。此外,学校与华东理工大学长期合作,借助高校资源,由大学生志愿者带队开展系列主题活动,提升家校合力的影响力。

(三) 家庭教育队伍建设有力

1. 培育教师家庭教育指导能力

通过专题讲座、德育论坛等形式,从理论和实践层面提升教师家庭教育指导水平,让教师把指导家庭教育纳入自己的工作计划。

2. 培育班主任家庭教育指导能力

作为联结学校教育和家庭教育的桥梁与纽带,班主任对学生、家长最了解。因此,学校打造"班主任学苑"品牌项目,从以下三个方面优化班主任专业素养,提升班主任家庭教育指导能力。

(1)开展班主任校本培训

通过专题讲座、团体辅导、外出观摩、德育论坛、读书会、展示活动等形式帮助班主任掌握有效的家校沟通与合作方法。

（2）开发班主任实务手册

2019 年，从班主任培训和实际工作需要出发，由政教处带领班主任团队经过三轮研讨，共同商讨、撰写《甘做苔花　守住初心——班主任工作实务手册》，从班主任队伍建设、育心能力、主题班会组织能力、文化建设能力、德育研究能力等方面对班主任日常工作进行系统而全面的指导。

（3）重视班主任教科研成果

班主任现身说法，撰写家庭教育辅导个案、与家长有效沟通个案，编入案例论文集《附中教科研专辑》。

3. 组建家长学校专家团队

家长学校结合实际情况，制订每学期工作计划，通过学校培养（例如派送教师参加上海市学生德育发展中心组织的家庭教育指导者培训、上海市家庭教育高级指导师培训、区家庭教育骨干教师培训）和外聘等方式，组建家长学校专职队伍，实施面向家长的家庭教育课程和面向教师的家校协作指导课程。

学校建立家长资源库，对家长的爱好、社会能力、职业等进行调研、分类，形成丰富的家长资源。相对于教师和学校，家长具有不可取代的专业和职业优势，家长进课堂，不仅可承担班会课的讲授任务，而且可承担文化课的讲授任务。将家长资源融入学校课程建设，不仅拓展了校本课程资源，也为教师开阔了视野，有利于在对学生的教育中深化教学内涵，提升教学品质。

（四）经费有保障

学校是强校工程学校，并隶属于新奉贤中学教育集团。学校有足够资金，可大力资助家庭教育工作。

八、课程群设计案例：六年级学生家长的生存·养成教育课程

（一）课程设计背景

1. 家庭教育的重要性

许多职业都有岗位培训，考核合格后才能持证上岗，但父母这个职业，在生下孩子后没有经过任何关于家庭教育的培训就直接上岗了。

上学之前,孩子接触最多的人就是父母,如果父母的习惯不好,孩子无形之中也会养成不良的习惯。进入学校之后,父母的一举一动仍会直接或间接地影响孩子。

2. 家庭教育与学校教育的关系

有的家长认为,把孩子送到学校,教育孩子的任务就交给学校了,孩子的一切教育都和学校有关:孩子品行不端正,学校的责任;孩子作业写不完,学校的责任;孩子成绩不好,学校的责任。这其实是家长对孩子最大的不负责任。

学校教育离不开家庭的支持和配合,家庭教育直接影响着学校教育的效果。家庭教育不到位,不仅会抵消学校教育的效果,还会给孩子发展造成一定的消极影响。因此,真正有长久性、深刻性的教育是家庭教育,家长要和学校站在同一阵地,同学校密切配合,启发和督促孩子认真接受教育,共同促进孩子的健康成长。

(二) 课程设计意图

1. 六年级学生发展特点

（1）生理特点

六年级学生一般为 11—12 岁,属于人体发育的少年时期,总的说来,身体发育处于高峰阶段,发育指标的增长出现第二高峰。

（2）心理特点

六年级学生集中注意的能力有所发展,集中注意、专心致志的时间可达 30 分钟左右。思维从具体形象思维向抽象逻辑思维过渡,但仍然具有明显的具体形象性,仍习惯于模仿实际动作。集体意识有所发展,已不满足于无规则要求的游乐性游戏,特别喜爱有一定规则的竞赛,愿做体力和智力相结合的游戏。

（3）学习特点

由于学习科目和学习难度的增加,六年级学生完成作业需要花费很大的精力,占用许多时间,提高学习效率显得十分重要。除了主要课程之外,六年级学生开始涉猎一些自然科学和社会科学的内容,作为以后学习的基础。

2. 六年级学生家长的主要任务

六年级学生家长的主要任务如表 5 所示。

表 5　家长任务

目标	举措
适应变化的学习环境	家长要引导孩子合理安排时间和精力，不要只重视班主任的课而忽视其他教师的课。
养成良好的学习习惯	让孩子养成科学作息、专注听课、勤学好问、独立钻研、自我验收的习惯。
学会科学的学习方法	中学的学习任务很重，学校已把学习方法指导列入教学内容，家长要积极配合，一般强调五个环节：预习、听课、笔记、复习、作业。
明确智力上要"三过渡"	引导孩子完成三个过渡：在感知方式上，由以听觉型为主向以视觉型为主过渡，重视观察能力的培养；在记忆方式上，由机械记忆为主向以意义记忆为主过渡；在思维方式上，由形象思维向抽象思维过渡。要鼓励孩子学会独立地对学习材料进行综合、判断、推理，发展思维能力。

3. 六年级学生家长的生存·养成教育课程目标

引导家长做好小升初衔接，认识孩子进入初中以后的身心变化规律，督促孩子养成良好的行为习惯。

指导家长帮助孩子形成良好的学习习惯。

引导家长帮助孩子学会独立、自主、自理。

（三）课程设计内容

1. 课程形式

六年级学生家长的生存·养成教育共 8 节课，每节课 2 个课时。在实施上采用必修（10 课时）、选修（4 课时）、读书会（2 课时）三类课程形式。

表 6　课程形式

实施时间	课程主题	实施方式	课程性质	课时
8 月份	如何做好初中学生家长	专题讲座	必修课	2
10 月份	沟通·理解·合作	专题讲座	必修课	2
11 月份	如何让孩子顺利渡过小升初衔接	专题讲座	必修课	2
12 月份	爱心手拉手，成长心连心	亲子活动	选修课	2

实施时间	课程主题	实施方式	课程性质	课时
2 月份	我的家风故事	读书会	读书会	2
3 月份	培养孩子良好习惯	专题讲座	必修课	2
4 月份	正面管教	团体辅导	选修课	2
5 月份	携手并进,迎接七年级	专题讲座	必修课	2

2. 课程内容

课程内容如表 7 所示。

表 7　课程内容

课程主题	课程内容
如何做好初中学生家长	让家长了解孩子在学习、行为、思想等方面的变化,引导家长积极做好家校合作工作。
沟通·理解·合作	让家长掌握亲子沟通的技巧,提升沟通有效性。
如何让孩子顺利渡过小升初衔接	让家长了解常规衔接(习惯养成)、心理衔接(科学调适)、家校衔接(形成合力)和学科衔接(学法指导)的相关内容。
爱心手拉手,成长心连心	通过亲子互动拓展活动,让家长学会放手,让孩子学习独立。
我的家风故事	通过读书会,促进家校密切合作,普及科学育儿理念。
培养孩子良好习惯	让家长掌握培养孩子良好行为习惯、学习习惯、生活习惯的方法。
正面管教	帮助家长从改变自己开始,有效改善亲子关系,成为更懂孩子的父母。
携手并进,迎接七年级	增进家长对七年级教学及孩子学习生活的了解与认识,形成家校之间的教育合力。

家校育人活动
课程群研究

汤建萍*

"立德树人"是党的十八大提出的教育任务,是从国家层面提出的宏观教育理念、培养目标。"素养导向",指"以核心素养为导向",即以学生应具备的品格和关键能力为导向,是从学生发展角度提出的教育目标,更贴近学生个体及家庭的需求,更容易被家长理解、接受。借助"核心素养"这一桥梁,能从中观层面深入回答"立什么德、树什么人"的根本问题。

为了形成家校教育合力,发挥德育的整体功效,学校提出"素养导向,立德树人"的设想,将"素养导向"作为家校育人一体化实践的出发点,将"立德树人"作为家校育人一体化研究的落脚点:以学生"核心素养"为导向,开展家校一体化实践研究,期望通过家校联手,在家校之间形成育人合力,对学生实施有目的、有计划的影响,以确保学生的品格发展与社会发展的方向一致,最终实现"立德树人"的社会目标。

一、背景

(一) 学校愿景的实际指向

华东师范大学第二附属中学(紫竹校区)(以下简称"华二紫竹",含华东师范大学第二附属中学紫竹校区和附属初中,2015 年增设国际部紫竹校区教学点)建于 2012 年,是由闵行区人民政府、紫竹国家高新技术产业开发区和华东师范大学

---

* 作者单位:华东师范大学第二附属中学附属初级中学。

三方共建,华东师范大学第二附属中学(以下简称"华东师大二附中")承办的一所公办学校(含初中部、高中部、国际部),招收六至十二年级的上海学生及境外学生。

在华东师大二附中统一领导下,华二紫竹一校三部资源共享,充分融合,和谐卓越发展。学校坐落于华东师范大学闵行紫竹基础教育园区,紧邻华东师范大学、上海交通大学、紫竹国家高新技术产业开发区和闵行区教师进修学院,学术氛围、科技氛围极为浓厚,是华东师范大学的教育实验基地和教师实习基地。2018年11月,华东师范大学闵行基础教育集团成立,华二紫竹成为集团的核心校。

学校是以依托一体化衔接教育为根本设计的基础教育园区,近年来先后与华东师范大学有关院系共建"上海市核心数学与实践重点实验室数学创新人才培养基地"、"国际数学奥林匹克研究中心数学创新人才培养基地"、"物理创新人才联合培养项目"、"化学科普实践工作站"、"中国健康体育课程模式基地学校"等,与上海交通大学共建"环境教育与实践基地"、"学生创新实践基地",与上海科技馆、上海自然博物馆、辰山植物园建立合作共建关系,与上海体育学院合作建立"武术教育改革实践基地",与上港集团足球俱乐部合作建立"青少年足球训练基地"。

学校以"追求卓越,崇尚创新"为精神力量,以"N个百分百育人模式"为抓手,坚持高品质办学。学校坚持用"卓越教育"理念统一思想,全体教师对"卓越教育"理念高度认同。学校力求让每一个学生的潜能都充分发展,让每一个教师都享受事业成功的幸福,让学校持续发展成世界一流的中学。只有把握学校发展方向,才能最终实现学校发展的远大愿景。

(二) 学校现状的需求指向

在集团化大背景下探索素养导向下家校育人体系一体化是"育人资源"的厚实基础。华东师范大学闵行基础教育集团针对本集团学段差异大、办学体制多样的实际情况,积极构建"既有共同文化,又有各自特色"的集团风格,着力打通学段限制,探索跨学段特色培育:打造集团教育成果展示厅,展示集团以及集团各校办学成果,构建集团公共文化空间;关注共同教学课题,共同参加西南大学"问题提出"教材应用与教学案例征集活动,助力教师专业发展;参与"沪鄂童心守护行动"，与复旦大学附属儿科医院"医教结合"；稳步推进发展基金会筹备工作，为集团各校发展争取更多的社会支持资源。今后将继续发挥集团办学的特色，培育和提炼各成员校的特色，实现集团的整体水平提升。

二、意义

（一）呼应时代要求

习近平总书记反复强调，"培养什么人、怎样培养人、为谁培养人"是教育的根本任务，解决这个根本任务，事关国家前途和民族兴衰，必须旗帜鲜明、毫不含糊。上海市教育大会上，教委更是明确提出，必须牢牢把握培养社会主义建设者和接班人这个根本任务，全面实施新时代"立德树人"工程，努力构建德智体美劳全面培养的教育体系，率先实现教育现代化，建成与具有世界影响力的社会主义现代化国际大都市相匹配的一流教育。此外，社会大发展本身，也对学校德育提出了更高的要求，德育管理者必须思考如何提升学校德育的有效性，使之能够与时代、社会的发展变化相适应。当今教育正处在机遇与挑战并存的时代，唯有直面危机，勇于接受挑战，才能抓住机遇。

2014年3月，"核心素养"开始进入人们的视野。2016年9月，《中国学生发展核心素养》总体框架正式发布。核心素养是一个人的精神长相、行为习惯、思维方式和人格魅力的综合表现，具有较强的稳定性，是生命个体品质与气质的变化和提升；"核心素养"一方面着眼于做人，强调一个人的软实力（品格），一方面着眼于做事，强调一个人的硬实力（能力），渗透于人的整个心灵，涵盖了人的全部精神世界。2019年底，核心素养开始进入课程。自此，中国基础教育迈入以核心素养为导向的"素质教育"新时代。

习近平总书记在全国教育大会上指出："办好教育事业，家庭、学校、政府、社会都有责任。"在教育方面，学校是专业机构，家庭和社区是非专业的，学校、家庭和社区不是相互孤立的教育"孤岛"，而是彼此联系、互相补充的"环岛"。因此，有必要开展核心素养导向下家校育人体系一体化实践研究，以整合学校、家庭力量，完成德育系统的重新构建，全面推进德育建设。

（二）重在价值实现

家校育人体系一体化，能形成强大的教育磁场，让所有参与者实现精神共振。这不仅有利于增强家庭的教育功能，促进家庭、家教和家风建设，还有利于学校建立现代学校制度，拓展教育教学资源，提升教育教学质量，有利于促进教师、学生、家长及相关参与者的共同成长。

苏霍姆林斯基说："教育的效果取决于学校和家庭教育影响的一致性。如果没有这种一致性，那么学校的教学和教育的过程就会像纸做的房子一样倒塌下来。"核心素养导向下家校育人体系一体化，有利于家庭和学校的教育目的获得最大程度的协调与统一，有利于在家校育人方面形成教育内容上的互补、教育资源上的整合，从而拓展学校教育领域，形成家校育人合力，有效地落实"立德树人"的目标，有利于保证学生接受全面、完整的素质教育，有利于家庭教育方法的科学化，保证教育方法、教育措施的有效性和科学性，从而取得理想的教育成果。而且，随着教育改革的不断深入和发展，教育逐渐向现代化、科学化和民主化迈进，家校育人体系一体化不仅成为社会发展的必然要求，也成为教育信息化的必然选择。因此，有必要研究核心素养导向下家校育人体系一体化实践。

家校育人体系一体化研究的目的是，形成既能主动适应社会发展对学生思想道德素质的要求，又真正符合学生个性发展实际需要的，有效的、实效的、高效的一体化实践，并通过实践活动产生期望价值。因此，家校育人体系一体化研究，必须找寻规律，取得实效，体现其价值。

三、 实践路径

（一）素养"融入"，重在熏陶（家校育人理念一体化）

所谓"学生发展核心素养"，主要是指学生应具备的、能够适应终身发展和社会发展需要的品格和关键能力。核心素养的发展是一个持续终生的过程，最初在家庭和学校中培养，随后在一生中不断完善。

1. 课程设置，体现"素养导向，立德树人"

学校基于学生发展核心素养的三个维度——文化基础、自主发展、社会参与，以及六个方面——人文底蕴、科学精神、学会学习、健康生活、责任担当、实践创新,结合学校实际,根据学科属性、学习规律、学习方式以及能力培养,将拓展与实践课程中的自主拓展型课程整合为人文底蕴、思维逻辑、沟通表达、国际视野、身心健康、智能创新等六大学习领域,将限定拓展型课程划分为德育课程、N 个百分百课程这两大类别。

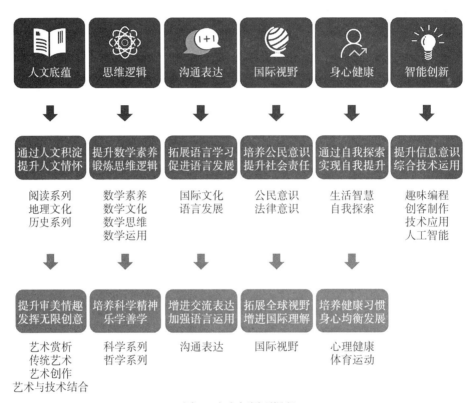

图 1 自主拓展型课程

比如 2020 年 1 月的拓展型课程的选课单包括中国文字与中国文化、模拟联合国、零基础玩转几何画板、英语配音之动画导视、走近唐代文学大家、女子篮球、iPad 乐队、Ted Talks 赏析、玩转数学游戏、英语应用文写作、走进宋朝文坛大家、水质检测趣味实验、生涯发展规划、巧手十字绣、我们的政治生活、哲学家都想些什么、奇幻魔术、数学建模 A、啦啦操、VEX 机器人设计(初阶)、厨房——美食绘、合唱团、板球、那些你不知道的历史、TCT 创意美术课程、桥牌启蒙、趣味化学、漫画与插画的创作技法、趣味哲学、趣味数学建模、爆炸化学实验室、航空模型拓展课等课程,数量多达 52 种。

拓展型课程为家长打开了一扇窗,让他们了解到,除了基础型课程,自己的孩子还有更广阔的学习天地。学校每学期一次的拓展型课程线上自主选课活动,由学生和家长共同参与,场面非常火爆。

2. 活动育人,体现"素养导向,立德树人"

学校为每个年级设立相应的德育目标,用校训精神对目标进行解读,再以年级组为单位,由班主任与家委会协同工作,围绕德育目标设计系列班队会活动,将学生的核心素养培育落到实处。

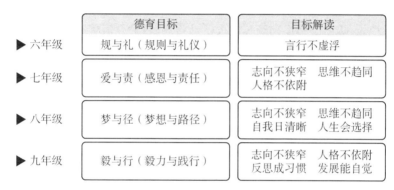

	德育目标	目标解读
▶六年级	规与礼(规则与礼仪)	言行不虚浮
▶七年级	爱与责(感恩与责任)	志向不狭窄　思维不趋同 人格不依附
▶八年级	梦与径(梦想与路径)	志向不狭窄　思维不趋同 自我日清晰　人生会选择
▶九年级	毅与行(毅力与践行)	志向不狭窄　人格不依附 反思成习惯　发展能自觉

图 2　不同年级的德育目标

如六年级"规与礼"德育活动,班队会主题分别为:"知规矩,守规矩,讲规矩"、"礼仪知识知多少"、"学行为规范,做文明学生"、"尊重他人,传递温暖"、"文明用语,共建和谐"、"以诚待人,与人为善"、"劳动让生活更美好"、"文明伴我行"、"学礼守礼,做文明华二人"、"课堂礼仪跟我学"、"'规'是我的信条,'礼'是我的语言"、"'方圆'之道"、"不学礼,无以立"、"文明礼仪伴我行"、"严以律己,规行矩步"、"我与文明零距离"。

如七年级"爱与责"德育活动,班队会主题分别为:"'生命如虹,青春不悔'暑期心得交流"、"知责任,明责任,负责任"、"如何让爱与责任同行"、"自尊自爱,互尊互爱"、"为爱插上责任的翅膀"、"关心热爱班集体的途径"、"如何用成人成才的硕果回报父母"、"如何树立理想贡献力量回馈社会"、"如何提高综合素质促进个人的全面发展"、"正确表达我们的爱"、"当爱不被理解时"、"爱是责任的体现,责任是爱的化身"、"让爱与责任在心中飞翔"。

如八年级"梦与径"德育活动,班队会主题分别为:"'薪火相传,携手筑梦'初二年级新学期学生大会暨暑期心得交流活动"、"放飞梦想,莫让青春虚度"、"什么是实现梦想的路径"、"遇到挫折怎么办"、"为梦想插上责任的翅膀"、"好习惯祝我成功"、"珍惜时间,学会时间管理"、"君子当日三省乎己"、"乐学与巧学"、"一个好汉真的需要三个帮吗"、"不要轻言放弃"、"每天进步一点点够吗"、"一路前行,不忘初心"。

此外,为了进一步落实年级德育目标,各年级还创设了个性化的品牌活动,以活动促发展。比如:六年级为期三天的军政训练课程,设置了团队建设、规则教育、生活指导、队列及两操训练等四大活动板块,目的是锻炼意志品格、学习生活自理、了解校园规范、展现个性才华、融入班级年级,同时明两操礼仪、学集会礼仪、习就餐礼仪、展自理能力、立行为规范。经过几年实践,六年级"放歌九月,美赞中国"班班唱合唱比赛、七年级"迎国庆"诗歌朗诵会、八年级感恩教育"十四岁青春礼"、九年级"最后一操"回顾初中成长等活动已经形成品牌。学校依据学生成长和能力特点,设置不同的活动菜单,让学生愿参与、能参与、乐参与。活动前期精心策划,活动安排全员投入,活动过程跟踪评价,活动结束及时反馈,学生、班级在参与中体验,在体验中收获,在收获中成长。

家长在学校德育目标落地的过程中,实实在在地体会到蕴含在活动之中的基于学生发展考量的"素养导向",从而理解、配合学校开展"立德树人"活动,进而在家庭育人过程中予以跟进。

3. 评价多元,体现"素养导向,立德树人"

学校生源差异度较大:有的学生智力超群,无论是语数英还是音体美劳都样样出色,小学时就已崭露头角,获得各种奖项;有的学生资质一般,学习一般,习惯一般,努力程度一般,有的甚至心思都不在学习上,基本的行为习惯还有待进一步养成;有的学生来自高知家庭,父母是高级管理人才、行业领军人物、教授,甚至是教育学领域的教授;有的学生来自普通家庭,父母所受教育不多,文化程度不高……若是将成绩排名及获奖情况作为学生成功的标志,显然非常荒谬,因为如此一来,只有极少数学生是成功的。

学校严格执行《上海市教委关于印发〈上海市初中学生综合素质评价实施办

法〉的通知》,控制考试次数,学科考试内容符合课标、学情,考试成绩实行等级制,不公布学生成绩和排名。在质量监管方面,按照"课教部——教研组——备课组"条线分析教学问题,按照"学发部——年级组——班主任"条线分析学生学情。尊重学生,用发展的眼光看待他们。学校从"知识与技能"、"过程与方法"、"情感态度与价值观"等三个方面对学生能力发展提出要求,针对学习态度、学习过程、学习能力的区别,从四个层次细化评价标准,启发家长转变"重分数轻努力,重学科轻素养,重结果轻过程"的育人观念。

(二) 协同育人,旨在共建(家校育人实践一体化)

苏霍姆林斯基说过:"在教育工作中,要使公开的和隐蔽的、社会的和家庭的各种教育方式有机地结合在一起,人类幸福的谐音就产生于这种结合之中。"教育的未来取决于学校、家庭现在的认识和行动。应以家校活动为载体,重视建立学校、家庭互动合作机制,积极推动合力育人。

关注学校和家庭的联动,充分发挥学校在家庭教育中的重要作用,构建以分管德育工作校领导、年级组长、班主任为主,专家和优秀家长共同参与,良性互动的家校合作格局。通过家长委员会、家长会、家长开放日、家访等渠道,加强学校和家庭的信息沟通与反馈;通过紫竹讲坛、社团活动、参观考察等家长参与的志愿公益活动,形成家校共同育人的共识和氛围。

1. 家长学校,践行"素养导向,立德树人"

习近平总书记强调,青少年阶段是人生的"拔节孕穗期",最需要精心引导和栽培。老师和家长都肩负着"给学生心灵埋下真善美的种子,引导学生扣好人生第一粒扣子"的重任。根据中学生的年龄、认知特点,为他们扣好这粒"扣子",既需要讲技巧,又需要讲方法。

学校打造"家庭教育网上开讲"系列活动,通过优秀家长经验交流分享会,发挥优秀家庭的示范带头作用。借助微信公众号平台推送,或通过班级微信群由班主任分享链接,将专家线上线下讲座的视频资源、教育主管部门的政策指导、相关科普文章等向家长传递,帮助家长获得正确、科学的教育理念。先后推介的家长学校课程资源有:"如何与青春期孩子沟通"、"上海学生心理中心:初中家庭教育指导建议"、"局长'开学第一讲',助力闵行家庭教育全面启航"、"十年后,有出息的孩子都来自这六种家庭,请家长都读一读"、"寒假即将到来,这十条安全提示务必牢记"、"中考考试季'拍了拍'你,积极应对心不慌"、"明天毕业班学生返校开学,家长和学生可以做些什么呢"、"孩子返校日,宝爸宝妈快查看一下,这些准备做好没"、"给全国中小学生及家长在疫情防控期间居家学习生活的建议"、"预防新冠病毒感染——致家长们的一封信"、"暑期安全提示36条,条条要牢记"、"面对疫情,家长如何进行心理建设"、"疫情危机面前,家长如何应对'超长假期'"。

疫情期间,学生在家学习,与父母相处时间较多。针对可能存在的亲子关系问题等,学校邀请专家及相关老师精心编写了"家长的心里话",由班主任在班级微信群里定期向家长推送。

2. 家长讲师团,践行"素养导向,立德树人"

学校以"第一主课"为核心,深化主渠道教育教学改革,探索完善"问题导入,课题深入,专题进入"式的家庭课程教学模式,推行航天类、生物类、物理类、信息类、生活类家长讲师团建设,先后探索形成了"明德课程"、"紫竹讲坛微课"、"紫竹讲坛报告"等有影响力的品牌。其中"紫竹讲坛微课"及"紫竹讲坛报告",由华东师大二附中的"晨晖讲坛"演变而来,主讲人是各行各业的精英人士、家长志愿者,内容涵盖科技、人文、艺术、心理疏导、家庭教育等方方面面,自2012年起,通常每逢双周举办一期(疫情在家学习期间采用线上形式)。

3. 打造"联动课程",践行"素养导向,立德树人"

为落实中共中央、国务院2020年3月20日印发的《关于全面加强新时代大中小学劳动教育的意见》中关于加强新时代劳动教育的要求,学校在七年级进行了家校"联动课程"的尝试。

表1 "联动课程"举例

板块	活动	教育意图	具体内容和目标
劳动观念	七年级劳动习惯摸底问卷调查。	明白劳动的重要性	家长协助完成问卷调查。
	家长讲座:劳动能教会我们什么?		理解劳动对个人、家庭、社会的重要作用。

板块	活动	教育意图	具体内容和目标
劳动技能	爱班级就让教室更整洁	通过系列化的班会活动,学习必要的技能;体会认真参与劳动的快乐;品尝劳动的胜利果实	学会整理: 每人负责一个教室环境管理岗位,学会整理课桌和书包柜,维持教室的干净整洁。
	爱校园就一起维护校园卫生吧		学会打扫: 每周参与一次大扫除,每学期至少打扫一次图书馆,每学期至少清除一次校园有害杂草。
	爱校园、爱家园就做好垃圾巧分类		学会垃圾分类: 学会对常见垃圾进行分类,能够坚持做好垃圾分类。
	爱家人就为他们做顿饭		学会烹饪: 学会选购性价比高的新鲜食材,学会烹制至少四道可口的家常菜。
劳动精神	七年级劳动习惯养成问卷调查	总结劳动实践感悟,内化正确的劳动观	完成问卷调查,家长评价。
	年级组"劳动之星"学生表彰会		用小报的形式展示劳动成果和心得。
	学生报告:赴日研学后关于劳动的新认识		进一步升华对劳动体验的感悟。

在设计"联动课程"时,始终强调"素养导向,立德树人",着力在"引"字上做文章,逐步吸纳更多家长参与,不断提升家校育人体系一体化的品质。"请进来"相当于获得了"星星之火",再设法让这些课程"走出去",形成"燎原之势"。后期着力在"推"字上下功夫,不断提升课程的品质,增强育人的实效性,帮助更多学生在"联动课程"中真正获益,达到"立德树人"的目的。

比如"文化学旅"课程,采取学校搭建平台、家庭自由选择的方式,让学生在"读万卷书"之余,获得去外地乃至外国"行万里路"的机会。好比翱翔广阔天地前的试飞,学生体验到的可能是旅行中学习的乐趣、羽翼初展过程中的种种小惊喜,家长则在放手的过程中收获孩子成长的欢欣。

又如学校邀请家长参与建设"红色网络"华二人平台,设立空中家长广播电视台,通过"勤读"、"乘风破浪的华二少年"、"旗帜飞扬"等栏目,在重大纪念日或重大时事发生时,弘扬主旋律、传播正能量,实现思想政治工作线上线下全覆盖。

四、 不足与反思

学生素养,尤其是学生的学科素养,分层不够充分,导致走班教学模式难以推进,学生宝贵的学习时间及学校有限的教育资源产生极大的浪费,有待进一步开展相关研究和探讨。

为了落实上海市"二期课改"基本要求,学校在尊重学生实际学情的基础上,针对国家核心基础课程,提出适合本校四年教学的大纲,确保基础课程更贴近学生实际,实现因材施教。目前,该设想只有部分得到实施。不能推行的最主要原因是家长方面阻力比较大。一方面,应继续让家长看到学校"不抛弃、不放弃"任何一个学生的决心与努力,让家长尤其是暂时存在学力困难的学生的家长安心、放心;另一方面,家长与学校在育人,尤其是因材施教方面,存在较大分歧,需要就分歧点开展相应的实践探索。

五、 家校育人体系一体化实践研究案例:"行走吴泾 · 马拉松+ "亲子迎新跑活动

(一) 指导思想

李克强总理指出:"实施健康中国行动,提升全民健康素质,功在日常,利国利民。"在"追求卓越,培养创造未来的人"的办学理念指引下,学校致力于培养"品行正、知能真、身心健"的紫竹好少年。

通过"行走吴泾 · 马拉松＋"亲子迎新跑活动,提升学生身体素质,增进亲子情感和团队凝聚力,全面提升学生探究问题的能力,为闵行创建全国文明城区贡献自己的一份力量。

(二) 各年级活动主题

六年级:"亲近自然 · 愉悦身心"自然之旅(滨江公园)。

七年级:"道源问道 · 文化探秘"文化之旅(华东师范大学、上海交通大学)。

八年级:"大手牵小手 · 共圆科技梦"科技之旅(华东师范大学)。

九年级："社区小主人·贡献大智慧"社区之旅(吴泾社区)。

(三) 参与对象

六至九年级学生及其家长。

(四) 时间安排

1月4日—6日：年级组召开家委会议。

1月6日—11日：年级组制定方案。

1月13日：举办校级开跑仪式。

1月14日：各年级组织第一次"马拉松＋"活动。

(五) 活动形式

以小组为单位,家长和孩子从起点出发,跑到指定打卡地点,扫码阅读知识,完成相应的任务。

参考文献

［1］何晓文,戴立益.中学德育管理一体化问题研究［M］.上海：华东师范大学出版社,2019.

［2］黄光雄,蔡清田.核心素养：课程发展与设计新论［M］.上海：华东师范大学出版社,2015

［3］叶澜.教育研究方法论初探［M］.上海：上海教育出版社,2014.

［4］焦扬.构建"大思政"格局,铸魂育人立德树人［J］.上海教育科研,2019(10).

［5］杨琳.积极探索校本化,落实新时期立德树人根本任务［J］.上海教育科研,2019(10).

［6］叶澜.教育概论［M］.北京：人民教育出版社,2017.

［7］李德元.有机融入于学校综合素养培育课程体系的"科创教育"［J］.上海教育科研,2015(Z2).

基于"志向、人格、思维、言行"武术文化核心价值的校本德育课程群探索实践研究

刘　蕾　李世春 *

一、背景

　　华东师范大学第二附属中学附属初级中学(以下简称"华二附初")建于2011年,和华东师范大学第二附属中学紫竹校区同在一个校园里。学校秉承华东师范大学第二附属中学的校训"卓然独立,越而胜己",开展了"N个百分百"课程,例如:百分百学生在校读完100本好书,百分百学生完成100个小时志愿者服务,百分百学生会武术、精通一项体育技能。通过这些德育课程,培养学生"志向不狭窄,人格不依附,思维不趋同,言行不虚浮"的品格,让学生终身"自我日清晰,反思成习惯,人生会选择,发展能自觉"。

　　体育在初中素质教育实施过程中所发挥的作用是其他学科难以替代的。传统武术运动是体育运动的重要组成部分,有着多元化的育人价值。

　　基于"志向、人格、思维、言行"武术文化核心价值的校本德育课程群,即武术文化德育课程群,对初中学生综合素质的培养有着深刻的价值,特别是初中生爱国主义、民族精神和思想道德观的培养,身心素质的发展,科学素质与人文素质的提高以及个性的培养,它在其中都具有举足轻重的实际意义。武术文化德育课程群在初中的实施还有利于初中学生对民族文化产生认同,从而强化学生传承武术文化的责任心。

　　基于这样的思考,华二附初确立了基于"志向、人格、思维、言行"武术文化核

---

　　* 作者单位:华东师范大学第二附属中学附属初级中学。

心价值的校本德育课程群的探索实践这一课题,把武术文化与学校体育课程、活动拓展课程、校园艺术文化活动、学校竞技类活动、武术段位考评、社会武术联盟活动、师生共建活动等有机整合,进行德育课程探索实践,构建武术文化德育课程群,有效落实学校育人理念,实现育人目标。

二、 意义

传统武术运动在初级中学的开展与推广有利于初中学生进一步认识民族武术文化,通过对民族武术精神的精华进行把握,积极地传承民族武术传统文化。除此之外,以"武术文化"为核心的课程群还有着其不可替代的作用和意义。

1. 促进学生民族精神和爱国热情的培养

武术是我国传统文化的重要组成部分,与我国的经济、社会、文化等方面密切相关。在武术教学活动过程中,应加强学生的武德修养培养,传授学生基本的武术礼仪知识,以武术为出发点,促进学生对中国传统文化的认知和理解,培养其民族精神和爱国热情。武德教育应贯穿武术文化德育课程群教学活动始终,应该采用多种活动形式,让学生更多地了解武术的内涵,使学生的心态、情操、武德得到全面的升华。

2. 有利于培养学生良好的意志品质

学习武术,要求学生具有坚持不懈的精神和不轻言放弃的意志。学生需要先掌握基本功,然后学习武术套路动作。基本功的学习是枯燥的,而套路动作的学习又是非常严格的,所以要求学生有良好的意志品质。学生在理论学习与实践练习中,不仅能够对深层次的武术理念加以学习与掌握,而且能够培养坚持不懈、勇于拼搏、迎难而上的顽强精神。武术教师引导学生积极参与武术的学习,能够使学生的眼界不断开阔,促使其体能得到增强、情操得到陶冶、精神得到升华。此外,传统武术项目对培养初中学生的丰富情感、培养其团结精神都有着不可低估的作用。

3. 促进学生形成终身体育意识

培养具有创新意识和良好适应能力的优秀复合型人才,是新时期学校体育教育的目标。随着社会的发展和进步,中学体育教学观念逐渐转变为重视全面发展的人的培养和终身体育意识的培养。目前,体育在人们的日常生活中越来越受到重视,终身体育意识对学校体育教学产生了重要而深刻的影响。

4. 有利于培养学生良好的身体素质

中国传统武术运动具有的健身和养生功能是十分强大的,在华二附初设置武术文化德育课程群,学生有充分的时间去安排自己的武术学习时间。学生通过课上、课后的活动、竞技,学习武术和练习武术,取得的锻炼效果是非常明显的。此外,初中武术课程的开展,不仅能够促进学生体质健康水平的提高,还有利于将学生的体育学习积极性充分调动起来,这对学生今后的工作和生活有着积极的重要意义。

三、 内容

(一)武术文化德育课程群培养目标

学校提出"卓然独立,越而胜己"的办学理念,立足德育课程群,培养学生"志向不狭窄,人格不依附,思维不趋同,言行不虚浮"的品格,让学生终身"自我日清晰,反思成习惯,人生会选择,发展能自觉"。

1. 培养"志向不狭窄"的良好品质

"卓然独立"首先要做到"志向不狭窄",不拘泥于眼前利益,这非常重要。教育要打开学生眼界,让学生对人生、世界、宇宙产生积极兴趣,而不被眼前一点点蝇头小利冲昏头脑。武术对其习练者提出了严格的志向要求,并形成了独特的武德文化。儒家思想认为武德主要包含"仁、义、礼、信、勇"这五方面。

2. 塑造"人格不依附"的独立精神

武德中有一项重要的内容:不仰视所谓的大人物,不俯视所谓的小人物。独立绝不是无视他人,而是一个人个性和才华的表现。只有大家都独立了,在一个群体里才能形成有意义的合作,这个群体的力量才会是不得了的。

3. 养成"思维不趋同"的思考习惯

华二附初注重培养学生的思维能力,希望他们能够形成分辨能力和自我反省能力,既主张坚持整体性地看待事物,又强调进行全面的分析。传统武术的各项动作讲究攻防的相生相克,对虚实的掌握、动静的结合较为注意,还坚持从整体上认识和理解事物。我国传统武术的习练不仅对于单个动作的衔接较为重视,对于整套动作的一气呵成也较为注重。

4. 形成"言行不虚浮"的行为举止

刚健有为、脚踏实地是我国重要的民族精神,武术学习可以培养初中生的意志,实现"言行不虚浮"。在进行武术练习时,练习者要做到身心合一,使勇武顽强的精神得到锻炼。

华二附初将武术文化的精神和学校的德育目标进行了梳理和归纳,发现其内涵是相通的。

(二) 武术文化德育课程群开发原则

华二附初武术文化德育课程群的开发,遵循一定的科学原则,主要包括开放性原则、合作互补性原则、针对性原则、适应性原则。

1. 开放性原则

在对武术文化德育课程群进行开发时,解放思想,打破各种限制,尽可能地开发有益的课程群内容资源。通过各种资源的有效整合,体现教学内容的丰富多样性。要尝试将武术与德育、与其他学科之间的界限打破,充分地利用其他学科的内容资源,取长补短。武术课程向老师开放,以实现师生共同习武,强身健体。

2. 合作互补性原则

合作互补性原则是指在开发教学内容的过程中,充分发挥体育教师、专家、学生等人员的作用,取长补短,优势互补,有效利用一切资源,共同提高教学内容的质量。

3. 针对性原则

在开发教学内容时,始终坚持"以学生为主体"的指导思想,充分考虑学生的生理和心理发展水平、体育兴趣与爱好、体育学习基础和能力等。

4. 适应性原则

课程群开发过程中,采纳上级建议,延续传统的武术教学内容,改造传统的体育教学模式,引进新兴的武术教学内容,结合学校学生的具体情况,设计符合学生实际的课程,体现在规则、技术难度和趣味性这三个方面。改造的主要方式有规则简化、难度降低、游戏化,适应中考规则化。

（三）武术文化德育课程群教学的基本原则

1. 以学生为中心原则

武术课程教学应遵循由简到繁、由易到难、由已知到未知逐步深化的原则，这样才能使学生更加牢固地掌握武术的基础知识。通常情况下，初中武术课程类型以选修课为主，形式较为单一。学校根据实际情况，有针对性、目的性地拓展武术课程类型，使课内、课外一体化教学得到进一步强化，进而使武术课程结构得到进一步完善。对武术套路教学方法的改革是提高武术教学质量的重要手段。在武术教学过程中，通过多种形式的改革，改进教学的手段，促进学生的全面发展。通过不断创造和探索生动有趣的教学方法，使得学生能够在教学过程中真正体会到各种武术运动的快乐，并且能够在武术运动过程中感受其独特魅力。

2. 身体全面发展原则

在武术课程的教学过程中，只有以身体全面锻炼为基础，才能促进学生全面协调发展。设计安排全面的武术教学计划，使学生身体各个部位的机能、各种身体素质和基本活动能力都得到全面发展。

3. 注重武德教育原则

尚武崇德是我国优秀传统文化的重要组成部分。"尚武"即倡导参与武术锻炼，以求强身健体、自强不息，培养勇敢面对现实、不断超越自我的进取意识。"崇德"指推崇道德修养，诚信正直，谦和忍让，见义勇为，遵守社会公德，恪守社会规范。武术文化德育课程群确定"强化套路，突出技击，保质求精，终身受益"的武术教育新理念，并以"德技双修，打练并进，术道融合，德艺兼修"作为操作思路，实现"强身健体，防身自卫，修身养性，立德树人"的教改目的。

（四）武术文化德育课程群的内容设置和实施路径

学校重视发展武术强身健体的功能，更重视探索武术文化德育课程群不同方向的德育功能，针对不同的运动、课程、参与群体，努力研究武术文化德育课程群实施路径，以"普及"与"专项"的相辅相成为显著特征，形成全员化、简单化、时效化、快乐化的课程实施理念，促进学生德育和体育的全面发展，从而实现武术课程从单一的体育课程向"德育课程一体化"的德育综合类课程的转变。

1. 体育课堂学习： 武术专项学习

武术专项学习,由专业的体育老师和校外武术教练组织教学活动。课堂教学中,体育老师和武术教练围绕武术教学大纲,提出"人人会武术"的重要举措,引导学生有计划、有步骤地完成武术学习。根据武术运动特点和武术教育规律,将武术教学内容分为武术礼仪和武德、武术文化教育、武术基本动作和基本功、武术套路、武术格斗等五类,并将"简单实用"定位为武术教育的突破口,力争某一学段的武术学习内容相对集中、学习目标相对一致,以切切实实地提升学生的打练能力。武术教学过程中,引导学生理解、学习武术精神,践行武术招数。不仅让学生在课堂上学习武术运功的理论知识与实践技能,更通过武术学习和武术练习促进学生体质健康水平的提高,这有利于学生体育学习积极性的充分调动,对学生今后的工作和生活具有积极意义。

2. 课外兴趣拓展课： 大众武术学习

对武术有兴趣并想进一步学习的学生,可以通过参加武术兴趣拓展课,深入学习中华武术。拓展课主要探究中华武术的前世今生,让学生体会武术的博大精深,感受武术运动的竞争性、娱乐性与健身性,通过深入学习武术的理论知识,体会武术的多样性、变化性和质朴的民族精神内涵,这有利于初中学生认同民族文化,从而强化学生传承武术文化的责任心。安排充足的实践时间,使学生能够亲身参与武术运动的练习,并在实践中灵活运用所学的理论知识,学会用理论指导实践。理论与实践的结合,有助于初中学生在学习过程中对武术运动加以全面认识与掌握。

学校把武术兴趣拓展课列为重点推行项目,对不同年级的学生设定不同的学习内容。

表1　武术兴趣拓展课教学内容

阶段	内容
阶段一：健身	六年级：英雄少年武术操
阶段二：修身	七年级：唐手道 八年级：形意拳
阶段三：养性	九年级：二十四式太极拳

3. 武术专项比赛：武术段位考评

参加武术段位考评,通过者将获颁等级徽章和证书。预备年级为初级段,初一年级为一段,初二年级为二段,初三年级为三段;每学期晋级考评一次,特别优秀的武术爱好者可提前晋级或免考,如在市级比赛中荣获个人项目前八名、在区级比赛中荣获个人项目前三名者,可直接晋级三段。

4. 校园武术文化建设

武术文化不仅存在于课堂,还需要营造让学生能够感受到武术文化的校园氛围。华二附初校园单独开辟了武术文化角,布置了许多武术相关的内容,对武术感兴趣的老师和学生可以在此切磋武艺。

每学期都开设校园武术文化周。该周所有的活动都围绕武术展开,将教学理念与德育紧密联系起来。特别是国旗下的讲话、班会课等,以图文并茂的形式,全面展示学校武术特色办学成果。活动秉承中华民族优秀传统文化,弘扬中华武术精神,加强爱武、习武者的思想交流,彰显华二附初人"乃文乃武"的精神风貌。

学校用体育馆文化墙、紫竹奖牌榜记录历史,留住回忆,展示每一届武术队队员代表学校在各级比赛中取得的优异成绩。在每学期末,学校都会评选武术队"卓越先锋"、"优秀标兵"。

学校成立"武益基金会",不断完善武术队奖励机制,主要目的是激发武术队队员的竞争、拼搏意识。将通过外出表演、比赛、拉赞助的方式获得的资金,以及区体育局武术传统校资助资金,用于武术队的训练、比赛,并对表现突出、成绩优异、为学校作出贡献的队员给予奖励。

5. 学科融合

武术是一种力与美的结合,无论是太极还是拳术,一招一式都无不体现着美。武术表演往往和音乐相结合;在研究武术的过程中,可以通过武术派别的研究来研究中国地理和历史;现代武术一招一式的变革体现了数学、物理的许多原理;可以通过现代化科技手段,积极探索新型武术教学模式。通过武术学习,可以让学生感悟武术蕴含的道德理念,改善自己的精神品质,培养跨学科思考能力、创造性思维能力,提升思维品质,这对于学生学习兴趣和主动性的增强都是较为有利的。

6. 师生互动武术课程

武术学习能使学生在生活中运用所学的知识和动作技能进行健身锻炼,也吸引了教师加入其中。武术课程可以在促进武术文化的继承和发展的同时,促进学校全体师生健身意识的培养。

学校面向全体师生开设了一门"传统健身养生功法"课程,引领了校园武术文化发展的新方向,体现了学校传统体育特色的文化底蕴。

7. 社会武术联盟活动

（1）请进来

上海拥有高水平武术运动队的高校很多,如复旦大学、上海大学、上海海事大学、华东理工大学、上海师范大学、上海中医药大学等。学校定期邀请高校武术队教练员、知名专家前来授课,进行现场教学指导。此外,还邀请市区级中小学生武术比赛的裁判来校授课,针对比赛做一些指导工作。

（2）走出去

给武术队队员创造更多的深造机会,寒暑假期间带领优秀队员去拥有高水平武术运动队的高校、少体校、上海武术队二线队进行参观或参加集训,体验专业运动队训练模式,学习专业训练方法,更重要的是领悟习武精神,树立更高目标。

（五）武术文化德育课程群的评价体系

学校围绕"志向、人格、思维、言行"的价值理念,建立科学的、多元化的课程评价体系,全面反映学生身心状况,记录学生成长轨迹,对学生未来发展起导向性作用。

1. 评价原则

（1）全面性和专业性相结合原则

着眼于学生全面发展,评价不仅仅反映学生的武术技能,更关注其学习的过程和方法,强调形成正确的习武态度,拥有正确的武术观,培养坚持不懈和不轻言放弃的精神。

（2）多元化原则

课程群中课程种类多样,包含专项课、竞技课、拓展课、实践课,这就需要多元化评价加以配合。评价主体多元化,武术教练、老师、同伴、家长、校外的武术组织和教练都可以参与评价;评价手段多元化,考试成绩、过程性记录、心得体会、武术活动参与情况等都可以用于评价学习情况。

2. 评价方法

（1）成绩评定

武术作为一门中考科目，需根据相关规则来进行动作规范性和完整性评分。

（2）教师评价和学生评价

教师评价：教师运用观察法、记录法等方法，对学生在武术文化德育课程群中的表现给予适当的评价。

学生评价：学生对照课程要求，对自己参与活动的表现与心得等进行评价。

（3）过程性评价和表现性评价

需充分发挥评价的全面性、记录性和导向性功能。过程性评价注重对学生学习过程进行动态的评价，尤其关注学生在学习过程中的参与次数、采用的学习方式、前后表现的差异等。表现性评价主要是对学生体质健康、心理健康、精神面貌、态度改变等进行记录。利用评价来激发学生长期坚持武术学习的兴趣和动力。

四、 成效

1. "健康第一"，增强学生体质

在武术文化德育课程群建设过程中，学校始终把"健康第一"作为基本的指导思想。学生和老师不仅身体素质得到提高，心理健康状况和社会适应力也不断优化，师生关系更加融洽。这一目标注重学生和老师整体健康水平的提高，注重引导学生和老师自觉培养积极的健康意识和健康行为习惯。

2. "志向不狭窄，人格不依附"，发扬武术精神

武术文化德育课程群的教学活动对学生有着深刻的教育价值，特别是对初中学生的思想道德培养、身心素质发展、科学素质与人素质提升、个性培养，具有举足轻重的实际意义。

武术文化德育课程群在教学活动中，优化学生的武德修养，传授学生基本的武术礼仪知识，以武为出发点，促进学生对中国传统文化的认知和理解，培养其民族精神和爱国热情。武德教育贯穿始终，并注重培养学生对武术文化的兴趣，让学生更多地了解武术的内涵，使学生的情操得到全面的升华，促进教学质量的

提高。

3. "发展能自觉",增强自主学习能力

在武术文化德育课程群的教学活动中,学生始终处于学习的主体地位,学习各种武术运动技能,掌握练习方法,增进健康体魄,为终身体育奠定良好的身体基础。学生的学习行为在武术文化德育课程群的教学活动过程中是积极主动的。

武术文化德育课程群的教学活动将学生的发展作为重心来看待,严格遵循重视学生主体地位的理念,使学生的需要得到满足,重视学生的情感体验,将学生自觉学习武术的积极性与主动性充分调动起来。

4. "培养终身体育意识",争取终身锻炼

武术文化德育课程群的教学活动中,最好的老师就是兴趣。不管是教学内容的选择,还是教学手段的创新,都要考虑学生对武术运动的兴趣,只有将学生的武术学习兴趣充分激发出来,并使这种兴趣维持较长的时间,才能促使学生积极主动地参与武术课程的学习,进而培养终身锻炼的意识。

5. "争强好胜",硕果累累

在武术文化德育课程的探索实践中,华二附初体育组在体育教研组长李世春老师的带领下,研发两本校本教材《中华拳操》、《简化形意拳》。学校多次参加全国学校体育联盟(中华武术)的展演比赛,2016 年荣获全国学校武术教学(视频)评选一等奖。此外,李世春老师发表了《从体育课堂实践中解析运动负荷》、《基于"运动负荷"解析体育课堂教学》等论文,"基于核心素养谈初中武术多样化教学实践性研究"获得上海市学校体育科研一般课题立项。

第五部分

中学德育管理一体化
同一视域不同途径
课程群研究

2018 年,《上海市教育委员会关于加强中小学生涯教育的指导意见》发布,指出中小学生涯教育主要内容包括自我认知、社会理解、生涯规划三方面,要处理好个人与社会、学业与发展、当下与未来的关系。中小学生涯教育不是纯理论知识传授,也不是心理测试,其最终指向的是生命体终身学习的能力,是为了更好地成就每一个生命体的社会适应力与应变力的教育。

在当今风云激荡的社会大变局中,终身学习能力变得更加重要。这种能力并不是与生俱来的,而是需要通过系统完整的培养来获取的,正是学校生涯教育课程群赋予其可能性。培养是一种历程,使孩子们获取一种能够带得走并受益终身的能力。

在某种层面上,生涯教育是融合"五育"的一种教育体系。同一视域下,我们欣喜地发现一些与时俱进的教育工作者、家长、专家、学校、社会力量携手"一体化"探索生涯规划课程群。源于生命体的丰富多彩,源于学校特色的差异,生涯教育课程资源支持系统同样也是多元、丰富、富有个性的,但它们最后的指向是一致的——关键能力和必备品格。就时间维度而言,中小学生涯教育在不同年级有不同的目标、内容和方法。初中阶段的生涯教育侧重于生涯探索,高中阶段的生涯教育侧重于生涯规划,着眼于学生终身发展是它们的共性,这是生涯教育的核心。各学校通过设计纵向连贯、横向统整的课程体系,实现连续性和整体性"一体化"并存,以满足学生的终身发展需求。

未来是发展变化的社会。我们今天所提供的许多教育与实践只能站在当下影响未来,而不能决定未来。沈祖芸曾说:"学校是走向社会之前的'社会',因此,学校课程必须要为学生提供足够的探索、试错与成功的经验,这样他们才能从容走向社会,去解决真实世界里的问题。"希望我们的探索和引领能助力孩子成长为"更好的自己",成长为担当民族复兴大任的时代新人!

基于学生立场的生涯规划
课程群构建与实践

高建人 *

一、实施背景

(一) 基于国家教育改革的使命

2018 年发布的《上海市教育委员会关于加强中小学生涯教育的指导意见》明确指出:"中小学生涯教育是运用系统方法,指导学生增强对自我和人生发展的认识与理解,促进学生在成长过程中学会选择、主动适应变化和开展生涯规划的发展性教育活动。加强中小学生涯教育,是促进学生全面发展和终身发展的重要举措,也是上海深化教育综合改革、实施新时期德育与心理健康教育的必然要求。"有效地在学生的"拔节孕穗期"引导其健康成长,对中学生进行生涯发展指导,是摆在教育工作者面前的一项重要使命。

(二) 基于教育部"大中小一体化"育人整体构建思路的探索

高中阶段是中学生生涯规划发展和决策的重要时期,对于职业的喜好和价值观也在高中阶段变得现实和具体,其后职业价值观和职业兴趣会逐渐发展成为一个人的"职业锚",对人的职业定位和发展产生重大的影响。樊成明等人在调查了全国 31 个省市、175 所高校的 4 万多名大一学生后发现,50.85％的学生对自己所学的专业感到不满意,58.76％的学生在填志愿前没有去多方了解各个专业,35.64％的学生不确定自己的兴趣或能力。由此可知,大部分学生在选择专业前

* 作者单位:上海外国语大学附属大境中学。

对高校的专业了解不多,还有一部分学生对自己的兴趣和能力不了解。在这种"不知己不知彼"的情况下,学生往往无法作出合适的正确选择,导致他们对自己所学专业不满意。高中生涯教育缺失而导致的专业错选,不仅折损了学生大好的青春年华,也浪费了国家宝贵的教育资源。从高校的反馈来看,不少生涯规划意识淡薄的学生在完成了阶段性目标后,自我目标缺失,学习动力不足,所学专业往往无法激发其可持续性的学习热情,"空心病"因此产生。高校急切地期望基础教育阶段能构建完善的生涯教育内容,形成常态的生涯教育机制,对学生生涯规划给予实质性的支持和指导。

(三) 基于对时代发展趋势的把握

在一个充满异变性、不确定性、复杂性和模糊性的时代,社会日新月异,人类面临的任何问题都不再仅有一个标准答案,人们需要通过合作与创新,来迎接越来越复杂的情境挑战。人工智能的迅猛发展,教育培训产业的异军突起,均对传统的学校功能提出挑战。教师不再是知识殿堂里让学生"仰视"的主宰者,学生可以借助更丰富、便捷的方式获取知识。教师应该从原来的知识主要提供者,变成指导学生学习以适应未来社会发展的人生导师。学校应该思考提供怎样的课程、培养怎样的人才方可满足未来社会需求。只有朝这些方向努力,才能将人工智能带来的挑战转变为变革传统教育的机遇。2019 年 11 月教育部发布的高校专业目录新增了九个专业,如氢能技术应用、人工智能技术服务、跨境电子商务、研学旅行管理服务、冰雪设施运维与管理等,难以想象这些当前需求旺盛的专业,在不久之前还是不存在的。2015 年到 2019 年短短的四年时间里,我国实际撤销的专业多达 924 个,新增专业近 8 000 个,这意味着,假如你是一名大学生,很可能刚毕业,就无处施展你的学识了。面对时代的不确定性,培养具有强大适应能力和解决问题能力的终身学习者成为生涯教育的核心。现代社会中,教师的作用不仅是传授知识,还需要通过情感的投入和思想的引导,教会学生主动适应未来,探索、建构自己的生涯之路,进而获取幸福生活。从某种角度而言,生涯规划教育的主要目的不是单纯地解决就业和生存问题,而是侧重于满足个体一生的发展需要及精神层面的需求。

二、 生涯规划课程群校本化建设研究

(一) 问题与思考

随着2017年上海高考改革，上海市教委将生涯教育作为学生发展的重要内容列入学校教育的范畴。高中生涯教育实践呈几何级增长的态势，高中生涯规划课程建设已成为政策热点，不少学校聚焦于校本生涯课程的开发，在探索中逐渐形成自己的"学校特色课程"，也有很多学校依托"导师制"给予学生生涯指导，为学生终身发展奠定良好的基础，这一切都使学生的可持续发展有了保障。对于学校而言，生涯规划课程建设既要面临课程建设本身的方法、路径和策略的挑战，又要回应与学校办学理念、特色和育人目标相一致的需求。

挑战一：生涯规划课程群的系统化构建的依据何在？

挑战二：生涯规划课程群的系统化构建是对现有德育课程的叠加，还是梳理、整合、提升？

挑战三：生涯规划课程群的系统化构建如何考虑多种课程形态之间的互补、融合？

挑战四：生涯规划课程群的系统化构建的终极目标是服务学生，如何以学生为主体，满足学生个体需求，丰富其学习经历？

挑战五：生涯规划课程群的系统化构建如何避免窄化的"选科——选专业"生涯规划路径，而立足于核心素养背景下关键能力和必备品格的培育？

挑战六：生涯规划课程群的系统化构建如何发挥学校的办学特色、激活全体教师的参与、形成有效实施路径？

带着对以上问题的思考，学校在设计和推进"大境中学生涯规划课程群"的过程中，立足学校特色，针对课程建设的要素，进行了整体性的探索与实践。

(二) 实施原则

1. 建构"学生立场"视域下的生涯规划课程群

学校立足于培养具备适应未来社会的品格与关键能力的人才的要求，融合"五育"培养，把"生涯规划教育"纳入学校的教育过程，整合学校课程整体规划和课程计划，系统规划各学段教学，构建从高一到高三纵向内容序列，并在不同类型

课程和不同学科之间形成横向内容架构,形成多层次、立体化的生涯教育课程群体系:高一阶段聚焦于"知己",了解高中生活,认识自我;高二阶段聚焦于"知彼",了解职业、专业、大学;高三阶段聚焦于"抉择",获得升学指导和志愿填报辅导。学校对学生进行跟踪回访,以期更好改进学校生涯导航体系,助推学生可持续性发展,引领学生学会求知、学会做事、学会共处、学会发展、学会改变,实现生涯育人课程化、显性化、系统化、优质化。

通过前测问卷,聚焦学生真实困惑、群体性需求构建课程群,注重学校、社会、家庭、企业等主体的参与、合作,持续关注和引领学生的动态发展。

2. 基于"全面育人"视域下的"顶层设计"统整融合

（1）导向性

课程开发必须与国家课程改革的指导思想和目标保持一致,保证与国家课程和德育课程的协调统一。对国内外已有的生涯规划研究成果进行"拿来主义"式的分析和综合,再进行"本土化"改造,以期满足学生的实际需求。唯有在此基础上聚焦关键问题,才能真正形成既满足时代要求又符合学生实际的生涯辅导,达到育人目标——品行端正、积极进取、身心健康、执着勇敢、善于交流。

（2）发展性

生涯教育的终极目标在于塑造学生的健康人格,帮助学生不断追寻幸福生活。未成年人可塑性强,仅依托平台测评数据是远远不够的,必须在丰富的实践中,引领指导学生不断建构、完善自己的生涯发展之路。

（3）互助性

学校不再是课程开发中控制"话语权"的掌控者,教师、家长、社会彼此平等、相互尊重、互相启发、促进,共同开发满足学生生涯发展所需的课程体系。

（4）时代性

生涯规划课程的视野要开阔,要关注社会热点问题、科学技术发展趋势和时代文化特点,开发有实际意义、有实用价值、有活力的生涯规划课程。以学生的需求聚焦现实生活,分析问题,提出解决问题的方法,启发学生进一步思考今后的规划。

（三）建构学校生涯规划课程群的操作路径

成立生涯规划课程群项目组,融合课程教学部、学生发展部、家校联盟、社区、充分整合各部门资源,构成面向全体、覆盖全面、持续全程的生涯规划课程群。

　　基于我校"生涯导航师制度"品牌特色,构建以生涯导航小组为载体的学习共同体。师师、师生、生生通过共同的"团队学习"平台,分享体验,点燃热情,激励创新,提升核心竞争力,受益终身。

(四) 课程实施

　　根据高中生的心理、能力、个性等各方面发展特点,学校初步构建了以"知己、知彼、抉择"为核心的分年级阶梯式生涯规划教育体系,并确定了高中三个年段的阶段主题:高一年级的生涯规划主要聚焦于"知己",阶段主题为"认识自我,适应高中";高二年级的生涯规划主要聚焦于"知彼",阶段主题为"发展自我,主动发展";高三年级的生涯规划主要聚焦于"抉择",阶段主题为"超越自我,选择决策"。每一学程的生涯发展导航的阶段主题主要是根据该年段学生发展的任务以及成长的需求来确定的。在三年的高中生活中,学生对人生理想、学习力、身心健康、职业选择以及生活品味的探索深度成螺旋式上升。

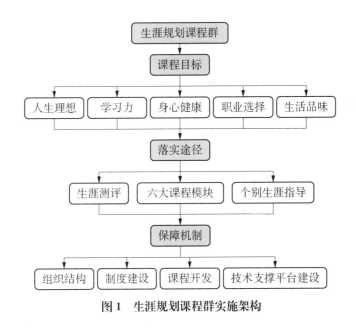

图 1　生涯规划课程群实施架构

　　学校的生涯规划课程群包含六大课程模块。

（1）大境讲坛

确定生涯规划的导向时,需要回归教育本原和价值,即站在"培养什么人"的高度,这是设计课程内容的原点。学校坚持以强烈的责任感与使命感,引领学生将个人成才和家国情怀、社会责任相结合。大境讲坛充分借助学校思政课教师团队力量,引领学生思考、讨论生命的价值(如两弹元勋、"中国天眼"之父南仁东、"种子先生"钟扬、时代楷模黄文秀等)、青春的分量(佛系文化、华为芯片事件、"百年五四"、改革开放中各行各业的领军人物)。学生正处于"拔节孕穗期",学校期望用理想、信念的种子做学生的"精神导师",借助大境讲坛,立足思想引导,增强学生的使命感、责任感,帮助学生在纷繁复杂的世界中思考自己的人生意义、调动生活的热情、激发学习动力、提升心理韧性,为塑造健全人格打下坚实的基础。与此同时,邀请优秀校友、骨干教师、学生家长、行业领域的专家等分享求学经验、职场故事,分享成功收获和挫败低谷,使学生感悟人生的"高光时刻"均来自奋斗者勤勉刻苦的积极有为精神,让学生感受人生的"自主选择",建构"有高度有意义"的人生价值,进而向学生提供生涯规划方面的"航向灯"。

表1　大境讲坛

目标	课程名称	实施年级	途径、方式	关键词
激发学生学习的内部动机,以开阔的视野帮助学生思考责任、使命、信念,使学生建构、确定自己的人生价值	致敬,奋斗者	高一、高二、高三	思政课"攻关"小组	理想教育、励志教育
	聆听"家"音	高一、高二、高三	家长志愿者工作坊、微课、慕课	协同育人、职场胜任力
	大学巡礼	高三	毕业学长分享	大学、专业
	生涯故事分享	高一、高二	校友、行业代表人物	自主、执着、创新

（2）生涯通识课

基于学校特色,实行"双师"制。每名学生在高一初始阶段根据自己的意愿确定自己的特属"生涯导航师"。问卷调查显示,学生急需教师在如下专题进行引领:信息素养、时间管理(拖延症)、压力管理、情绪管理、自律能力的培养、阅读技巧、笔记技巧、专注度训练、复盘思维。为此,学校开发了"导航师通识课",以供生涯导航师在辅导中使用。每一个专题大致有六个板块:想一想、说一说、读一读、扩展、趣味、故事。这些课程关乎学生关键能力的获取，具有普适性，可帮助学生在未来社会中更好地生存。这种能力从某种角度而言，需要通过实践来习得，并经循序渐进，形成有效的"经验"去面对变化的社会。与此同时，教师也在辅导过程中重新梳理自己的生活、工作状态，进一步调整自己的状态，努力成为那个更美好的自己，用自己的积极生活态度影响、感染学生。诚如德国哲学家雅思贝尔斯所言："教育就是一棵树摇动另一棵树，一朵云推动另一朵云，一个灵魂唤醒另一个灵魂。"

表 2　生涯通识课

目标	课程名称	实施年级	途径、方式	关键词
培养支撑终身发展、适应时代要求的关键能力	信息素养	高一 高二 高三	依托"导航师制度"，固定辅导和按需辅导相结合	信息意识、信息知识、信息能力、信息道德、信息心理
	时间管理			克服"拖延症"、计划、高效、专注
	接招"鸭梨君"			悦纳、调适、倾诉、宣泄
	好好说话			逻辑、语言、语气、表情、肢体
	情绪管理			觉察、释怀、积极表达、爱
	专注力训练			坚韧、自律、心流
	阅读、笔记技巧			泛读、精读、康奈尔笔记
	复盘思维			自省、正视、勇气、针对性自我修正
	成长性思维			大脑的可塑性、聚焦过程、跳出舒适圈

（3）校班会课

利用此类课程进行选课指导，如"带着 GPS 选科"、"我的生涯剧本"、"美好人生始于规划"、"我的生涯价值观"、"我的 STWO 分析图谱"等课程。

（4）心理课

专职心理教师借助课前测试了解学生需求，以问题为导向，帮助学生走出高中学生特定的焦虑与迷茫，引导学生对自我同一性进行探索，优化心理品质、增强心理弹性，为健康的生涯之路提供良好的心理保障。

（5）学科融合类课程

实际上，所有的学科教育都是生涯教育，即教师挖掘学科所蕴含的生涯教育要素与意义并加以利用,在学科教学过程中渗透生涯教育。这需要学科教师充分挖掘教材中的生涯教育素材,将教材中涉及生涯教育的知识点,根据学情进行重新设计、有机融合,介绍学科影响力人物、学科重大热点问题和专业价值、社会贡献,建立学科学习与未来职业的有效链接,并提升学习效能感,唤醒学生的学科生涯发展意识,助燃学生志趣,使学科核心素养成为学生终身能力。

(6) 实践体验类课程

通过访谈、研学、课题研究等多种途径,让学生在各种角色体验中,了解自己的兴趣所在,认识自己的"优能",并感受不同专业、职业及行业的魅力,将主观感受与理性思考相结合,借助系统性思维,进一步规划自己的未来。

表3 实践体验类课程

目标	课程名称	途径、方式	关键词
激发学生成长的内驱力,让每一个有个性的生命都找到发展的空间、舞台,深化自我认识	社团	自我展示、沉浸式参与、整合校内外资源、同伴互助	摄影社、辩论社、侦探社思创社、技术宅社、DJ Music Club、潮舞社、茶艺社(每年都会灵活调整)
	校园八大节		科技节、阅读节、外语节、体育节
	社会实践		教育卫生、医院医疗、文化创意、IT产业、金融
	研学		大学、专业
	生涯戏剧工作坊		戏剧教学法、真实体验、深度对话
	绘制"生涯家族树"		探索内部系统、可能优势
	人物访谈(职业纪录片)		《人间世》《大国工程》《我在故宫修文物》《职业生涯规划36计》
	课题研究		聚焦兴趣、深度研究

(五) 生涯规划课程群的评价方式

生涯规划教育是系统、持续、动态发展的过程,从学生的角度而言,生涯规划教育伴随其学程始终,从教师的角度而言,其评价具有非终结性。

1. 过程性评价与表现性评价

评价能引发学生对自我的反思。教师需优化评价方式,以更加细致的观察力捕捉学生在活动中流露出的观念、习惯和态度等,适时地适当给予引导,以促成其后期发展。

2. 多元化评价

教师、学生、家长、社会均为评价方，可根据不同的生涯规划课程模块，设计不同的评价表，向学生明确评价要点，通过过程性评价，记录学生的"亮点"、"短板"，帮助学生不断认识自己的兴趣、性格、能力，并逐渐加以完善。

3. 增值性评价

绝大部分的生涯导航师具有连贯性，便于发现学生在三年中纵向的发展变化。家长也是课程实施者，应从关注"分数"转变为关注"全人"，看见孩子的进步、变化。可对完成生涯规划课程的学生（在三个月到两年内）进行回访评估，以便进行后续观察和支持，这对于促进学生探索个性、能力能起到良好的推动作用。

(六) 建立生涯规划课程群的保障系统

1. 引入霍兰德职业兴趣测试

帮助学生了解自己的职业意向，并为学生分析自身的优势和劣势，分析各行各业的特点、要求以及考入相关高校所需的条件。其局限性在于，这个测试由60个陈述组成，要求学生勾选"是"或"否"，学生的勾选决定了最后所测出的职业兴趣倾向，但如果学生对这些活动没有体验或一无所知，是无法准确判断自己是否喜欢它的。因此，对高中生实施此类测试需十分慎重。

2. 设计研发"大境中学学生生涯发展手账"

将手账作为学生进入学校后的生涯发展指南，以学生所喜爱的方式引导学生记录自己不断探索自我、认识自我、确定个人高中规划、开展职业见习、了解大学及专业、了解职场运作模式、提前设计未来的发展之路。

3. 全方位建立"生涯导航师制度"

为了保障生涯导航工作的专业化，学校成立生涯导航工作领导小组和年级组生涯导航指导小组，负责学校生涯导航工作的整体实施与推进。学校制定了《大境中学"学生生涯导航师"实施方案》和《大境中学"学生涯导航师"工作条例》，根据自主、公开、双向选择的原则进行"结对"。

学校搭建"学习团队"推进项目式学习，教师以学习者的身份进行深度参与的沉浸式学习。学校将全校的生涯导航师分为三个层级分别进行赋能：第一层级是两位心理教师,作为专业人员参与学校生涯规划指导方案的制定,承担生涯导航内容与活动的研发任务,并对第二层级的生涯导航师小组长进行培训,积极主动地向其他教师宣传生涯指导的理念、传授基本知识和方法。第二层级是生涯导航师小组长,其选择标准是参加过市级生涯教育培训并取得证书,且对生涯课题有着浓厚兴趣,责任心较强的教师。以任务链形式带教生涯导航师,发挥"关键少数"的作用。课程研发过程中,小组长常常群策群力,发挥团队力量,不断拓展、丰富资源库。第三层级是生涯导航师,5—6名教师(包括小组长)为一组,由小组长对这些教师进行辅导、培训。所有的生涯导航师在小组开展活动前都得到过指导,在指导学生时就有抓手有依据了,其专业性明显增强。

生涯导航师团队在形式上突破了我国单学科"教研组"的局限,多学科生涯导航师团队的组建使教师的关注视域得以延展。

三、 成效与启示

(一)秉持学校的办学理念,不断完善教师队伍建设,优化育人品质

传统的班级授课制的突出问题是"师生比"失调。人的精力是有限的,班主任很难真正做到充分了解所有学生的性格、个性、兴趣、爱好,其关注和指导的力度不足,学生的获得感也会受影响。在新高考改革的挑战下,"走班制"的推进对教师的管理提出新的要求。每位生涯导航师指导4—8名学生,非常有利于对学生施加足够的关注和引领。班主任偏重于"共性化"管理,生涯导航师则更注重"个性化"管理,使学校教育单位精细到"个",无论何种特质的学生都能得到合适的引领和激发,从而不断超越自我,成为优秀的生命体。班主任和生涯导航师形成合力,助力学生成长,与"为了每一个学生的终身发展"的教育立场一致。"生涯导航师制度"提升了学校德育工作的整体性、实效性,提升了教师的德育意识和能力。

必须指出的是,生涯规划指导的目的不应仅限于对学生进行选课的指导,这是对生涯教育的"窄化"认识,源于关注加三选课如何博弈的"技术派"对高考改革的错误认识。学校坚持以生涯规划作为培养学生综合素养的良好载体,使学生借助生涯导航师的力量形成抉择能力、个人反思能力、信息分析能力、正向态度和实践能力,用于应对未来生涯困难和变迁,发展一生可用的生涯规划和生涯管理能

力,这是基于生命视角的生涯规划教育。

(二) 引领教师更新教育价值观,进一步树立全面科学的育人理念

人本主义教育思想认为,教师应该成为学生学习的促进者、鼓励者和帮助者。学科教师对本学科学习成绩不理想的学生较易展现消极态度,会在一定程度上削弱学生的学习动力。生涯导航师改变了过去较为简单粗暴的学业教育质量观,除了关注优势、学科特长等智力因素外,还努力挖掘成绩背后的非智力因素,如兴趣、动机、习惯等,变关注学科成绩为关注学生终身发展、促进学生个性发展。学生可在"期待、欣赏"的目光下,作出更为积极的探索。在课堂教学中,生涯导航师以激发学习兴趣为引导,以优化核心素养为目标,不断为学生探索自我搭建舞台,发现学生潜藏的、独特的能力,激励学生将自己的兴趣转化为志趣。尤其是生涯规划学习共同体的组建,是对传统意义上完成学习任务式的"教师—学生"关系的超越,是更值得追求的高质量"师生关系"。

生涯规划课程群的实施可助推教师职涯发展,提升教师的"自我效能感"。现代社会压力激增,青年教师面临巨大的"新人"工作压力,成熟期教师往往深陷"职业倦怠",活力热情需要被激发,大家都面临不断进化的要求。在课程群的研发、实施过程中,面对新的工作任务,生涯导航师从被动接受到认真对待,再到主动融入,激发了求知、进取的热情,体现了课程群的价值意义。学生受到"榜样力量的感召",更为积极进取。生涯导航活动使师生成为"学习共同体"、"积极生活者",无形中提升了教师的自我效能感。

(三) 唤醒学生生涯规划意识,促进其对职业、社会的认识与体验,激发其学习动机、成长潜能

许多高中生把上大学作为学习的唯一目的,学习是为了父母和老师,为了证明自己"聪明",不知道自己的发展空间或者未来的发展前景是什么,更多是完成"任务",而没有考虑自己的个体需要,对自己的兴趣、个性、价值观往往了解得不够透彻。这就导致学生学习目标缺失,学习积极性、主动性缺乏,难以获得实现目标后的成功体验。

生涯导航师在学生自我探索的环节,指导学生借助技术工具测试、了解自己的性格、特长、兴趣,鼓励学生唤醒自我发展的目标意识和主动性,尽可能尝试建构与外部世界沟通的"通道"——社团、志愿者实践活动、大学专业探究、职场人士访谈、职业体验等,充分探索自我、了解自我,据此构想自己的未来,选择最适合自己、最能发挥自身特长的专业,形成努力实现规划目标的积极情态。

4. 推动家长思考对孩子而言究竟怎样才是最合适的成长方式

生涯规划课程群的实施,引导家长真正"看见孩子",从某种意义上看,也在一定程度缓解了家长的焦虑,激励家长作出改变,聚焦亲子关系的本源,使家长成为孩子生涯成长的助力者。

四、结束语

艾森豪威尔曾说过:"计划是不中用的,然而规划却是不可少的。"

生涯规划并非一成不变,人生处处充满意外和惊喜。一个人的成长是永不会结束的,即便学生按照自己的规划考上心仪的大学,来到喜欢的院系,但深入学习后、成功毕业后,甚至工作两三年、十年后,依旧会有人想改变自己的生涯规划。

生涯规划正体现了"认识——学习——体验——调整"的过程,它告诉大境中学的学生:你无需畏惧飞速变化的世界,你就是人生舞台的主角,生涯规划让你能拥抱变化,体验和享受变化。

参考文献

[1] 贾炜. 教育如何应对 VUCA 时代的挑战[J]. 上海教育科研,2019(01).

以生涯发展为核心的德育
校本课程群方案研究

金　文[*]

一、背景

上海市继光高级中学(以下简称"继光高中")是虹口区的一所区实验性示范性高中,具有 120 多年的办学历史。近年来,学校根据社会需求、历史传承、生源定位、教师愿景等因素,确立了培养"忠信勤勇的社会中坚"的育人目标。

"社会中坚"专业理性、踏实肯干、责任心强,充满向上的正能量,是生活水平、资产实力、生活地位均位于社会中等层次的社会阶层,是实现中国梦、完成民族复兴的主体力量,是积极维护社会和谐稳定的基石力量。

"忠信勤勇"传承自学校的校训,具体解释为"忠于义,信于实,勤于思,勇于行"。"忠于义"即忠诚于合宜之理,信守合乎正义的事情,尊重人的尊严与价值,关注广大民众的生存发展与幸福。"信于实"即处事坦然,尊重事实,运用科学的头脑,以客观规律、常识、事实为行事依据,脚踏实地,待人真诚,与人友善。"勤于思"要求学生爱思考、会思考,保持独立思考的良好习惯,具备批判性思维,对于经历或发生过的事情有反思复盘的能力,持续不断地总结经验,不断提升判读问题、解决问题的能力。"勇于行"即知行合一,勇于探究,耐住寂寞,不怕吃苦,勇敢果断,在行动中反思得失,在实践中探寻真理。以上四个方面构成了一个有机的整体,共同塑造出社会中坚的形象。

生涯教育是近年来在我国中小学兴起的一种教育思潮和教育方法。生涯教

---

[*] 作者单位:上海市继光高级中学。

育是指将生涯规划方面的理论和实践引入教育领域,统合从幼儿园到成人的学习历程,进而促进人的发展以及人与社会的有机融合。生涯教育主要通过体验、历练,丰富学生社会阅历,培养学生主动思考、设计自身发展目标与路径的能力,引导学生建立人生参照系,逐步形成职业精神,做好自己人生的CEO。生涯教育强调学生的"自主",即自内而外地激发、调动学生的主观能动性,为学生内置一个"小马达",引领他们负责、主动地参与学校育人目标的达成,打造继光高中"忠信勤勇的社会中坚"的毕业生形象。

二、 意义

本课程群设计方案力图将生涯教育与学校德育相融合,探索贴近时代、符合学情的德育途径,从而更为有效地落实学校的育人目标。"忠信勤勇的社会中坚"的育人目标更多考虑了社会发展对人才的需求,而生涯教育能发现并尊重个体成长发展的主动性、独特性、连续性,其开展、下沉和融合能帮助学校的德育工作更好地发挥"立德树人"的作用。在德育工作中融入生涯教育,意味着"忠信勤勇的社会中坚"不是刻板、单一、固化的,而是鲜活、多元、饱满、丰富的,每个学生都可以用自己独特的方式演绎"忠信勤勇的社会中坚"这一育人目标,在达到外在评价标准的同时也顾及自身的内在特质,内外和谐发展才有可能感受到幸福,和谐幸福的个体才能构成和谐的社会,才能真正发挥社会中坚的力量。学校通过以生涯发展为核心的德育校本课程群的设计与实施,努力将学生培养成兼顾社会需求与个性特征的和谐个体,激励学生绽放出青春的活力与动力,助力继光高中育人目标的有效达成。

三、 内容

(一) 课程群培养目标

以生涯发展为核心的德育校本课程群紧紧围绕学校育人目标,将课程群的目标设定为"三能三质"的养成:"三能"即信息处理能力、沟通交流能力、问题解决能力,"三质"即较强责任感的品质、较强内驱力的品质、较高自我效能感的品质。课程采用体验式学习方式,在个人、学校、家庭、社区等场域内进行互动、开展学习,期待学生在掌握基本生活、学习技能的同时,了解自己的多重社会角色和社会责任。具体内容如下:

初步学会目录索引、网络检索等收集资料的方法,能利用现代技术对信息进行贮存、分类和数据分析,能判断信息的价值,合理运用信息,并能用多种方法进行信息交流;

在实践活动中,能准确表达自己的观点,仔细倾听并且理解他人的观点,善于体察他人的想法和感受,并能运用多种方式进行人际交流和沟通;

在生涯教育实践活动过程中获得相应的实践体验,同时能自发地主动谋求解决问题的方法,有规划、有条理地处理问题,最终能适宜、合理、有效地解决问题;

能积极主动地参与实践活动,承担相关责任,形成自觉履行职责的意识,初步形成对自己、对他人、对社会负责的意识;

在实践活动中,通过与人沟通、解决问题,逐步提升对自我行为能力的合理判断和科学评估,初步形成自我规划、自我管理和自我发展的能力,最终产生对自身能力较强的信心或信念。

(二) 课程群综合概念

本课程群包括"生涯意识"、"自我认知"、"教育认知"、"职业认知"、"选择与行动"等多个相关概念,这些概念贯穿课程群的设计和实施,引导学生知晓生涯规划的存在,认可生涯规划的价值,接纳"学习生涯规划"的必要性,建立"深度思考人生"的知觉,进而内化"生涯规划行动"的承诺,强化"生涯规划行动"的动机。

(三) 课程群结构形态

本课程群以主题式教学为主要的结构形态,由两个子课程群组成,一个是"走进梦想"课程群,另一个是"青春约见"课程群。这两个子课程群的内容设置一方面旨在实现校与校之间的衔接,帮助学生顺利适应、安然度过"初中——高中——大学"的求学之路,另一方面旨在实现学校、家庭、社区及社会之间的衔接,让学生对个人角色、未来职业、社会责任多一点认识和理解,多一些思考和感悟。上述两个宗旨顺畅衔接,使两个子课程群之间有机融合,形成一个相对完整的课程群体系。

(四) 课程群学习践行路径

本课程群经由手册学习、主题活动、专题讲座、调查访谈、报告撰写、设计策划等环节实施。

1. 手册学习

学校为课程群学习编写相关的指导手册,助力学生了解课程学习内容,明确课程学习目标,激发课程学习动机,为学习中可能遇到的问题提供解答,为学生全身心投入学习提供保障。

2. 主题活动

通过一系列围绕生涯发展的主题教育活动,如"生命游戏"、"志愿服务"等,引导学生在实践体验中认识自己的兴趣、优势与不足,唤醒生涯规划的意识,感知生涯规划的意义,学习生涯规划的策略。

3. 专题讲座

邀请社会人士、历届校友、家长代表等分享生涯故事、理念,引导学生通过聆听和交流了解社会就业情况、职业技能要求等,认识自身现状与理想职业的距离,从而确定最适合自己的生涯目标,让自身的生涯规划更有目的性和方向性。

4. 调查访谈

组织学生走进大学、走进职场,与专业人士进行"亲密接触",在实地考察和交谈访问的过程中对高校和职场产生美好的期待,对专业和职业产生更加深入的理解与认知,找到适合自身的生涯榜样,以榜样之力激发自我生涯规划的原动力。

5. 报告撰写

记录、总结从各类基于生涯规划的实践活动中收获的感悟,及时反思教训,适时归纳经验,形成更加理性、准确的自我定位,进而使自己的生涯规划更加适宜、明确和可行。

6. 设计策划

学生自主设计策划一系列与生涯相关的主题活动,如爱心义卖、毕业典礼等,分配岗位职责,开展团队协作,将所学的生涯知识和相关策略主动运用到整个活动的流程中,强化规划能力和行动能力。

(五) 课程群评价方式

本课程群采用"过程反馈与评价"、"结果反馈与评价"这两种评价方式,将量化评价与质性评价相结合,多渠道收集实践反馈信息,对学生的表现进行多元评价。

表1　课程群评价方式

方式	目的	途径	内容
过程反馈与评价	对学校开展生涯实践活动的情况有整体了解;了解各类实践活动的成效并及时调整实施策略。	填写参与实践登记表。	记录活动内容及活动频率。
		问卷调研,座谈。	调查全校教职工、志愿者对生涯实践活动的参与情况。
		成立各类机构,如学生会、家委会、校友会、生涯辅导委员会等。	在学生的实践活动结束后,获取学生、家长、校友、社区的反馈信息。
结果反馈与评价	对学生完成实践活动的质量有清晰把握。	收集各种学生实践活动成果,如调查报告、宣传相册、视频、画报等。	呈现整个实践活动过程以及个人或团队的收获。

(六) 课程群设计方案

1. "走进梦想"课程群

本课程群以当下的校园生活为基点,面向学生未来的成长,在提升学生参与目前学校生活积极性的同时,也提升学生对未来人生规划和职业选择的重视度。拟从"继光梦"、"大学梦"、"中国梦"这三个视角,由近及远,纵贯高中三年,开展实践性课程的实施,引导学生在逐梦的过程中,对毕业后的去向以及未来的职业生涯进行思考和规划,从而促使学生对自己的日常学习态度作出相应的反思和改进。

表 2 "走进梦想"课程群设计方案

课程名称	学习内容	学习践行路径
走进继光	校园初印象 校园缤纷色 校园再回首	参观校史陈列室 开展"校史达人"竞赛 学习《学生发展指南》和《新生入学手册》 参与入学教育系列讲座 绘制校园布局图 制作毕业纪念册,策划毕业典礼
走进大学	高考选科指导 探访大学生活 高考志愿填报指导	参与校友讲坛 学习《走进大学活动导航手册》 学习访谈技巧 参观大学校园,走访高校师生 组织相关的主题班会 撰写活动感受
走进社会	校内外志愿服务 学军社会实践 学农社会实践 职场体验	学习《志愿服务指导手册》、《绿舟学军手册》和《学农活动指导手册》 学习《职业体验导航手册》 参与相关礼仪规范的培训 策划"爱心义卖"活动 制作活动视频 撰写社会调查报告

2. "青春约见"课程群

本课程群的设计有两层内涵：一是以学生个体为中心,从认识自我出发,建构和维持积极向上的自我概念,与他人进行积极有效的互动,以不断获取成长的能量;一是以学校、家庭为载体,结合生涯人物访谈开展实践活动,有效整合各类信息资源,以获得学习、工作的探索能力。

表 3 "青春约见"课程群设计方案

课程名称	学习内容	学习践行路径
约见自己	生涯启蒙 生涯规划	参与"生命游戏" 完成生涯云问卷 撰写人生企划书
约见家长	听家长说家族 跟家长去上班 与家长话生涯	绘制家族图谱 组织演讲,述家风、说家训 实地考察,走访家长工作场所 写一封给家长的信 组织相关的主题班会 策划十八岁成人仪式

课程名称	学习内容	学习践行路径
约见校友	校友故事 校友论坛	参与访谈技巧、礼仪、写作等的培训 聆听校友故事,亲自采访校友 整理访谈记录,编制访谈集册 组织相关的主题班会

四、 实施策略

(一) 课程群设计思路

1. 开展前期调研,梳理课程资源

在起始阶段,学校就有关生涯教育的文献进行检索,同时梳理学校原有的德育课程资源以及学科课程有关资源,在此基础之上,明确方案的课程群目标和内容,初步制订课程群的整体方案。

2. 聚焦重点课程,设计课程框架

通过师生问卷、座谈等形式,依据学校教育资源的状况,聚焦课程群中可以率先进行实践研究的课程,以之作为课程群研发阶段的重点,进而探究该课程的内容框架和实施方案,设计课程实践手册。

3. 试点重点课程,规范实施流程

按重点课程的实施方案选取某个年级开展教育实践的尝试,各方参与者都应遵守活动规则,按照课程实践手册上的提示与指导,有序地开展课程实践,直至该课程实践反馈评估结束。实践结束后及时进行复盘评估,分享成功的经验和有效的方法,反思遇到的困难和存在的不足,为之后的调整做好准备。

4. 跟进调整方案,开展循环实践

针对课程实践的反馈小结,继续跟进和关注实践中的典型个案,通过调查问卷、座谈会等途径收集课程实施的反馈情况。接着进一步开展方案的深度研究,必要时可邀请专家进行指导。在对课程设计方案加以调整、改进后,再次在某个年级进行实践,通过这一循环模式使重点课程的建设不断更新完善。

运用从重点课程方案设计中习得的经验方法和工作思路,进一步开发研制课

程群中的其他课程,并在各年级继续实践,从而逐渐形成相对完整的校本课程群体系。

(二)课程群实施的保障体系

本课程群的实施涉及课堂、校园、社区、家庭等各个教育场域,为保障课程群的顺利实施,需要携手学校各部门、各组室建立相关的课程群领导小组,成立生涯辅导委员会,设立课程实践基地,这些团队既各司其职,又协调联动,从而组成完整的课程群管理体系(图1),强化课程群的执行力。

课程群领导小组主要负责组织课程,制定详实的课程方案,提供技术支撑和后勤保障,做好具体的研讨会议记录,收集整理完整的课程成果。

生涯辅导委员会的主要职责是向学生提供有针对性的课程指导和管理,包括参与课程,统计出勤,记录具体的课程辅导过程,指导学生对课程学习成果进行反思、提炼,填写"实践反馈与评估单",等等。同时,部分生涯辅导员还需参加生涯规划师的专业培训,在校内定期开展专业研修工作,提升辅导的专业性。

校外资源主要负责提供必要信息,给予参与课程学习的学生最大的帮助与支持。

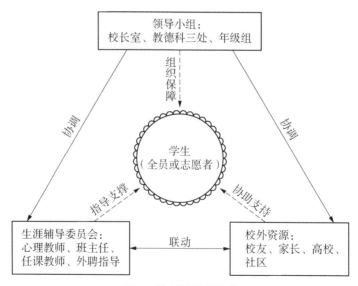

图1　课程群管理体系

(三) 课程群实施的评价反馈

采用过程反馈和结果反馈这两种方式对课程群的设计与实施情况进行评价，了解各课程的成效和不足，以便及时调整实施策略。其中，过程反馈通过两条途径来落实：一是调查全校教职工、志愿者对课程群的参与情况；二是在学生的课程学习结束后，获取学生、家长、校友、社区的反馈信息。结果反馈则在课程实践结束之后，呈现整个实践过程以及个人或团队的收获，并组织召开研讨活动，进行交流和评价。

五、 课程群设计案例：青春约见之"约见家长"

(一) 意义和目标

1. 意义

2016 年，教育部颁发了《教育部关于加强家庭教育指导工作的指导意见》，旨在积极发挥家庭教育在少年儿童成长过程中的重要作用，促进学生健康成长和全面发展。家庭是社会的基本细胞，注重家庭、注重家教、注重家风，对于国家发展、民族进步、社会和谐具有十分重要的意义。在此文件的指导下，结合学校的实际情况，继光高中"约见家长"课程的意义和价值主要有以下三点。

（1）"晒家风，扬家训"，整合良好的家庭教育资源

2015 年习近平总书记在新春团拜会上提出："家庭是社会的基本细胞，是人生的第一所学校。不论时代发生多大变化，不论生活格局发生多大变化，我们都要重视家庭建设，注重家庭、注重家教、注重家风，紧密结合培育和弘扬社会主义核心价值观，发扬光大中华民族传统家庭美德，促进家庭和睦，促进亲人相亲相爱，促进下一代健康成长，促进老年人老有所养，使千千万万个家庭成为国家发展、民族进步、社会和谐的重要基点。"可见，家庭建设、家庭教育对国家发展、民族进步、社会和谐起着重要作用。家风是流淌在血脉中的骄傲，是一代又一代先人从生活中总结出的家族风气，优良家风的传承必能成为优质的家庭教育资源。

（2）"搭平台，助沟通"，丰富家庭教育的指导资源

从青春期开始，无论男孩还是女孩，其身心就像被一股巨大的力量所占据和控制，想法和行为往往会产生很大的变化。孩子自我意识的觉醒常会让家长束手无措。即使在亲子关系融洽、父母非常睿智的家庭里，青春期引发的动荡也足以

降低全家人的生活质量。有些孩子的青春期相对平顺,有些孩子则特别叛逆,可以闹得家中鸡犬不宁、天翻地覆。学校作为第三方,应寻找恰当的切入契机,在孩子和家长之间架起沟通的桥梁,并借此机会,对家庭教育进行更有针对性的指导,还可以提供平台,让家长就相关问题展开交流和互动。

(3)"访家人,聊生涯",形成生涯教育的合力资源

有关职业生涯教育的多项调研数据都显示,家庭对孩子的职业期待会对学生未来的职业生涯发展造成很大的影响。有的家长出于对子女的爱,或者把自己未实现的理想寄托在子女身上,在亲子互动的过程中,常常倾向于把自己的价值取向强加给孩子。而在不善沟通的家庭中,父母通常会忽略子女的感受,很少能与子女进行关于理想和未来的交流,当家长过于强势地安排孩子的生活时,就会遭到孩子的反抗,孩子即便勉强接受了,在进一步落实的过程中,也不会全情投入。以此课程作为亲子沟通的契机,既能让学生走近家长,又能让家长理解孩子,促进双方的良性交流,对学生的学涯规划、职涯发展都将产生积极而深远的影响。

2. 目标

本课程的目标如下:

其一,引领学生关注自身生涯发展,激发学习的主动性和积极性。

其二,传承优良家风,引导家长关注孩子的生涯教育,掌握家庭教育的技巧。

其三,搭建沟通平台,协助亲子互动,形成家校共同教育的合力。

(二) 内容

1. 课程内容设计

本课程的学习内容与形式如表4所示。

表4　课程内容

课程单元		学习内容	学习践行路径
家庭教育指导	专题一:学习沟通技巧	了解95后、00后高中生普遍的性格特点、兴趣爱好、交流方式,学会亲子沟通的技巧,提升沟通有效性。	利用家长会、专题报告、家庭教育小报、学校微信、学校官网等渠道进行宣传、指导。
	专题二:认识生涯规划	初步了解生涯规划的一些概念,通过生涯规划这一切入口,增进和孩子的沟通。	

课程单元		学习内容	学习践行路径
学生实践活动	专题一： 了解我的家庭渊源	了解家庭的起源； 了解家训的内容和由来； 承继并发扬优良的家风，增进家庭自豪感和荣誉感。	利用家庭聚会，和长辈进行交流。
	专题二： 祖辈的青春岁月	了解祖辈的成长经历； 汇编祖辈的成长小故事。	组织一次家庭活动，和长辈交流互动。
	专题三： 我崇拜的家长	具体了解家长求学、择业的动力和过程； 绘制家庭求学、就业图谱； 采访一位自己崇拜的家长。	通过家族图谱的绘制，选定一名家庭成员，进行专题访谈。
	专题四： 跟着家长去上班	具体了解父母的工作环境、工作时间； 了解父母所从事工作的具体要求； 体会父母工作养家的辛苦和不易；	利用寒暑假时间，跟随父母进行一次职业体验。
亲子沟通之桥	专题一： 我与家长共构生涯规划	由班主任组织召开主题班会，邀请家长参加，架起沟通的桥梁；让孩子了解家长期许的由来，让家长了解孩子真实的意愿和想法，加强亲子沟通和相互理解，就前期社会实践的情况进行交流、反馈和分享。	家长进校园、进班级，参加孩子的主题班会，进行面对面的沟通交流，共建生涯规划。
	专题二： 我们的沟通之桥	征集家庭教育个案，对典型个案进行交流分享和个别辅导。	组织征文活动和个别交流辅导。

2. 课程评价体系设计

本课程的评价体系如表 5 所示。

表 5　课程评价体系

分类	内容	形式	载体
课内	校班会课	自评	心情反馈面板
	升旗仪式		课程调研数据
课外	专题访谈与实践体验活动	他评、导师评、主管评	实践成果认定表
综合	记录三年的成长历程	试点班与普通班对比	社会实践发展档案

3. 课程学习包的开发

编写校本课程教材《约见家长·学生活动手册》、校本课程案例集《约见家长·我与家长共谱生涯规划》、家庭教育典型案例集《约见家长·我的沟通之桥》，制作讲述经典案例的视频。

(三) 策略

文献研究，经验归纳。根据已有的家庭教育素材，梳理可以提供职业体验的家长资源，通过问卷、座谈进行调研，聚焦家长的期待，以及孩子真实的意愿和想法。

建立保障校本课程实施的长效机制。成立项目领导小组，在高一和高二年级各设定一个试点班级，完善各种实践制度，策划各类课程实践方案。

开展校本课程开发的队伍建设，设立课程开发管理团队、课程开发实践团队和家庭教育指导团队。课程开发管理团队主要负责课程开发的过程督导、教务保障、技术支撑、硬件建设和资金保障；课程开发实践团队的任务是确定相关的活动主题、制定实践活动方案、开展实践体验活动、分享体验活动感悟；家庭教育指导团队的主要工作是确定指导内容、开展备课活动、指导尝试和研讨反思。开展相关的教学业务培训，建设分享交流平台、团队建设保障体系和课程阶段成果研讨机制。

开展校本课程开发的个案研究，收集优秀家庭教育故事，编制文稿；收集各种媒体素材，编制数字资源库；收集课程活动案例，汇编学生的成长感悟。

(四) 实施

1. 阶段安排

第一阶段——前期准备：资料梳理，拟定课程实施方案，初步厘定行动方案框架。

第二阶段——第一轮实践：按照行动方案框架，实施第一轮实践，收集相关资料，丰富相关研究文档；研讨、反思，修订并且完善行动方案。

第三阶段——第二轮实践：按照修订后的行动方案，开展第二轮实践，收集相关资料。

第四阶段——总结反思：整理研究资料，反思总结课程实施的经验。

2. 具体内容

本课程的具体实施情况如表6所示。

表6 课程实施具体内容

阶段	学校师生	家长
前期准备	学校成立课程领导小组,制定课程规划。 教师利用寒假家访,进一步了解学生的家庭教育现状,听取家长的意见和建议。	向班主任反馈孩子在家表现以及自己对家庭教育的思考。
	教师设计学生活动实施方案; 教师搜集相关资料,设计制作家庭教育小报。	阅读家庭教育小报,了解活动安排。
第一轮实践	学校开设家庭教育指导讲座; 教师指导学生利用假期采访家庭成员,绘制家庭求学、就业图谱。	参加家庭教育指导讲座; 与孩子进行交流对话,协助孩子完成实践活动任务(图谱制作和访谈)。
	教师进行阶段小结。	
	教师设计暑假学生活动方案; 教师召开家长会,与家长沟通; 学校启动"我的沟通之桥"家庭教育征文。	参加家长会,了解暑假活动要求。
	教师组织"跟着家长去上班"社会考察活动; 学生撰写社会考察报告。	带孩子上一天班,让孩子获得职业体验; 指导孩子撰写考察报告; 参加征文活动。
第二轮实践	学生完成问卷调查; 学生完成暑期社会考察报告。	完成问卷调查。
	教师组织"我与家长共谱生涯规划"主题班会; 教师收集各种资料,汇编文稿。 教师收集媒体素材,制作数字资源库。	走进班级,参与孩子的主题班会。
总结反思	教师将全部材料编辑成册; 教师整理课程素材,汇报课程实施结果; 教师组织"我的沟通之桥"分享交流会。	参与分享交流会。

(五) 单元方案

1. 目的

通过"求学入职经历"这一话题,让家长和孩子找到交流的主题。

通过家庭求学、就业图谱的绘制,使学生了解家庭成员求学、择业的动力和过程,了解家长期许的由来。

通过"跟着家长去上班"活动,使学生了解家长的工作,培养感恩情怀。

通过面对面的访谈,拉近孩子和家长之间的距离,增进亲子间的沟通交流和相互了解。

通过一系列活动,使学生了解父母的求学、入职经历和自己家庭的家风家训,助力自身发展,珍惜高中时光,为自己的人生努力奋斗。

2. 对象

高一年级两个试点班的学生。

3. 内容

学生绘制家庭求学、就业图谱后,选择自己感兴趣并有可能成为自己以后发展方向的内容对相关家庭成员作专题访谈。

4. 过程

单元方案实施过程如表 7 所示。

表 7　单元方案实施过程

形式	内容	要求
绘制家庭求学、就业图谱	绘制家庭求学、就业图谱,寻找专题访谈目标人物。	家庭求学、就业图谱应在家长的指导下绘制;目标人物从事的职业应是自己感兴趣的,有可能成为自己将来的发展目标,目标人物身上具有某种吸引自己的特质,或有某些特殊的成长经历。
专题访谈	对目标人物和父母进行面对面的专题访谈。	通过面对面的访谈,了解目标人物和父母的职场经历,进而了解父母的成长故事和良好家风家训的由来,了解父母对自己期许的由来。
跟着家长去上班	到父母的工作单位,进行一天的职业体验。	利用寒暑假,跟随父母进行职业体验,了解父母工作的场所、环境、时间、薪酬,体验父母所做的具体工作,了解从事该职业所需要的基本素养、专业、技能等。
现场专访	邀请家长参加"我与家长共谱生涯规划"主题班会。	在主题班会上,由班主任策划组织亲子双方的沟通交流,使孩子了解父母的期许,也使家长了解孩子的真实想法和意愿,促进彼此间的理解,打破沟通的障碍。

参考文献

［1］朱洪秋. 中小学德育管理操作实务［M］. 北京:北京师范大学出版社,2012.

基于进步教育的初中生涯教育
校本课程群实践研究

仇安珍*

一、 生涯教育校本课程群建构的校情背景

上海市闵行区七宝第三中学成立于 2011 年,是一所年轻的公立初级中学。学校生源属对口就近入学,家长多为高中学历,对孩子的教育期望值高,隔代教育比较典型。家庭教育中,部分家长对子女教育重智轻德,导致孩子心理、行为习惯产生问题,学生的自信心和成功感不强。学校班主任队伍年轻,富有朝气,工作有热情,整体学历高,科研素养较好,但普遍为新班主任,对班级管理工作缺乏经验和教育智慧。

通过对在校学生和家长的问卷调查,发现学校的生涯教育主要面临以下问题:一是生涯教育缺乏设计,难以激发学生的兴趣,急需根据初中学生的身心发展特点,从学生的需求出发,构建递进性、序列化的生涯教育目标和内容体系;二是一些家长缺乏帮助孩子进行生涯探索的意识与能力。

基于现状,结合"知行合一,和谐发展"的办学理念和学生实际状况,学校提出了"进步教育"理念,"不看过去看进步",找准自己当下的进步点,充分挖掘学生进步"原动力",引导学生"每天进步一点点",逐步达到"知书达理、身心健康、兴趣广泛、特长鲜明"的学校育人目标。

学校在工作实践中,聚焦师生发展需求,贴近学生发展需求,积极构建生涯教育校本课程群,主动争取家长和社会的支持,促成家庭、社会和学校实现协同育

---

* 作者单位:上海市闵行区七宝第三中学。

人,提升生涯教育工作的实效性。通过目标分解,逐层确立师生认同的德育工作总目标、育人目标、班集体建设目标、德育队伍建设目标等。最关键的是,发动教师、家长和学生一起共同制订个人进步目标,充分挖掘学生潜能,找准进步点,帮助每个学生每天、每周、每月进步目标的达成,力争让每一个学生得到最大程度的发展,赋予每个学生一段值得回味的精彩美丽的初中人生。

二、 整体构建初中生涯教育校本课程群目标体系

基于校情,聚焦核心素养、育人目标,学校将"进步"作为生涯教育主题,着手进行"德育一体化"学校生涯教育顶层设计,建构链条,整合优化,不断提升课程品质。

(一) 生涯教育总目标

以学校"知行合一,和谐发展"的办学理念为宗旨,以培养全面发展的人为核心,侧重生涯探索,倡导"每天进步一点点"的教育理念,系统设计生涯教育育人目标,细化工作,通过活动导向、实践体验、家校社协同联动,促进学生自我认识,培养合作能力、学习能力和社会适应能力。

(二) 分年级生涯教育目标和内容体系

金树人教授在《生涯咨询与辅导》一书中指出:生涯之学,应变之学。初中四年,恰恰就是孩子不断变化成长的四年。六年级的他们,面临小学生变初中生的角色变化;七年级的他们,面临少年走向青年的成长变化;八年级的他们,面临十四周岁法律意义的变化;九年级的他们,更是要面对生命踏上新征程的人生变化。一次次变化,就是一次次机遇和挑战。

为有效开展生涯教育,促进学生持续发展,学校遵循《关于加强中小学生涯教育的指导意见》中"着眼学生的终身发展,认识学生身心成长的阶段性,重视学生生涯规划的连续性"的发展性原则,进一步细化了各年级生涯教育的目标和内容体系(见表1)。

表1 各年级生涯教育的目标和内容体系

项目	六年级	七年级	八年级	九年级
目标	引导学生认识自我,学会自我管理,养成良好习惯,适应初中生活。	引导学生积极探索自我和外部世界,悦纳自我,主动学习。	引导学生提升社会适应能力,树立责任意识,适应改革新要求。	引导学生提升生涯决策力,科学规划升学阶段的生涯发展目标,脚踏实地走向未来。
内容	以"适应"为主要内容,向学生提供初中生活新开端的成长指导和生涯辅导。	以"成长"为主要内容,向学生提供青春期成长指导和生涯辅导。	以"责任"为主要内容,向学生提供适应社会的成长指导和生涯辅导。	以"发展"为主要内容,向学生提供走向未来的成长指导和生涯辅导。

学校从"德育一体化"理念出发,整体构建各年级生涯教育的目标和内容体系,有序推进,螺旋上升,引导学生探寻自己人生的"新道路"。

(三) 学生个体成长进步"微"目标

人的行为是目标导向的。在引导学生规划未来、树立成才远大目标的同时,学校也积极引导学生认识自己、发展自我,将大目标细化为小目标。

在家长,老师、同伴的帮助下,学生制订进步"微"目标,找准自己的进步点,让未来梦想照亮今天前进的自己,每天、每周、每月努力追求进步目标的达成。学校努力将学生有关未来的美好梦想和今天真实的生活情境相结合,提出每学期、每月、每周、每日的小目标,每天进步一点点,力争让每一个学生都得到最大程度的发展。在鼓励学生设想未来成为人民警察、服装设计师、律师、飞行员的同时,引导他们清晰认识自己现在跑步掉队、作业拖拉等客观问题。在价值认同中,学生提出的目标会更微观、更直接,比如每天俯卧撑锻炼、晨跑不掉队、作业准时交、每天背诵单词等,这些具体的目标,需要有恒心、毅力方能达到,借此引导学生逐步形成初步的生涯规划意识和能力。

三、 一体化设计初中生涯教育校本课程群实施路径

(一) 生涯教育专题课程群

1. 咨询式教学

在心理课中设"三百六十行"、"生涯三叶草"等专题,并不断充实完善学校生涯教师队伍,对学生进行个别辅导和团队辅导。

2. 讲座式教学

开设专家讲座,如聘请闵行区人民检察院检察官、七宝镇党员服务中心工作人员等,给学生开设"七宝历史记忆"、"有规划的人生更出彩"等讲座,引导学生主动延续文化血脉,树立正确的价值追求,丰富自己的生命体验,引领精神成长。

3. 融入式教学

充分发挥课堂主渠道作用,将生涯教育理念融入学科教学,融入教育教学全过程。一是发挥显性德育课程的作用。学校充分挖掘《道德与法治》教材内涵,通过演示、考察、实践等方式,以小组为单位,在学科单元学习活动中开展"家族图谱寻访记"、"百岁老人百件人生事"等探究活动,引导学生在社会大课堂中将自己在学校所学的知识更好地外化于生涯探索实践之中。二是将生涯指导与各学科教学相融合。学校梳理了各学科中与生涯教育相关的内容,将学科教学与生涯教育相整合。如:在材料引用、问题设计上引入和学科兴趣、社会理解、职业发展等有关的内容,渗透生涯教育理念。又如:在校园文化节上,学校通过开展"劳动之美"古诗词比赛、"网络学习与生活"辩论赛、"我的生活小账单"展示活动等,帮助学生拓展语文、数学等学科知识,初步培养学生生涯规划的意识与能力,同时也提升教师的生涯教育和指导能力。三是围绕生涯教育相关主题,开展跨学科探索。如:在"六一"爱心义卖职业体验活动中,美术教师对学生进行海报设计方面的指导,语文教师对学生进行语言表达方面的指导,数学教师对学生进行财务记账方面的指导,食堂经理对学生进行营销策略方面的指导,各学科教师和相关工作人员通力合作,助力学生完成职业探索活动。

4. 专题式教学

借助班会课实施生涯教育,组织各年级围绕相应的学生发展目标,开展专题教学:六年级围绕"适应"问题,着重引导学生合理认识自我,逐渐适应初中生活,初步了解自己的性格特征与爱好特长,产生职业探索兴趣;七年级围绕"成长"问题,着重引导学生悦纳自我,帮助他们认识职业,进行生涯角色探究;八年级围绕"责任"问题,着重引导学生将实现个人价值与承担社会责任进行有机整合,进行职业体验,走出课堂,走进社会,探究个人生涯发展;九年级围绕"发展"问题,着重引导学生科学规划个人生涯,开展生涯决策辅导,以高中志愿填报为主要活动载体,向学生提供生涯选择的支持。

（二）生涯教育主题活动课程群

1. 整体设计，形成生涯教育主题活动设计方案

对于开展生涯教育主题活动，学校会进行整体设计。活动前，着重调查研究，如明确学生感兴趣的活动内容、期待的活动形式，梳理采访提纲，等等；活动中，着重引导学生进行生涯体验，根据设计方案开展活动；活动后，着重引导学生进行内省与感悟，组织学生进行分享与展示，为优化生涯教育主题活动提供参考。如：聚焦"进步"这一主题，学校对各年级的生涯教育目标和内容进行细化，围绕社会考察、公益劳动、职业体验、安全实训、成长仪式、班集体建设等模块，形成生涯教育主题活动设计方案（见表2）。

表2　以"进步"为主题的生涯教育主题活动设计方案

模块	六年级	七年级	八年级	九年级
社会考察	依托上海市龙华烈士陵园、闵行文化公园等进行革命传统教育。	依托上海市禁毒科普教育馆、吴淞军口港、上海航宇科普中心等进行生命教育。	依托上海公安博物馆、中华艺术宫、上海月湖雕塑公园等进行责任教育。	依托上海鲁迅故居等名人名居进行理想教育。
公益劳动	班级岗位、校园保洁等劳动岗位实践。	学校与家庭环境美化、家务劳动等劳动岗位实践。	家庭与学校周边公益劳动岗位实践。	班级与学校内外劳动岗位的巩固实践。
职业体验	借助军训、"六一"爱心义卖等活动，引导学生初步思考与探索不同职业的共性和特殊性，初步培养职业兴趣。	借助"职业达人探访"、"跟着父母去上班"等活动，帮助学生了解相关职业的素养要求，激发学生的向往之情，培养学生的劳动观念。	借助上海航宇科普中心、闵行区人民法院等共建单位实地体验活动，增强学生的岗位体验，增进学生对相关职业的认知，强化责任意识。	借助人才市场调研、"未来职业交流会"等活动，促进学生知行合一，提升生涯规划和决策能力。
安全实训	结合新生入学教育，强化校园安全教育。	强化家庭安全教育。	强化法治安全教育。	提升学生自救和互助能力。
成长仪式	"走进初中美好生活"之红领巾换戴仪式。	"我进步，我成长"之少年团校成长篇。	"走进青春"之十四岁生日、入团仪式。	九年级毕业典礼。
班集体建设	帮助学生确立一定的目标。	引导学生在实践中成长。	帮助学生逐步完善人格。	引导学生立志奋斗。

2. 实践体验，积极创设活动情境

学校大力倡导"知行合一，体悟化行"的生涯教育理念，引导学生将学习与生活进行有机勾连，整体设计与实施生涯教育主题活动。

途径一：精心设计新生入校仪式、换戴大号红领巾仪式、入团仪式、离队仪式、毕业典礼等主题教育活动，强化学生的角色与责任意识。

途径二：借助社会考察、公益劳动、职业体验等活动，各年级围绕不同的教育目标和内容，递进式开展生涯教育活动。如：六年级学生面临由小学生变为初中生的角色变化，学校通过让学生设计"少年有梦卡"、在心理课上绘制生命曲线等，帮助学生适应初中新生活，开启初中梦想之门；七年级学生面临由少年成长为青年的青春期变化过程，学校通过组织学生参与校外职业体验，要求学生给未来的自己写一封信，不断挖掘学生的潜能，引导学生在实践体验中感悟成长的多种可能性，把握好成长的关键期；八年级学生大多已满十四周岁，面临法律意义上的身份变化，学校通过引导学生撰写暑期生活日志、加入学长成长训练营等，让学生逐步培养亲社会行为，提升社会适应能力，树立责任意识，适应改革新要求；九年级学生面对踏上新征程的人生变化，学校通过组织人才市场调研、高中（中职）校园开放日活动等，引导学生提升生涯决策力，科学规划升学阶段生涯发展目标，脚踏实地走向未来。

途径三：充分利用教育资源。学校利用七宝古镇、张充仁纪念馆等社会资源，以小队探访的形式，开展"探访七宝古镇新七'宝'"、"走进名人（家长）的初中时代"等生涯探访活动，帮助学生增强价值认同，促进生涯觉醒。

途径四：体悟社会服务实践。学校积极创造条件，广泛提供社会服务实践体验平台，进一步丰富生涯教育内涵。积极联系周边社区及可供学生进行社会实践的场所，如上海航宇科普中心、七宝镇"阳光之家"、上海市公安局闵行分局、新镇派出所、闵行消防支队七宝中队、七宝社区卫生服务中心、闵行区烈士陵园，为开展职业体验、服务活动等创设条件。活动设计重在以"小"问题、"微"探究形式开展社会服务，如："消防官兵基本职业素养"调研、不同职业劳动者手部观察等。通过社会服务实践，培养学生的研究能力，让学生学会换位思考，珍惜劳动成果，明白每个人都要在各自工作岗位上付出辛勤汗水，这样才能创造美好未来。

(三) 协同家庭开展生涯教育

《关于加强中小学生涯教育的指导意见》指出,学校应"将生涯教育融入家校共育,指导家长了解生涯教育的理念与方法,引导家长尊重学生的个性特长、成长规律和发展需求","要联动家庭科学开展生涯指导,发挥生涯教育的家校合力"。金树人教授也认为,家有家规家训,个人的生涯规划不能对这些脉络所传递的信息视而不见。为此,学校聚焦生涯家谱及家风建设,帮助家长形成正确的家庭教育观念,协同家庭开展生涯教育工作。

学校针对家长缺乏生涯规划意识与能力、对孩子的生涯规划越俎代庖等问题,借助微型生涯指导会的方式帮助家长形成正确的家庭教育观念,从而弘扬优秀家风,建立平等、民主的亲子关系,鼓励孩子心怀梦想、勇于拼搏。聚焦家风建设,借助寻找家族图谱、共读家风家训、家训分享会、"生涯小故事"交流会、生涯规划师讲座等活动,开展家校生涯教育协同工作,如:围绕"守时、守信"家训,家长和孩子一起制订"行动计划书",共同履行"每天按时起床、睡觉,生活有规律,答应别人的事要努力做到"等约定。只有家长以身作则、身体力行,才能真正引导学生养成良好的学习与生活习惯,为生涯发展奠定基础。学校还借助家长学校、微型家长会等,帮助家长了解孩子的职业兴趣,鼓励家长与孩子一起进行职业探索。同时,学校建议家长为孩子进行生涯探索与实践创设平台,并在自己的岗位实践中做到以身垂范,树立良好的劳动者形象,使孩子产生美好的职业憧憬。

四、 重发展引导,构建递进式团队进步评价

在大力开展基于进步教育的初中生涯教育校本课程群实践过程中,学校着眼于学生的可持续发展,在承认学生个体差异的基础上,通过因材施教,发展学生个性,使每个学生都在各自的基础上得到主动发展,同时,充分调动学生的内在动力,将生涯教育转化为学生自身发展进步的需要。

(一) 借助社会实践活动平台,用过程性评价关注学生成长经历

2019年,《上海市初中学生综合素质评价实施办法》正式实施,学校以事实为依据,通过数字化校园平台建设、信息化教室升级、学生学习终端配置等,为师生

创建了泛在数字化学习环境。市综合素质平台、区学生成长电子记录册及学校自主开发的"进步点赞"小队平台等，都是学生成长经历的反馈平台。

结合初中生年龄特点，学校利用过程性评价，通过对学习活动经历和典型事例的客观描述，以及时且多样化的评价为鼓励手段，用赏识为孩子打亮青春生命的底色。尤其是学校的"点赞"系统，以"点赞"为激励手段，将评价日常化。每个学生的社会考察、探究学习、公益服务等都记录在学生的成长档案中。班主任等教师可随时关注学生的动态发展，赏识鼓励学生，而学生也可以充分感受到每位老师对自己的关心和期待，体验被老师"点赞"的成功感，从而更好地自我完善。

(二) 递进式团队进步评价，发挥结果性评价的正向激励作用

前期调研发现，教育中的同伴效应极其重要，学生渴望在教育活动中得到同伴的认同。因此，学校积极构建递进式团队进步评价，发挥同伴激励作用。

学校在开展生涯教育的过程中，利用结果性评价逐步形成递进式团队进步评价体系，重点开展"进步点赞"赏识性评价。考核以小队为单位进行，鼓励学生每天进步一点点。各小队根据队员提出的微目标和小队目标，采取教师评价、家长评价、学生互评等方式收集"赞"，借助赏识性评价，发挥评价的正向激励作用，引导学生在生涯教育中逐步学会与他人合作，促进团队成员共同进步，提升生涯教育的实效性。

五、 典型活动：进步生涯行，相约未来路

(一) 活动目标

通过目标制订、方案实施、调整反思等，培养学生理性分析、选择和规划未来生涯发展的能力，树立初期生涯发展目标。

通过实践体验，引导学生积极开展生涯探究，培养自己的兴趣、能力，建立正向的自我观念，不断增强学习动力，培养良好的意志品质。

通过递进式、序列化的生涯教育活动，不断激发学生的潜能，使生涯教育理念成为学生积极发展的内驱力和切实行动。

(二) 活动准备

成立学校生涯意识实践体验活动领导和工作小组;召开学生座谈会,了解学生生涯意识现状及活动需求;整合家长和学校的生涯活动资源,进行活动设计。

(三) 活动内容

1. 主题一: 心梦启航,未来有约

(1) 成长新节拍:新年序曲,心中有梦

在新的一年到来之时,引导学生积极行动,让新年的梦想之光照亮自己的生命旅程。

策略一:来自家长的一封信

发动家长给孩子写一封信作为新年礼物,说说孩子的优点,谈谈自己的期许,为孩子的人生加油。

策略二:"少年有梦"

要求学生设计一张"少年有梦卡",写下自己的新年梦想,在开学后投入"未来时空胶囊"。

活动意图:旨在将有关生涯意识的道理讲授转化为人生道路的探寻,让生涯教育的理念照亮初中生的精神世界。

(2) 未来新天地:认识自己,完善自我

跨进新的一年,学生期望未来的精彩风景,却又对自我价值充满困惑。开展"未来新天地"活动,通过"微拍微笑行"、"写给 N 年后自己的青春寄语"等活动,引导学生不断探索自己、认识自己、接纳自己、完善自己。

策略一:"微拍微笑行"

学生可以选取自己的三张照片,描述自己的进步。同时,教师可引导学生进一步思考:用词语概括自己展示的形象;对自己的展示是否满意,为什么;对他人展示的形象有什么看法;面对别人的评价,自己有什么看法。

策略二:"写给 N 年后自己的青春寄语"

在教师引导下,学生回顾自己成长道路上的成功及进步,并在思考别人评价的基础上,给自己写青春寄语。教师可引导学生逐年递进,明确自己的奋斗目标,

鼓励自己做更好的自己,让自己飞得更高、更远。教师也可引导学生相互寄语,引导学生逐步认识到,自己是在和他人交往的过程中不断成长的。

策略三:"让梦想照亮现实"主题班会

教师积极搭建学生交流感想体会的平台。活动中,教师应积极发挥主导作用,对学生进行适时引导,尤其是引导学生理性面对他人评价和理性评价他人。主题班会结束后,还可以将"少年有梦卡"、"写给 N 年后自己的青春寄语"等在班级壁报栏展示,发挥班集体对个体成长的促进作用。

活动意图:旨在引导学生进一步认识到自己生命的独特性,从而学会用发展的眼光看待自己,对自己的未来有期盼、有信心,将梦想化为具体可落实的行动。

2. 主题二: 拔节生长,书写进步

(1)点亮进步路:目标引领,成就自我

少年有梦,不应止于心动。少年追梦,重在付诸行动。生活苦乐相伴,学习点亮个体生命,一个个能实现、可考核的"微"目标,能点亮学生的成长之路。

策略一:"星星点灯"行动计划书

调动学生的积极性和主动性,发挥目标的导向作用,想方设法挖掘学生的"原动力"。发动家长和学生一起制订进步"微"目标,找准进步点,引导学生达成每天、每周、每月的进步目标,积极点亮心中明灯,激发前进动力。

例如:见到老师问好、晨跑不掉队、作业准时交、背诵单词等每天进步"微"目标,"跳一跳"能达到;上学不迟到、作业全对、坚持每天单杠锻炼等每周进步"微"目标,"咬咬牙"方能达到;而每月进步"微"目标,如所在小队在比赛中胜出、成为光荣升旗手等,则"独学无友",要在同伴相互帮助、分享交流中达成。

策略二:"夸夸我的亲"微队会,为好友点赞"微"广播

借助"夸夸我的亲"微队会、进步小队点"赞"、为好友点赞"微"广播等活动,以"点赞"为激励手段,鼓励学生合作学习、学会赏识,同时也让学生充分感受到他人对自己的关心和期待,反思目标,调整行为,体验成功,促进自我完善。

活动意图:学生是有巨大潜力的。这些活动旨在立足学生的真实生活,让学生在点滴历练中,将教育要求逐渐内化为不断追求进步的行为习惯。

(2)人生加油站:融入社会,进步成长

个人的成长是不断社会化的过程,社会也是初中生的成长课堂,在社会活动

中,更能帮助学生培养职业兴趣,思考不同社会角色所承担的责任,进一步感悟生命的价值和意义。

策略一:以"进步"为主题的社会实践活动

基于综合素质评价背景,学校大力倡导"知行合一,体悟化行"的生涯教育理念,引导学生将学习与生活进行有机勾连,通过"我的暑假下社区日志"、"探访七宝古镇新七'宝'"、"走进名人(家长)的初中时代"等,以小队形式,充分利用七宝古镇、上海市龙华烈士陵园等社会资源,引导学生关注、了解、服务社会,增强价值认同,在人际交往和社会实践中培养亲社会行为,努力在关心、融入、奉献社会的过程中实现自己的人生价值。

策略二:"多彩职业,生涯探究"职业体验探秘之旅

通过"多彩职业,生涯探究"职业体验探秘之旅,引导学生进一步探究职业与工作的意义,把握升学选择的方向,树立初期生涯发展目标。

校外职业体验实践活动可与校内心理课等相结合:六年级重在了解自己的性格与兴趣,萌发职业探索的兴趣;七年级重在认识自己、认识职业,激发生涯规划的意识;八年级重在走进社会,明确实现理想的途径;九年级重在生涯决策,以志愿填报为主要活动载体。

同时,借助学校共建单位及其他社会力量,为学生创设岗位体验机会,还可邀请家长参与协同育人,帮助学生明确各种职业的劳动者创造的社会价值,激发对职业的向往。

活动意图:基于学生个体的生活经验和情感体验,设计与开展社会实践活动,通过"多彩职业,生涯探究"职业体验探秘之旅,引导学生在探究职业与工作的意义的过程中,将对社会的认识由感性层面上升到理性层面,并树立生涯发展初期目标,主动融入社会生活,提升社会适应能力,学习在社会实践中锻炼自己,逐步树立责任意识。

(四) 活动评价

学校以"点赞"为评价激励手段,记录学生在成长道路上的进步和闪光点,让学生体验得到肯定的愉悦,从而满足学生的心理需求,促进学生更好地发展。此外,发挥学生自评和小队互评的积极作用。肯定学生的进步,启发学生着眼未来,

激发成长内驱力。

六、 实践的成效与反思

(一) 成效

基于进步教育的初中生涯教育校本课程群,以一体化思路设计实施初中生涯教育,增强了初中生涯教育活动设计和实施的针对性和实效性,顺应现代教育改革的需要,取得育人的良好成效。

1. 积极构建以学生发展为核心的育人体系,加强学校内涵建设

学校以培养"全面发展的人"为核心,开展德育一体化初中生涯教育,对学校内涵建设有明显促进作用。

在推进生涯教育校本课程群的过程中,学校积极构建以学生发展为核心的育人体系,逐步形成了全员、全方位、全过程的实施体系。同时,整合家庭、学校与社会资源,借助赏识性评价,发挥评价的正向激励作用,将教育行为转化为学生发展的自觉需求,引导学生在生涯教育活动中逐步学会与他人合作,促进团队成员共同进步,取得了良好的教育成效。学校在 2019 学年荣获"闵行区生涯教育一体化项目优秀实践学校"称号。

2. 引导教师学习探究,提升教师生涯教育育德能力

学校结合新时代发展特点和初中生身心发展特点,创造性地开展生涯实践体验活动,有效提升了学生的综合素质和教师的生涯指导能力。越来越多的教师自觉开展学习、实践、反思,提升自己的育德能力。

3. 创新初中生涯教育活动形式,优化学生核心素养

生涯实践体验活动注重学生在实践体验过程中的自我探索和发现,学校引导学生围绕某一活动进行探究式学习,努力将"知情意行信"相统一,提升活动的实效性。

(二) 存在的问题与反思

需要进一步完善生涯教育的顶层设计,探索和拓展生涯教育高水平实践平台,建立和完善生涯教育考评体系。

参考文献

［1］金树人.生涯咨询与辅导［M］.北京：高等教育出版社，2007.

初中生职业体验校本课程群实践研究

吴一穹[*]

一、背景

上海市卢湾中学秉承"给学生一个创新的头脑,为学生的未来发展奠定基础"的办学理念,以学生可持续发展为根本,以创造教育为特色。作为一所区内教育质量较高、生源良好的初中,学校基于学生需要,依托职业体验基地,于2014年开始进行"触梦之行,整装待发"职业体验校本课程群的开发与实践,现已形成了"四年贯通,各具特色"的成熟课程体系。目前,学校拥有包括企业、医疗机构、律师事务所在内的43个职业体验基地,受到学生、家长与教师的广泛欢迎。学校希望这一校本课程群可以切实优化学生的劳动观、职业观和成长观,同时提升学生的动手能力和创新意识。

随着科技进步与社会发展,国家对复合型人才的需求日益增大。教育不应局限于"授鱼",而应更注重"授渔",以培养学生能力为着眼点,提升学生学习能力、实践能力、创新能力,让学生学会知识技能,学会动手动脑,学会生存生活,学会做人做事,促进学生主动适应社会,开创美好未来。这与新课程理念以提升学生综合素质、促进学生发展为宗旨,通过教育引导学生认识世界、体验生活、了解自己、提高自己,实现学生积极主动全面发展的精神相一致。

---

* 作者单位:上海市卢湾中学。

二、 意义

1999年第三次全国教育工作会议发布的《中共中央国务院关于深化教育改革全面推进素质教育的决定》、2001年6月国务院颁布的《关于基础教育改革与发展的决定》以及2001年教育部颁布的《基础教育课程改革纲要(试行)》都提出调整和改革课程的体系、结构和内容,实行国家、地方和学校三级课程管理制度,并鼓励学校在落实好国家课程和地方课程的同时,开发或选用适合本校的课程。新一轮课程改革确定了国家、地方、学校三级课程管理制度,为各中小学开发校本课程提供了空间。

近年来,随着上海市高中阶段学校考试招生制度改革(以下简称"中考改革")轰轰烈烈地展开,初中学生综合素质的评价内容和要求成为人们关注的焦点。尤为受到热议的是在此次中考改革中,综合素质评价重点关注以探究学习、社会考察、职业体验为形式的综合实践活动。中考改革进一步指向跨学科的综合能力要求,而学校的职业体验课恰好以初中学生综合素质评价作为抓手,以中学生核心素养培养为突破口。2020年3月,中共中央国务院出台了《关于全面加强新时代大中小学劳动教育的意见》。职业体验作为全新的综合实践方式,能帮助学生树立正确的职业观、劳动观和人生观,培养学生生涯规划、实践创新的意识和能力。因此,职业体验课程群的构建是呼应教育改革的一次重要实践。

三、 内容

(一) 完成职业体验校本课程群的系统架构

1. 学情调查,掌握学生认知起点

为了使本课程群能符合学生的认知发展规律,真正意义上满足学生终身发展的需要,促进学生能力的提升和正确职业观的建立,学校对学生开展学情调查。实施渠道主要有以下两类。

(1) 活动手册调查

学校为学生量身定制的《职业体验校本课程群学生活动手册》围绕主题学习活动,通过活动前的调查和自学作业来掌握学生的认知情况。校内导师将调查结果反

馈给课题组,课题组根据学生的不同需要和认知特点开展活动设计。其中,预备年级是初中阶段的起始年级,会通过"职业性格分析问卷"帮助学生完善自我认知。

(2)专业公司调研

为了更好地开展真实职场体验,学校特地请来上海方舟市场研究有限公司完成专业调研。方舟公司对四个年级的部分学生、家长和教师分别进行访谈,在了解学生学情和学校三类课程实施情况的基础上,编制调研问卷来进一步深入、全面地了解学生的认知起点、发展需要以及课程的优势与不足,以进一步加强课程的有效性。

通过前期学情调查可以初步掌握学生的认知起点、知识结构以及对相关职业体验活动内容、目标等方面的认知。这样的调查有利于提升教学的针对性和有效性。

2. 课程调查,了解现有课程框架

课题组对学校已有课程中的基础型课程、拓展型课程、探究型课程以及职业体验课程进行系统的排摸,进一步梳理现有校内外课程资源和人力资源,为系统构架职业体验校本课程群奠定现实的基础。

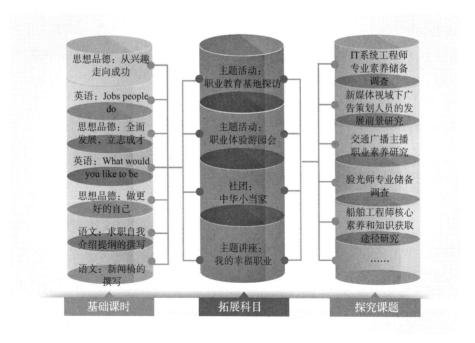

图 1 职业体验校本课程群图谱

此外,课题组将职业体验课程融入基础型课程和拓展型课程、探究型课程,结合"源于实际生活,培养创新精神"的教育理念,要求每一位教师都利用好职业体验活动资源,在课堂中侧重于培养学生自主学习、创新实践、规划未来等关键能力,以帮助学生优化包括自主发展、社会参与、学会学习、科学精神、实践创新和文化修养在内的核心素养。

图2　职业体验活动落实图谱

3. 体系架构,"定制"职业体验课程群

(1)课程群三维育人目标的顶层设计

本课程群的育人目标是:学生可以通过参与职业体验活动,在综合运用学科知识分析现象、发现问题、提出有效解决方法的过程中,阅读社会,重审自我,确认学习目的,规划成长蓝图,完成知识的重构,培养创新能力,形成对社会文化的认同。

学生的成长目标如下：

自我发现的研究者：通过参与职业体验活动，提升对职业的综合认识和理解，形成初步的职业观和成长观，学会发现自己的兴趣，学会选择，培养职业规划的自我意识。

知识运用的实践者：通过参与主题化的职业性实践活动，提升综合运用不同学科的知识观察社会、分析社会现象、解决问题的能力，进一步培养创新实践能力。

社会文化的传承者：通过阅读社会，了解"三百六十行，行行出状元"，增进对不同行业文化的认识，增进对劳动者的理解与尊重，并将此内化为社会文化的结构化认识，在构建完整认知体系的基础上传承并发扬社会文化。

本课程群针对不同年级确立了不同的素养培育目标，如图3所示。

图3　职业体验课程目标阶梯

（2）课程群的领域划分与内容确立

本课程群内容依每个年级学生的特点呈梯度化发展，采取校内外、课内外相结合的方式，依托六大类职业（财经贸易类、专业技术类、文体传媒类、生活服务类、公共管理类、科技教育类），形成基础型、拓展型和探究型这三类课程，并根据学生的年龄特点，将这些课程分为通识必修课程、通识选修课程、集体基地体验、个人基地体验。

表1　职业体验校本课程群

	预备年级	初一年级	初二年级	初三年级
课程内容	1. 听校外导师开设的职业体验主题讲座。 2. 在基础型课程中学习求职简历的撰写要点。 3. 参加职业体验游园会。	1. 参加两门由校外导师针对不同职业开设的专题课程。 2. 在探究型课程中，排演职场情景剧。 3. 拍摄真实的工作情况，在社团中交流、分享。 4. 撰写名人传记等的读书笔记。 5. 参加职业体验游园会。	1. 选择一个自己最感兴趣的专题，赴职业体验基地，开展真实场景的体验活动。 2. 在探究型课程中，开展关于职业体验的探究学习。 3. 通过游园会的形式，交流分享职业体验所得，实现资源共享。	1. 在父母或亲友单位开展职业体验活动。 2. 参观亲戚的工作单位，写参观日记，提出建议。 3. 在课堂中就职业体验与同学交流、分享。
课程评价	过程性评价（讲座日记、自我职业分析等）	过程性评价（读书笔记、职场情景剧等）	过程性评价（实践探索反思、探究型小课题等）	过程性评价、终结性评价（职业体验日记、职业体验案例等）
课程资源	家校联盟、校内导师、VCR资源库	家校联盟、校内导师	家校联盟、职业体验基地、校外导师、校内导师	家校联盟、职业体验基地、校外导师、校内导师

（二）探索职业体验校本课程群的实践路径

依托校内课程资源和校外职业体验基地，学校以《职业体验校本课程群学生活动手册》为导引，整体推进初中生职业体验的实践活动。

职业体验校本课程群旨在帮助学生通过四年的体验和学习，不断澄清自我认知，分阶段实施对职业规划。

表2　职业体验校本课程群实施步骤

对象	阶段	导师	场域
预备年级全体学生	职业体验准备和观察	校内导师 校外导师	校外实践基地 校内三类课程
初一年级全体学生	职业体验互动和思考		
初二年级全体学生	职业体验实践和展示		
初三年级全体学生	职业体验探索和研究		

具体的分年级实施路径如下：

预备年级全体学生通过看视频与听讲座，初步形成对职业的感性认识，培养表达能力、观察能力与沟通能力,借助基础型、拓展型和探究型这三类课程,学会运用学科知识,初步掌握分析社会现象、解决实际问题的能力。

初一年级全体学生通过参加小型选修课和模拟职场情景演练,进一步认识不同职业所需的品格和能力,提升思考力和分析判断能力,通过视频拍摄与剪辑,进一步提升分析社会现象、解决实际问题的能力,形成对文化的认同。

初二年级全体学生通过校外基地体验,提升观察、实践、提问的能力,通过课题探究,提升自主学习与规划未来的能力,并形成对职业道德规范和职业能力要求的认同,通过职业体验游园会的参与和组织,提升创新实践与社会参与能力。

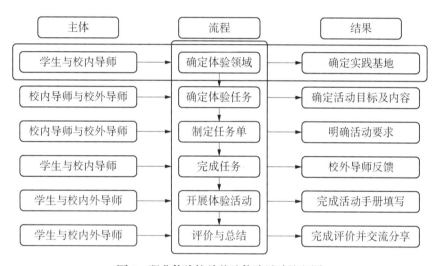

图 4　职业体验校外基地体验活动流程图

初三年级全体学生通过职场体验,进一步提升实践创造、社会参与、规划未来的能力。

职业体验活动融合混龄学习、合作学习、项目学习等学习模式,创新培养模式,利用丰富而多样的职业体验基地进一步开拓学生发展渠道,帮助学生在体验学习中成长。比如:让学生设计职业体验游园会,交流分享职业体验讲座和基地体验所得;让已有三年职业体验课程学习经历的学生,向同龄人及学弟学妹展示自己的学习收获,激发其主观能动性,培养"主人翁"意识和社会责任感。

本课程群以职业体验课程体系的建设来整合、统领、重构基础型、拓展型和探究型课程,运用、渗透职业体验活动资源,让学生在职业体验活动中运用、验证自己在这三类课程中学到的知识。

本课程群是基础型课程、拓展型课程和探究型课程的整合,学校进行顶层设计,校内导师先行试点,撰写基础型、拓展型课程教案,设计职业体验探究型课程活动内容。

本课程群的架构纵横交错,统整校内外各个体系的教学内容,将课外的体验活动经验带到课内去检验,又将课内的学习内容带到课外的体验活动中去运用。

(三) 完善职业体验校本课程群的管理与保障

1. 课程群管理体制的健全

学校制定了《职业体验校本课程群管理条例》作为制度保障,组建了课程群领导小组及纵横复合式组织结构——纵向为课程开发和管理团队,横向为基于双导师制的课程实施团队,明确责任分工、课时报酬和激励机制。

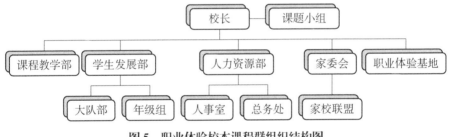

图5 职业体验校本课程群组织结构图

2. 教师团队的培训

为确保职业体验校本课程群实施、管理的规范化,课题组开发了《职业体验校本课程群实施指导手册》并配以相关培训。

（1）提升全体教师的课程开发力

利用校本培训平台对全体教师开展培训,对校内导师开展专项培训。对教师团队的培训旨在以校长的课程领导力带动教师的课程开发力、学科育德能力以及跨学科教学整合能力的提升,从而实现教师团队的三维发展,最终实现人人带小课题、人人带小研究的发展目标。

通过校本培训平台,使全体教师进一步理解职业体验校本课程群的目标和内容,用课例引导全体教师将平台提供的职业体验活动资源运用于日常教学,紧密联系学科知识与学生实践活动经历开展单元教学活动,从而提升教师指导学生综合运用学科知识解决实际问题的能力。

（2）提升校外导师的专业指导力

课题组借助《职业体验校本课程群实施指导手册》,对校外导师进行筛选和培训。

通过培训与沟通,使校外导师进一步了解学校实施职业体验校本课程群的目的以及整体课程架构,确保活动开展的有效性。校外导师可以借助学生认知起点调查,进一步掌握学情,了解学生的学习需要和学习特征,从而提升活动开展的针对性。校内导师的协助,可以帮助校外导师提高教学水平,同时可以监控活动开展的科学性。借助学生学习结果的反馈,校外导师可以进一步了解自己的指导力,从而提升指导的专业性。

3. 评价体系的完善

评价体系对于课程群的实施起着决定性的引领作用:本课程是否能促进学生对职业的理解,是否有利于学生形成自我认知,是否有利于培育学生的核心素养,等等。

课题组设计了职业体验活动效果评估指标,并在《职业体验校本课程群实施指导手册》和《职业体验校本课程群学生活动手册》中将其加以细化。

表3　职业体验活动效果评估指标

一级指标	二级指标	三级指标	对应能力维度	具体内容
文化基础	人文底蕴	人文积淀	文化理解能力	理解企业文化,学会团队合作。
				增进对不同行业文化的认知,并将其转化为对社会文化结构的认知。
		人文情怀	文化传承能力	建立以人为本的意识,理解人的尊严与价值。
				理解感恩的意义。
		审美情趣	文化认同能力	树立健康的审美取向和价值取向。
	科学精神	理性思维	逻辑思维能力	多角度地、辩证地看待问题。
		批判质疑	批判思维能力	学会面对更多的挑战,提升应对能力。
		勇于探索	创造思维能力	保持对未知事物的好奇心,勇于实践。

一级指标	二级指标	三级指标	对应能力维度	具体内容
自主发展	社会学习	乐学善学	知识运用能力	在职业体验活动中,灵活运用学过的学科知识。
				反思学习的目的。
				根据自身认知和兴趣设定目标。
		勤于反思	问题解决能力	克服困难,找到继续探索的动力和自信。
				逐步培养独立思考和自主判断能力。
		信息意识	信息分析能力	培养搜集、选择、整理和分析信息的能力。
	健康生活	珍爱生命	自我认知能力	提升对人生价值的认知。
				保持乐观的态度。
		健全人格	自我体验能力	懂得长期目标的实现离不开持续的激情与耐力。
				塑造坚毅的品性。
				具备面对挑战的自信。
		自我管理	自我控制能力	学会自我控制。
				调节和管理自己的情绪。
				学会时间管理,提高学习效率。
				在学习/工作中遵守规则,学会严于律己。
社会参与	责任担当	社会责任	理想选择能力	懂得职业是一个公民履行社会责任的基本立足点。
				树立敬业奉献意识。
				勇于担当,培养责任心。
		国家认同	文化认同能力	懂得职业是一个人融入社会、实现自我价值的基本立足点。
		国际理解	文化认同能力	创建新型文化,与国际文化接轨。
	实践创新	劳动意识	职业选择能力	培养职业规划的自我意识。
				获得适应社会、终身发展所需的素养。
		问题解决	问题解决能力	运用所掌握的知识来观察社会、分析社会问题。
		技术运用	知识运用能力	能够基于事实和证据,运用相关的知识、科学原理或方法,认识事物、解决问题。

目前的职业体验活动效果评估指标主要围绕学生的学习效果来设计,课程实

施及教师培训的过程性评价将是下一阶段研究的重点。

根据职业体验校本课程群的目标体系，课题组设计了具体的评价指标，包括具体活动评价指标、课题研究评价指标、校外导师评价指标，表4即为"自主查询"活动的评价指标。

表4　自主查询活动评价指标

评价标准	等级	评级
从多方面对所体验职业作充足的调查，收集的资料内容详实、完整且有条理。审题仔细，文字能体现自己的认识和感悟。能体现获取、分析、整理、归纳信息的能力。书写工整。	★★★★★	
调查的内容能基本覆盖所体验职业的不同方面，资料内容详实、完整。审题仔细，文字能基本体现自己的认识和感悟。书写工整。	★★★★	
对所体验职业的各个方面有基本的了解。审题仔细。书写工整。	★★★	
对所体验职业的各个方面有基本的了解。书写工整。	★★	
书写工整。	★	

四、 职业体验校本课程群设计案例："触梦之行，乘风破浪"——基地体验

(一) 课程目标

通过实地体验，切身感受工作环境和工作氛围，培养实践创造、社会参与能力，在真实的问题情境中，培养科学精神与创新能力，学会换位思考，尊重他人，提升文化修养。

(二) 课程内容及实施

以参观体验、访谈、角色扮演、动手实践、交流讨论等形式，深入了解某种职业的常规工作、所需能力以及对员工衣着打扮、言谈举止等方面的要求。有8个职业体验基地（文体传媒类2个、公共管理类2个、财经贸易类1个、专业技术类1个、科技教育类1个、生活服务类1个）可供选择。

表 5　活动安排一览表

阶段	时间	内容	要求	适用对象
前期	暑假至开学第五周	职业体验基地筛选	1. 在家访时了解家长职业以及是否愿意担任校外导师,开学时上报。 2. 上报职业体验基地具体信息。	年级组长及班主任、校内导师
		班主任明确任务	在班主任会议上明确日程安排,确定本学期职业体验基地。	
		校内导师明确任务	明确任务安排,选择职业体验基地。	
		填报志愿	1. 明确选课的方式、要求和截止日期。 2. 引导学生在资料搜集的基础上,选出自己最想体验的基地。	
	10月第三周	前期问卷调查	布置学生完成问卷。	校外导师
		校外导师邀请	发出"校外导师邀请函"。	
		校外导师明确任务	1. 明确体验活动的主题、时间。 2. 明确体验活动的目的、内容、要求及注意事项。 3. 提出 5 个问题,让学生带着问题体验。	
	11月第二周（期中考试）	前期材料审核打印	审核并打印前期材料。	课程管理团队成员
			领取前期材料。	校内导师
	11月第三周	"破冰"见面会	1. 明确体验活动的目的、要求和注意事项。 2. 任命团长、组长和队员。 3. 做"破冰"游戏。 4. 下发《职业体验校本课程群学生活动手册（初二年级）》,指导学生阅读引言部分,并在"我的体验"板块记录 5 个问题并回答,搜索职业相关信息。	校内导师、班主任
		问卷结果审核	审核前期问卷,将结果反馈给校内导师。	课程管理团队成员
	11月第四周	校内导师前期评价与反馈	1. 收集学生回答的 5 个问题并进行评价。 2. 从学生的作品中选出最好的两份,作为"最佳探索奖"的获奖作品。 3. 将前期问卷调查结果反馈给校外导师。 4. 上交相关材料。	年级组长及班主任、校内导师

阶段	时间	内容	要求	适用对象
中期	12月第一周	制定体验活动方案	1. 明确活动当天基地、车辆、导师、拍摄等安排。 2. 准备给校外导师的锦旗、横幅。 3. 准备好应急预案。	课程管理团队成员与校内导师
		开展体验活动	1. 下发《职业体验校本课程群学生活动手册（初二年级）》，指导学生填写体验活动时间、主题、基地、校内导师、校外导师、体验过程笔记与反思。 2. 举行授旗仪式。 3. 布置作业，制作"劳逸结合作息表"。	校内导师
后期	12月第二周	后期评价与反馈	1. 对学生作业进行评价。 2. 从学生的作业中选出最好的两份，作为"最佳成果奖"的获奖作品。 3. 汇总成绩。 4. 指导学生填写后期调查表。	校内导师
	12月第三周	上交后期材料	上交后期材料。	

（三）课程评价

根据职业体验校本课程群的总目标以及本课程的具体育人目标，课题组综合导师评价与学生自评，针对前期调研、职业体验活动等，分别设计具体的评价指标。